Heilsteine und Lebensrhyt

Michael Gienger

Heilsteine
und Lebensrhythmen

Streß abbauen
Leistungstiefs beheben
Schlaf und Erholung verbessern
Krankheiten vorbeugen und Gesundheit bewahren

nach der Edelsteinuhr der Hildegard von Bingen

Mit Fotos von **INES BLERSCH**

Edition Cairn Elen
Herausgegeben von Anja und Michael Gienger

NEUE ERDE

Hinweis des Verlages

Die Angaben in diesem Buch sind nach bestem Wissen und Gewissen zusammengestellt, und die Heilwirkung der Steine wurde vielfach erprobt. Da Menschen aber unterschiedlich reagieren, kann der Verlag oder der Autor im Einzelfall keine Garantie für die Wirksamkeit oder Unbedenklichkeit der Anwendungen übernehmen. Bei ernsthaften gesundheitlichen Beschwerden wenden Sie sich bitte an Ihren Arzt oder Heilpraktiker.

1 2 3 4 5 6 7 20 19 18 17 16 15 14 13 12 11 10 09 08 07 06 05

Michael Gienger
Heilsteine und Lebensrhythmen

Durchgesehene Neuausgabe des 2001 unter dem Titel
»Die Edelsteinuhr« bei NEUE ERDE erschienenen Buches.

Tietlseite:
Gestaltung: Dragon Design, GB
Fotos: Ines Blersch (Steine)

Satz und Typographie: Dragon Design, GB
Gesetzt aus der Garamond Condensed

Gedruckt auf Recymago aus 100% Altpapier
Gesamtherstellung: Westermann-Druck, Zwickau

Printed in Germany

ISBN 3-89060-086-7

Neue Erde GmbH
Cecilienstr. 29 · D-66111 Saarbrücken · Deutschland · Planet Erde
info@neueerde.de · www.neueerde.de

Widmung

Dieses Buch widme ich meinen Eltern
Paul und Magdalene Gienger
als Dank für alle Liebe und Unterstützung
in meinem Leben.

Michael Gienger

Inhalt

Anhang

Einleitung

Trotz aller Fortschritte der Moderne wird Gesundheit ein immer wertvolleres Gut. Zwar können wir unsere Lebensspanne zunehmend verlängern, doch gewinnt unser Leben dadurch auch an Qualität? Wie kommt es, daß gerade in den Wohlstandsnationen chronische Erkrankungen, Herz-Kreislauf-Beschwerden und vor allem Streß beständig zunehmen? Das dritte Jahrtausend unserer Zeitrechnung hat ernüchternd begonnen – es scheint als wäre der Preis für unsere modernen Errungenschaften hoch. *Müssen wir mit Krankheiten, Allergien und sinkender Lebensqualität für den gestiegenen Lebensstandard bezahlen?*

Nein, das muß nicht sein! Es gibt eine einfache, gültige »Diagnoseformel« für Situationen, in denen Dinge »abwärts gehen«: Wo eine Verschlechterung eintritt, ging etwas verloren, was zuvor gut war, oder es wurde versäumt, zu verbessern, was notwendig war! Es geht also nicht darum, positive Entwicklungen wieder abzuschaffen und in die Steinzeit zurückzukehren, sondern darum, das wiederzufinden, was auf dem Weg in die Moderne »auf der Strecke geblieben« ist; es wiederzufinden, zu fördern und zu verbessern. Gehen wir also zurück und schauen wir.

Was haben wir verloren, welche Verluste bedauern wir: Positive Zukunftsperspektiven, sinnvolle Werte, stabile tragende Gemeinschaften, herzliche Kommunikation, Gesundheit, eine heile, reine Natur und Umwelt, erfüllende Arbeit und Tätigkeiten, mehr Selbstbestimmung, Freiheit, Freizeit, überhaupt mehr Zeit …

Im Grunde ist es nur eine kleine Wandlung unseres Blickwinkels, nicht mehr jenen Gütern nachzutrauern, die dem Horizont der Vergangenheit entgegenstreben, sondern sie der Vergessenheit zu entreißen und zu neuen Zielen unserer Zukunft zu erklären. Denn schon das Streben zu diesen Zielen bringt Sinn und Ansporn zurück. Und wo uns Mut und Hoffnung fehlen oder konkrete Hindernisse hemmen, gibt es verschiedenste Hilfe und Unterstützung. Viele Möglichkeiten zu solcher Wandlung haben wir bereits in »Stein und Blüte«[1] aufgezeigt – unser wichtigstes Anliegen war es damals, mit jenem Buch eine konkrete Lebenshilfe für eine positive Wandlung des persönlichen Daseins zu bieten.

Das vorliegende Buch versucht daher, einen anderen Aspekt unseres Daseins (zumindest teilweise) zu klären: das ebenfalls zunehmend problembelastete Phänomen »Zeit«. Wir würden ja alle so gerne … – doch wir haben keine Zeit. All die genannten Ziele und Ideale wären ja wunderschön – doch es fehlt uns die Zeit. *Das Beklagen*

1 Gienger/Miesala-Sellin/Blersch, *Stein und Blüte*, Neue Erde, Saarbrücken 2000

»mangelnder Zeit« ist so allgegenwärtig geworden, daß es scheint, als wäre unser Haupthindernis für Gesundheit, Glück, Sinn und Erfüllung im Leben – daß wir einfach keine Zeit dafür haben!

Wo bleibt die Zeit zum Leben?

Doch woran liegt das? Die Erde dreht sich doch nicht schneller als früher und umrundet die Sonne noch immer in derselben Zeit. Es kann also nicht an der »Menge« der Zeit liegen. Der Tag hat noch immer 24 Stunden und das Jahr 365 Tage (zumindest in drei von vier Fällen). Es muß an dem liegen, womit wir unsere Zeit erfüllen. – Daran läßt sich nichts ändern, lautet meist das schnelle Gegenargument: Bestimmte Dinge müssen sein, da kommt man nicht drumherum. Man muß heutzutage vieles tun, was einem unnötig kompliziert, überflüssig, beschwerlich oder gar äußerst lästig erscheint. Das ist richtig. Wer macht schon gerne Steuererklärungen … Doch auch hier braucht es oft nur eine kleine Wandlung unseres Blickwinkels, denn auch die unangenehmen, unvermeidlichen Dinge sind nicht alles im Leben. Warum setzen wir ihnen nicht angenehme Dinge entgegen?

Das Schöne ist doch, daß nur ein paar glückliche, genußvolle, interessante und sinnerfüllte Stunden am Tag viele öde, langweilige oder beschwerliche Stunden vollkommen aufwiegen können. Der beste Beweis sind jene glücklich Verliebten, die nur aufgrund weniger Momente des Zusammenseins am Abend einen ganzen Tag hindurch unverschämt fröhlich sein können! Was können wir also tun, um uns ins Leben zu verlieben?

Eine Formel des Glücklichseins lautet, das Unabänderliche zu akzeptieren und das Veränderliche mit Nachdruck zum Besseren zu wandeln. Und das Glücksgefühl taucht dabei freundlicherweise schon *beim Überwinden* bestehender Hindernisse auf – nicht erst hinterher. Unglücklich bleibt nur, wer schon vor dem Hindernis kapituliert.

Bezogen auf unser Thema »Zeit« bedeutet dies, *allem* seinen Raum bzw. seinen »Zeitraum« zu geben. »Ein jegliches hat seine Zeit« – die schwierigen und unerfreulichen Dinge am Tag brauchen ihre Zeit ebenso, wie die angenehmen und erfreulichen. Beides gehört im Leben zusammen wie Nacht und Tag. Und ebenso wie Nacht und Tag einen Rhythmus bilden, ist es gut, auch Schwieriges und Angenehmes rhythmisch wechseln zu lassen. Der Versuch, ohne Abwechslung nur Schwieriges aufzuarbeiten oder nur Schönes zu genießen, endet im ersten Fall in der Verzweiflung, im zweiten Fall in der Langeweile. *Indem wir uns abwechselnd Herausforderungen stellen und dann wieder zu genüßlicher Ruhe zurückkehren, wird das Leben interessant.* Das Überwinden von Schwierigkeiten beweist uns unsere Stärke, freudiges Genießen bringt uns Kraft und Gesundheit zurück.

»Jedes zu seiner Zeit.« Der Rhythmus des Tages birgt noch weitere Geheimnisse: Nicht jede Stunde ist gleich, vielmehr besitzt eine jede ihre eigene Qualität. Das gibt dem Thema Rhythmus eine zusätzliche Tiefe. Indem wir alles zur richtigen Zeit tun, stimmen wir den »inneren Rhythmus« (den Rhythmus unseres Denkens, Fühlens und Handelns) mit dem »äußeren Rhythmus« (dem Rhythmus des Tages und des Lichts) ab. Dadurch wird vieles leichter – so wie das Fahren mit Rückenwind angenehmer ist als mit Gegenwind. Wenn wir es unbedingt durchsetzen, kommen wir zwar auch gegen den Wind voran, doch kostet uns dies viel von unserer Kraft und evtl. auch von unserer Gesundheit.

Ein Leben im Einklang mit dem Tagesrhythmus ist dagegen krafterfüllt und mit einer stabileren Gesundheit gesegnet. Getragen vom »Rückenwind« des Tages, fallen uns schwierige Dinge leichter und Schönes läßt sich noch intensiver genießen. So verlagert sich durch den richtigen Rhythmus auch die »Menge der Zeit« von der negativen auf die positive Seite – wenn wir dies anstreben und bewußt beachten!

Auch wir Menschen sind Teil der Natur und ihrer Rhythmen!

Dinge zum »richtigen Zeitpunkt« zu tun, erhöht die Effektivität, gibt also »freien Zeitraum«, »Frei-Zeit«, die wir nützen können, wie es uns beliebt. Eine Gelegenheit also für den bereits erwähnten positiven Wandel unseres Lebens.

Das Wissen um die Zeitqualitäten des Tages ist also eine große Chance, gerade für unser modernes Leben, das sich in vielem von diesen ursprünglichen Rhythmen entfremdet hat. Früher brachte die hereinbrechende Dunkelheit das Leben am Abend fast zwangsläufig zur Ruhe. Heute genügt ein Druck auf den Lichtschalter und es geht weiter wie zuvor. Früher bescherte der Winter mit seinen langen Nächten dem Jahr eine Phase der Stille und Besinnung. Heute arbeiten wir in geheizten und beleuchteten Räumen unvermindert weiter. Und die Situation hat sich weiter verschärft. Vor kurzem beendete der Sendeschluß des Fernsehens den Medientag. Heute rangeln sich mindestens 50 Sender 24 Stunden rund um die Uhr um die Gunst des Publikums. Und dank Internet können wir nun alles zu jeder Zeit: banken, shoppen, chatten, mailen – was immer das Herz begehrt ...

Unser Rhythmus geht verloren. Ständige Aktivitäten und Ablenkung siegen über Ruhe und Regeneration. Doch im Gegensatz zu Krankheitserregern und Schadstoffen wird diese wesentliche Ursache vieler moderner Übel weitgehend ignoriert. Die Folgen sind Streß, Krankheitsanfälligkeit (= mangelnde Abwehrkraft), chronische Erkrankungen (= mangelnde Regenerationskraft) und natürlich das allgegenwärtige Gefühl, »keine Zeit« zu haben. Der Verlust des Rhythmus ist ein voranschreitender »innerer« (d. h. selbstgeschaffener) Krankheitsfaktor. Dabei ist es gerade dieser Faktor, bei dem wir selbst – eigenverantwortlich ohne Arzt oder Heilpraktiker – am meisten verändern können. Doch vielleicht ist der »Rhythmusverlust« ja genau aus diesem Grund die meistignorierte Krankheitsursache. Mit ihrer Behebung läßt sich viel zu wenig Geld verdienen. Es gibt kein »Rhythmusmedikament« außer dem gesunden Menschenverstand und dem Wissen um die Zeitqualitäten.

In den vergangenen Jahren wurden wir auch in der Steinheilkunde zunehmend mit dem Thema »Zeit und Rhythmus« konfrontiert. Immer häufiger blieb die Anwendung von Edelsteinen und Naturheilmitteln ohne Wirkung, bzw. erste positive Reaktionen waren nur von kurzer Dauer. Auch Ernährungsumstellungen und die Vermeidung von Schadstoff- und Strahlenbelastungen blieben wirkungslos. In diesen Fällen fand sich der therapieblockierende Faktor oftmals im falschen Umgang mit der Zeit. *Fehlender Rhythmus oder gar ein den Naturrhythmen völlig gegenläufiger Lebenswandel verhinderte die (dauerhafte) Wirksamkeit der getroffenen Maßnahmen. Nur geringfügige Veränderungen im Tagesrhythmus brachten dagegen plötzlich den gewünschten Therapieerfolg.* Und das so einfach, daß wir es zuvor nicht für möglich gehalten hätten. Dabei war es allerdings mit manchen gutgemeinten Ratschlägen wie: »Schlafen Sie eben etwas mehr!« noch nicht getan – man mußte auch hier wissen, wie und in welchem Rhythmus.

Das beste Studienobjekt für den Zusammenhang zwischen Tagesrhythmus und Gesundheit war ich selbst. Seit dem Beginn meiner Shiatsu-Ausbildung[2] im Jahr 1984 studiere ich die Zeitqualitäten des Tages.

2 Shiatsu ist die japanische Form der Akupressur.

Dennoch bringt es mein Beruf mit sich, daß ich Jahr für Jahr streckenweise gegen die natürlichen Lebensrhythmen lebe. Die vielen Abendvorträge und Wochenendseminare zusätzlich zur unter der Woche anfallenden Arbeit waren im letzten Jahrzehnt die Hauptursache für etliche Erkrankungen. Über Jahre konnte ich so beobachten, wie Rhythmus und Gesundheit zusammenhingen; wie ich in »rhythmischen Zeiten« äußerst robuster Natur war, während in »unrhythmischen Zeiten« jeder zufällig vorbeikommende Krankheitserreger beste Vermehrungschancen in mir fand.

Doch gleichzeitig waren diese Jahre auch sehr lehrreich, da ich viele Wege entdecken konnte, auch in intensivsten Arbeitsphasen genügend Rhythmus aufrechtzuerhalten. Dank dieser Möglichkeiten gab es auch Phasen, in denen es mir gelang, gesund zu bleiben, obwohl ein enormes Schaffenspensum mit großer Anstrengung zu meistern war. Diese Mittel und Wege möchte ich im vorliegenden Buch nun weitergeben. Schließlich hat es keinen Sinn, nur den idealen Tagesablauf zu predigen, den heutzutage kein Mensch einhalten kann. Viel mehr geht es mir darum, ein tieferes Verständnis des Lebensrhythmus zu vermitteln; ein Verständnis, das mit kleinen kreativen Veränderungen im Tagesablauf ein freudiges, tatkräftiges Dasein ermöglicht.

Natürlich waren wir gerade im Rahmen der Steinheilkunde auch bestrebt, Edelsteine

Die Tagesstunden - nicht nur Menge, sondern auch Qualität der Zeit

und Mineralien als Hilfe für jene Beschwerden zu finden, die stets zu bestimmten Zeitpunkten auftauchen. Fast die gesamten neunziger Jahre hindurch währte das beständige Beobachten, Prüfen und Neuzuordnen, bis wir in der zweiten Hälfte dieses Jahrzehnts verblüfft feststellen mußten, daß es die beste Zuordnung der Edelsteine zum täglichen Lebensrhythmus schon seit 850 Jahren gab. Hildegard von Bingen gibt in ihrem »Buch von den Steinen« bei den ersten 13 von 24 (!) Edelsteinen einen deutlichen Hinweis auf die Tagesstunde – schön in der Reihe vom Sonnenaufgang bis nach dem Sonnenuntergang. Sollte die Anordnung ihrer Kapitel etwa eine verborgene »Edelsteinuhr« darstellen?

Schon während der Arbeit an meinem Buch »Die Heilsteine der Hildegard von Bingen«[3] bestand dieser Verdacht, doch war er zu diesem Zeitpunkt in der Praxis noch nicht genügend überprüft. Es bedurfte

3 vgl. M. Gienger, *Die Heilsteine der Hildegard von Bingen,* Mosaik Verlag, München 1997

weiterer vier Jahre, um bestimmte Fragen zu klären. In der Zwischenzeit hat sich jedoch vielfach bestätigt, daß Hildegards Edelsteinuhr funktioniert. Die von ihr in Bezug zu bestimmten Tagesstunden gesetzten Edelsteine helfen tatsächlich, zu diesen Zeiten auftretende Beschwerden zu lindern, und ermöglichen so einen harmonischen Lebensrhythmus. Zur richtigen Zeit eingesetzt, fördern sie daher Kraft und Gesundheit im Leben.

Die Verbindung des Wissens um die Qualitäten des Tagesrhythmus mit den Steinen der Edelsteinuhr Hildegards ist eine hervorragende Möglichkeit, nicht nur wieder Rhythmus ins Leben zu bringen, sondern auch die bereits angesprochenen persönlichen Wandlungen zu einem sinnerfüllten Dasein zu vollziehen. Zwar bestimmen wir selbst Ziel und Absicht dieser Wandlungen, doch Edelsteine können in der Verwirklichung und Umsetzung eine große Hilfe sein.

Doch genug der vorauseilenden Worte, wenden wir uns nun lieber dem Wesen und Sinn des Rhythmus selbst und anschliessend speziell dem Tagesrhythmus zu. Die Steine der Edelsteinuhr bilden dann den wahrhaft krönenden Abschluß in der Beschreibung der Tagesstunden.

Tübingen im Frühjahr 2001
Michael Gienger

Der Rhythmus

Rhythmus ist Abwechslung.[4] Die einzige Möglichkeit, Gegensätzliches und völlig Unvereinbares zu verbinden, ist der rhythmische Wechsel. Stille und Töne sind nicht gleichzeitig wahrnehmbar, doch ihre Kombination ergibt den Takt, das tragende Element der Musik. Ebensowenig sind Einatmen und Ausatmen gleichzeitig durchführbar, erst der beständige Wechsel ergibt den lebensspendenden Atemfluß. Alle Lebensvorgänge vollziehen sich daher rhythmisch, denn jeder Prozeß braucht seinen Gegenpart: Die Aufnahme braucht die Ausscheidung, der Aufbau den Abbau, die Aktivität die Ruhe. Wo man versucht, einen Prozeß lange Zeit nur auf einer Seite dieser Gegenpole zu halten, tritt entweder ein Stillstand ein oder es erfolgt eine zwangsweise Wandlung ins Gegenteil. Es ist unmöglich, nur einzuatmen ohne auszuatmen, nur aufzubauen ohne abzubauen, nur aktiv zu sein ohne Ruhe. Leben ist Wandel.

Die gesamte Natur baut daher auf einer Vielzahl von Rhythmen auf, die Komplementäres, d. h. Gegenläufiges und doch Ergänzendes,[5] miteinander verbinden. Trockenheit und Feuchtigkeit, Wärme und Kälte wechseln als elementare Rhythmen ab und bringen der Natur auf diese Weise den Wandel von Wachstum und Rückbildung, Reife und Verfall, Fruchtbarkeit und Tod. Und nur durch diesen Rhythmus wird die Natur zu einem stabilen System. Gerade das müssen wir Menschen heute schmerzhaft an jenen Beispielen lernen, in denen wir selbst diesen Rhythmus stören. Wenn wir z. B. das Gleichgewicht von Jäger- und Beute-Populationen[6] durch das Erlegen der Jäger (Greifvögel, Füchse, Wölfe usw.) stören, werden die sich rapide vermehrenden Beutetiere (Hasen, Kaninchen usw.) plötzlich zur Landplage. Oder wenn wir selbst als »Jäger« zu viel Beute machen, wie z. B. mancherorts in der Hochseefischerei, sterben ganze Arten aus. Zwar werden wir auch hier den Gesetzen des Rhythmus nicht entkommen, denn wo es keine Fische mehr gibt, werden bald auch keine Fischer mehr sein. Doch es ist natürlich immer eine Tragödie, wenn ein Rhythmus unwiederbringlich verklingt! Leider sind wir

4 Rhythmus = periodischer Wechsel von Vorgängen (griech. »rhythmos« = »Fließen, Gleichmaß, geregelte Bewegung«)

5 lat. »complementare« = »vervollständigen«

6 Population = Bevölkerung, hier die Anzahl der Tiere einer Region: Viele jagende Tiere führen zu einer Verringerung der Beutetiere, der darauf folgende Nahrungsmangel wiederum zu einer Verringerung der Jäger, dies führt dann zur erneuten Vermehrung der Beutetiere, was wiederum zur Vermehrung der Jäger führt, viele Jäger jedoch… usw. usf. Populationen bleiben also nicht beständig, sondern nehmen ab und zu. Doch gerade dadurch bleibt das Verhältnis Jäger und Beute auf Dauer stabil.

Tag und Nacht - allgegenwärtiger Rhythmus der Natur.

Menschen Meister in der Verarmung unseres Planeten. Würden wir doch nur das Gesetz des Rhythmus besser verstehen.

Auch uns selbst erginge es dann in vielen Fällen besser. Unser Körper ist Natur, und auch hier ist rhythmische Abwechslung die Grundvoraussetzung für ein stabiles System. Nur durch das Ausdehnen und Zusammenziehen der Lungen können wir atmen, nur durch das Ausdehnen und Zusammenziehen des Herzens und der Gefäße strömt unser Blut, nur durch Nahrungsaufnahme und Ausscheidung bleiben Substanz und Energie erhalten, nur durch den Wechsel von Auf- und Abbau bleiben wir dynamisch und flexibel. Aufbau ohne Abbau würde uns erstarren lassen, Abbau ohne Aufbau führte zum Verfall. Auch das begreifen wir Menschen oft nur schmerzlich in jenen Momenten, in denen wir diesen Rhythmus stören.

So hängen Aktivität und Abbau sowie Ruhe und Aufbau untrennbar miteinander zusammen. Während wir aktiv sind, belasten wir das System unseres Körpers. Wir beanspruchen es und bauen Energiereserven und Substanz ab. In der darauffolgenden Ruhe erfolgt dann die Regeneration, das erneute »Auftanken« und der Aufbau neuer Substanz. Fehlt uns nun die Ruhe durch übermäßige Aktivität, so bauen wir zu sehr ab: Verschleiß entsteht. Fehlt uns dagegen die Aktivität durch zu viel Trägheit, werden wir schwach, da das System unseres Körpers nicht genügend herausgefordert und auf Schwachstellen geprüft wird. So einfach ist es im Grunde (auch wenn das Gesamtsystem durch seine Vielzahl einzelner, sich überlagernder Rhythmen schon noch einiges komplexer ist). Auch hier benötigen wir beide Seiten, und das Geheimnis der Gesundheit liegt im ausgeglichenen rhythmischen Wechsel.

Rhythmus ist also das dritte, das verbindende Element zweier sich ergänzenden Pole. Rhythmus bringt unvereinbare Gegensätze in »Einklang« – verbindet sie zu »einem Klang«, macht aus Ton und Stille die Musik. Und so wie ein Musikstück genau so lange anhält, wie Ton und Intervall[7] sich abwechseln, genauso bleibt etwas nur für die Dauer abwechselnder Rhythmen lebendig. Das gilt nicht nur für Körper und Organismus, sondern ebenso für unser seelisch-geistiges Leben. Auch dieses ist für uns nur interessant, wenn es eine gewisse Abwechslung bietet – so wie der Reiz eines Schachspiels genau darin besteht, daß jeder

7 Intervall = Zwischenraum, die Stille zwischen zwei Tönen

Spieler im Wechsel ein Mal zieht, wodurch Aktion und Gegenaktion zu immer neuen Variationen führen. Ebenso brauchen wir im Leben Momente des zielgerichteten Tuns und des beobachtenden Nachdenkens, der Spannung und Herausforderung wie auch der Entspannung und des Fallenlassens. Es darf nicht immer alles gleichbleiben, es gibt nichts tödlicheres als Monotonie. Das Leben ist Wandel, und wo kein Wandel mehr ist, beginnt das Sterben.

Rhythmus ist also die Folge einzelner Wandlungseinheiten, einzelner in sich abgeschlossener Zyklen.[8] Abgeschlossen, da sie einen Anfang haben, eine Zeit andauern und schließlich zu Ende gehen. Wie der Schlag einer Trommel, der ertönt, eine Zeit anhält und dann verklingt, bis sich aus der Stille der nächste Ton erhebt. Anfang, Dauer und Ende kennzeichnen daher die Grundzyklen jedes Rhythmus, wie wir es tagtäglich erleben: Jedes Jahr besteht aus der rhythmischen Abfolge von Monatszyklen mit Beginn, Dauer und Ende. Diese wiederum sind nichts anderes als die rhythmische Abfolge von Tageszyklen, wiederum mit Beginn, Dauer und Ende. Und der Tag besteht aus Stundenzyklen, Stunden aus Minutenzyklen, Minuten aus Sekundenzyklen usw. So verbinden sich viele Zyklen immer wieder zu gemeinsamen Rhythmen – in die eine Richtung unendlich klein, in die andere unendlich groß werdend.

Anfang, Dauer und Ende bestimmen also die Länge jedes Taktschlags, sie sind die Grundelemente jedes Rhythmus – letztendlich die Grundelemente unseres Daseins. Nur indem jede einzelne Einheit in sich abgeschlossen wird, indem alles, was beginnt, auch ein Ende findet, nur dadurch wird rhythmischer Wechsel überhaupt möglich. »Denn alles was entsteht, ist wert, daß es zugrunde geht!« sagt schon Mephisto in Goethes Faust. Doch dann bietet er eine gefährliche, verführerische Schlußfolgerung an: »Drum besser wär, wenn nichts entstünde …« – In Wirklichkeit würden wir dies nie akzeptieren, denn im Grunde schlußfolgern wir immer: »Drum wünschen wir, daß besseres folge!« Und genau dadurch führen wir den Zyklus von Anfang, Dauer und Ende weiter zu beständiger rhythmischer Wiederholung. Weiter in Richtung auf das Ziel, einmal etwas Optimales zu erleben, einen Moment, der es – nach Faust – wert wäre zu sagen: »Verweile doch, du bist so schön!« Jenen Moment, der dann der endgültige Abschluß eines großen Zyklus wäre – gefolgt vom Beginn des nächsten …

So können wir einen Rhythmus als beständige Wiederholung einzelner Zyklen mit Anfang und Ende verstehen, die in der Form gleich, im Inhalt jedoch verschieden sind. Anfang, Dauer und Ende eines jeden

8 Zyklus = Kreisförmig in sich geschlossene Folge zusammengehöriger Vorgänge (griech. »kyklos« = »Kreislauf«); Rhythmus = Gleichmäßige Wiederholung derselben Zyklen (griech. »rhythmos« = »Fließen, Gleichmaß, geregelte Bewegung«)

Tages sind in der Form gleich, in ihrer Art jedoch verschieden. Jeder Tag hat einen Morgen, einen Mittag, einen Abend und eine Nacht, doch was wir den Tag hindurch erleben, kann immer wieder einzigartig sein. Das ist gerade die Chance einzelner, abgeschlossener Einheiten: Die nächste kann immer anders sein, als die vorangegangene. Und selbst wenn sie sich ähneln, ist doch jede immer wieder neu.

Im Grunde können wir also sagen, daß wir den Rhythmus lieben, weil wir keinen Stillstand mögen. Wir wollen Entwicklungen, d. h. Veränderungen, die vorangehen, kein Drehen im Kreis, sondern Aufwärtsbewegungen wie in einer Spirale. Neue Herausforderungen, wenn wir aktiv werden, und neue Erfahrungen, um dann in Ruhe darüber nachzudenken. Aus diesem Grunde beginnen wir immer wieder Neues und lassen Altes immer wieder hinter uns. Anfang und Ende sind die grundlegendsten Pole, zwischen denen wir uns ständig bewegen, Alpha und Omega[9] unseres Daseins. Das dritte Element, das sie verbindet, ist das Leben selbst: ein spannender, kreativer Tanz in vielfältigen, virtuosen Rhythmen.

9 Alpha und Omega sind Anfangs- und Endbuchstabe des griechischen Alphabeths. Die Formulierung »Alpha und Omega« symbolisiert daher seit der Antike absolute, unveränderliche Grenzen, Grundlagen, Gesetzmäßigkeiten etc. wie z. B. Geburt und Tod als unabdingbare Eckpfeiler einer Lebensspanne.

Rhythmen der Natur

In diesem Tanz des Lebens bewegt uns zweierlei »Musik«: Einerseits drehen wir uns nach unseren »geistigen Melodien«, die uns in Form von Wünschen und Bedürfnissen, Zielen und Absichten bewegen. Auch hier verweben sich viele Zyklen mit Beginn, Dauer und Ende ineinander: große Wünsche, kleine Wünsche, nahe Ziele und ferne Ziele. Oft ist das Begonnene noch nicht beendet, da stimmen wir bereits neue Töne an. So entwickeln wir in unserem Sinnen und Trachten vielfältigste Rhythmen, manchmal als einfacher Takt, manchmal unruhig und kompliziert: das aus uns selbst entstehende Klanggebilde unserer Geisteswelt.

Die Trommel fängt den Körper …

Andererseits stimmen wir uns in die äußeren Rhythmen der Welt ein, deren Aufdringlichkeit wir uns nur mit größter Mühe enthalten könnten. Plätschernde Bäche, wogende Bäume im Wind, das auf- und abschwellende Rauschen der Brandung – wie soll man sich solchen Rhythmen entziehen? Prasselnder Regen, knisterndes Feuer – diese Rhythmen bewegen Körper und Gemüt. Wer kennt nicht die mitreißende Art eines Trommelrhythmus, der uns fast automatisch zur Bewegung zwingt? Oder die belebende Art einer aufsteigenden Flötenmelodie, welche ebenso betörend Gefühl und Emotion zum Schwingen bringt? Es ist immer leichter, sich auf den Rhythmus der Umgebung einzupendeln, als stur den eigenen Takt zu halten – ein Phänomen, dem sich nicht einmal die mechanische Welt der Technik entziehen kann.[10]

Daher stehen – oder besser schwingen – wir in unserem Erdendasein zwischen diesen beiden Polen: der Folge verschiedener Absichten und Ideen, die uns in Richtung unserer geistigen Ziele bewegt, und den beeinflussenden Naturrhythmen, die mal fördernd, mal bremsend auf

10 1665 entdeckte der holländische Wissenschaftler Christian Huygens das Gesetz des Einpendelns bei mechanischen Gegenständen. Er stellte fest, daß zwei nebeneinanderstehende oder -liegende Uhren innerhalb kürzester Zeit in vollkommener Übereinstimmung laufen.

unser Vorwärtskommen einwirken. Aus der Verbindung beider entsteht nun ein neuer, dritter Rhythmus – unsere inneren Wandlungen von Seele und Körper.

Körper und Seele zwischen den Kräften von Geist und Natur.

Daher ist jeder Tag und jeder Moment einzigartig und neu – und doch erleben wir rhythmische Wiederholungen. Wandlungen der äußeren Welt wie z. B. die Jahreszeiten, die Mondphasen oder der Wechsel von Tag und Nacht spiegeln sich in inneren Zyklen wider: in den Hormonzyklen, den Rhythmen der Organe, den Regenerations- und Wachstumsimpulsen sowie den Lebensphasen und anderen seelischen Entwicklungen.

Ob Frühjahrsmüdigkeit oder Novemberdepression, ob steigende Säfte im Mai oder stiller Rückzug im Winter – wer kennt nicht bestimmte Elemente des Lebens, die regelmäßig zu bestimmten Zeiten wiederkehren? Oder Leistungsspitzen und -tiefs am Tag sowie Schlafrhythmen oder -störungen in der Nacht – ja der Schlaf selbst, der regelmäßige Hunger oder der Menstruationszyklus: All das sind Rhythmen, die uns ständig bewegen, denen wir uns nicht entziehen können, solange wir mit einem Körper auf diesem schönen Planeten leben.

Oft ist uns heutzutage nicht mehr bewußt, wie sehr uns diese natürlichen Rhythmen selbst in unserer modernen Welt noch beeinflussen. Dank des elektrischen Lichts glauben wir, nun endlich Herr über die Dunkelheit, Herr über Tag und Nacht geworden zu sein. Doch ist es uns noch immer nicht möglich, in einem anderen Rhythmus als dem 24-Stunden-Tag zu leben. Der Versuch einmal einen Monat lang in einem 28-Stunden-Rhythmus zu leben wäre immens schwierig und würde enorm viel Kräfte aufzehren! Dasselbe gilt für den Jahresrhythmus. Dank Zentralheizungen und Klimaanlagen können wir nun an vielen Arbeitsplätzen rund um das Jahr unvermindert arbeiten. Dennoch zeigen sich bei extremer Sommerhitze ebenso wie bei extremer Winterkälte eindeutige Leistungs- und Motivationsabfälle. So sehr wir uns auch bemühen, alles gleich zu machen – die natürlichen Rhythmen bleiben uns erhalten!

Selbst in Extremsituationen holt die Natur uns immer wieder ein. So pendelte sich bei Menschen, die ohne Uhren lange Zeit in tiefen Höhlen lebten, der Tagesrhythmus automatisch auf den Rhythmus des Mondes ein (ca. ein 25-Stunden-Tag), In einem Fall sogar in absoluter Übereinstimmung mit den Gezeiten des nahegelegenen

Meeres.[11] Ein äußerst interessantes Ergebnis: Denn einerseits weisen Krankenhaus- und Polizeistatistiken längst deutliche Zusammenhänge mit dem Mondzyklus auf. Andererseits soll der Mond jedoch – nach offiziellem »wissenschaflichem« Dogma – keinerlei Einfluß auf unser Leben und Verhalten haben.

Statt diese Einflüsse zu leugnen oder verzweifelt nach Erklärungen und »wissenschaftlichen Beweisen« zu suchen, sollten wir die Übereinstimmung innerer und äußerer Rhythmen am besten einfach beobachten. Zwischen der Beobachtung eines Phänomens und der Erklärung dafür mögen Jahrtausende verstreichen – was der Realität des Phänomens keinen Abbruch tut. Wie lange konnten Menschen Blitze beobachten, bevor ihnen Benjamin Franklin[12] endlich eine wissenschaftliche Erklärung dafür bot? Wer hätte gewagt, den »unerklärlichen« Blitzen die Existenz abzusprechen und ungeschützt auf dem Feld zu bleiben? Heute ist der grimmige Blitzgott Wotan dank unseres Verständnisses der Elektrizität arbeitslos geworden – doch hat sich dadurch etwas grundsätzlich geändert, wenn man auf dem Feld vom Blitz getroffen wird?

11 Siehe hierzu: Arnold L. Lieber, *Guter Mond, böser Mond,* Econ Verlag, 1997, Seite 163

12 Benjamin Franklin (1706 - 1790), amerikanischer Naturwissenschaftler, Politiker und Schriftsteller, entdeckte, daß Blitze elektrische Entladungen sind und entwickelte daraufhin 1752 den Blitzableiter.

Verändern sich Blitze durch unsere Kenntnis der Elektrizität?

Wenn wir also eine rhythmische Übereinstimmung bestimmten Erlebens, bestimmter Stärken und Schwächen, bestimmter Stimmungen, Empfindungen, Störungen, Beschwerden oder Erkrankungen mit natürlichen Rhythmen feststellen, dann sollten wir dies als Chance erkennen und nutzen: Als Chance, durch die Erkenntnis der »Qualität der Zeit«, in der das jeweilige Erleben auftritt, dessen Natur und Ursprung besser zu verstehen. Und natürlich als Chance, durch ein tieferes Verständnis bessere Möglichkeiten zur Wandlung, zur Heilung und zur Verbesserung unseres Lebens zu gewinnen.

Unsere Entfremdung von den natürlichen Rhythmen hilft uns nicht, ihnen zu entkommen. Wir können nur – mangels Verständnis – Aktionen gegenläufiger Natur in Gang setzen. Das Resultat ist

Energieverlust, Verschleiß, Schwäche und Krankheit. Daher wird das Thema Rhythmus für die moderne Heilkunde immer wichtiger. Die unbewußte Übereinstimmung, die wir dank der heutigen technisierten Welt verloren haben, müssen wir durch bewußtes Beobachten und Rückverbinden mit den natürlichen Rhythmen ersetzen. Deren Studium und Verständnis wird daher ein wesentlicher Faktor in der Naturheilkunde werden.

Mehrere Veröffentlichungen im Neue Erde Verlag – insbesondere im Rahmen der Edition Cairn Elen – stellen aus diesem Grund das Thema »innere und äußere Rhythmen« dar. Neben der vorliegenden Edelsteinuhr widmet sich auch das Buch »Steinheilkunde und chinesische Medizin«[13] dem Tagesrhythmus aus der Sicht der chinesischen Organuhr. Den Mondzyklus behandelt Wolfgang Maiers Buch »Der Mondschild«,[14] den Jahreskreis Barbara Newerlas »Sterne und Steine«.[15] Alle diese sich überlagernden Naturrhythmen tragen taktgebend zu dem Lied bei, nach dem wir den Tanz unseres Lebens tanzen.

13 Michael Gienger/Wolfgang Maier, *Steinheilkunde und chinesische Medizin,* Neue Erde, Saarbrücken 2006.
14 Wolfgang Maier, *Der Mondschild,* Neue Erde, Saarbrücken 2001. Eine einzigartige Darstellung der verschiedenen Qualitäten der Mondphasen – in einem ganz anderen Bezug als die üblichen Mondkalender.
15 Barbara Newerla, *Sterne und Steine,* Neue Erde 2000. Nicht nur ein Buch über Astrologie und Steinheilkunde, sondern insbesondere auch ein sehr schönes Werk über die Qualitäten des Jahreslaufs.

Der Tagesrhythmus

Sicherlich der deutlichste und prägendste Rhythmus unseres Lebens ist der Tagesrhythmus. Die Folge von Helligkeit und Dunkelheit, von Tag und Nacht vollzieht sich so offensichtlich, daß wir sie nicht ignorieren können. Auch der damit verknüpfte Wechsel von Wachen und Schlafen zählt zu den selbstverständlichsten Elementen unseres Lebens. Doch was bewirkt dieser tägliche Wandel? Welche Abfolge von Qualitäten erleben wir tagein, tagaus? – In den folgenden Ausführungen wird Ihnen wahrscheinlich manches bekannt vorkommen. Doch gerade der Tagesrhythmus führt uns deutlich vor Augen, daß wir manchmal das Offensichtlichste nicht mehr sehen, wenn es zu sehr zur Selbstverständlichkeit geworden ist.

Das Schwinden des Lichts führt die Sinne nach innen.

Tag und Nacht

Der Wechsel von Helligkeit und Dunkelheit teilt den Tag in einen Zweierrhythmus von Tag und Nacht. Dabei regt die hellere und meist auch wärmere Hälfte – der Tag – in der Regel zum Wachsein, zur Aktivität und zur Bewegung an. In der dunkleren und meist kälteren Hälfte – der Nacht – dagegen ist Passivität und Ruhe angesagt. In der Regel ist dies auch die Zeit des Schlafs. Allerdings zeigen gerade Tag und Nacht, in welchem Maß wir Menschen uns von den natürlichen Rhythmen lösen können. Wir können, wenn wir wollen, Nacht um Nacht hindurcharbeiten oder -feiern und am Tage schlafen. Nichts und niemand kann uns davon abhalten! Dennoch ist uns allen klar, daß es wesentlich leichter ist, am Tage zu wachen und in der Nacht zu schlafen. Und auf Dauer auch wesentlich gesünder.

Am Tage bekommen wir durch Sonnenlicht und Wärme viel mehr Energie von außen. Daher sind wir mehr nach außen orientiert. Unsere Sinne, vor allem die Augen, erhalten stärkere Anreize. Unser Sinnen und Trachten, unsere Handlungen und Aktionen sowie unsere Aufmerksamkeit und Wahrnehmung sind daher am Tage vorwiegend extrovertiert.[16] Unsere

16 extrovertiert = nach außen gekehrt, nach außen gerichtet

Gedanken drehen sich um die konkreten Absichten, Pläne und Taten, die wir umsetzen wollen, um das Tagwerk, das es zu vollbringen gilt. Der Tag ist die Zeit der Aktivität, der Begegnung, der Erfahrung und der Leistung sowie mitunter auch des Kampfes, denn so manches Ziel läßt sich nicht kampflos erringen. Am Tag erleben wir uns in der Welt.

In der Nacht dagegen verringern sich Licht und Wärme von außen. Was uns nun wärmt und erhellt, muß von innen kommen. Auch für die Sinne verringern sich die äußeren Anreize. Es gibt weniger Ablenkungen, die Wahrnehmung des inneren Empfindens, der Gefühle und inneren Bilder wird stärker. Daher wendet sich in der Nacht unser Blick nach innen, wir werden zunehmend introvertiert.[17] Unsere Gedanken werden von dem bewegt, was wir erleben, fühlen und wahrnehmen wollen, von Wünschen und Bedürfnissen, von Sehnsüchten und Träumen. In der Nacht ist mehr Raum für umfassendes Nachdenken, für die Reflektion des Tages und des Lebens. Die Nacht ist die Zeit der Ruhe und Sammlung, des Friedens, der Erholung und Regeneration. In der Nacht erleben wir die Welt in uns.

Beide Seiten des Tages stehen natürlich in einem sehr engen Bezug zueinander: Eine erholsame, friedliche Nacht gibt viel

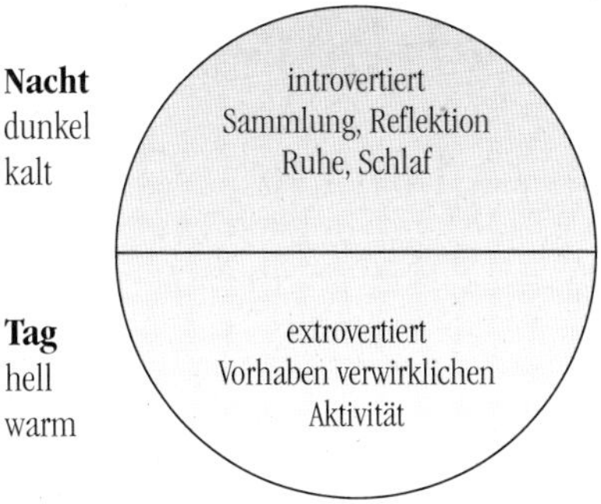

Die Tageshälften

mehr Kraft und Zuversicht für den neuen Tag als eine Nacht voll des Grübelns und schlaflosen Umherwälzens. Ebenso zieht ein schöner, erfolgreicher Tag, an dem uns unser Tagwerk wunschgemäß geglückt ist, einen friedlicheren und ruhigeren Abend nach sich, als ein Tag voller Mißgeschicke, Unglück und Frustrationen. Wie der Tag, so die Nacht; wie die Nacht, so der Tag.

Dieser Kreislauf kann natürlich – je nach den Umständen – allmählich aufwärts oder abwärts führen. Gerade in sehr schwierigen Zeiten kann ein Teufelskreis entstehen. In diesem Fall ist es besonders wichtig, die unterschiedlichen Qualitäten des Tageslaufs bewußt zu erkennen und zu fördern. Es muß nicht kommen, wie es das Havamal der älteren Edda[18] beschreibt:

17 introvertiert = nach innen gekehrt, nach innen gerichtet

18 Die ältere Edda: Um das Jahr 1000 in Island aufgezeichnete Liedersammlung der nordischen Mythologie, Zitat aus dem Havamal, Vers 22, in der Übersetzung von Karl Simrock, *Die Edda,* Phaidon Verlag.

»Unweiser Mann durchwacht die
Nächte
und sorgt um alle Sachen.
Matt nur ist er, wenn der Morgen
kommt,
der Jammer währt, wie er war!«

Was können wir also tun, um dem Rhythmus von Tag und Nacht eine förderliche, aufwärtsstrebende Tendenz zu geben?

Die Kunst des Planens begründet den Erfolg.

Das Tagwerk

Den Tag erleben wir als erfolgreich, wenn es uns gelingt, unser vorgenommenes Tagwerk zu vollbringen und auftretende Herausforderungen zu meistern. Hier können wir schon zu Beginn günstige Zeichen setzen, indem wir uns nur ein realistisches Pensum zumuten. Sich Ziele für den Tag zu setzen, die zu groß sind und keinerlei Realisierungschance haben, zieht garantiert Frustration nach sich. Ist das Pensum auf jeden Fall zu groß, weil im Moment einfach riesige Vorhaben anstehen oder unvorhergesehene Störungen und Ablenkungen auftreten können, empfiehlt es sich, das vorliegende Tagwerk in viele einzelne Schritte aufzuteilen. Ein Rhythmus vieler einzelner Zyklen sozusagen. Dadurch haben wir mit jedem einzelnen abgeschlossenen Schritt schon einen kleinen Erfolg. Das Tagesresultat fühlt sich dann ganz anders an! Es ist ein großer Unterschied, ob wir sehen, daß wir von 20 vorgesehenen Schritten 16 vollzogen haben und nur vier übriggeblieben sind – oder ob wir das Gefühl haben, die eine Sache, die wir vollbringen wollten, ist wieder nicht fertig geworden.

Es ist also die Kunst des Planens, die den Erfolg des Tages vorprogrammiert: realistische Zielsetzungen und eine praktische Einteilung in einzelne Schritte. Daher sollten wir uns am Morgen etwas Zeit dafür nehmen. Und wenn in chaotischen Zeiten ein solches Planen unmöglich erscheint, so ist es schon eine Hilfe, sich nur zwei oder drei einfache und konkrete Dinge vorzunehmen. Glückt es, allein diese Vorhaben zu verwirklichen, ist bereits ein Erfolg vorhanden!

Ist die Planung im Grunde in Ordnung, doch es fehlt die Kraft oder Ausdauer zur Umsetzung, kann eine sinnvolle Einteilung in Aktivität und Pausen die notwendige Hilfe sein. Diese Einteilung sollte jedoch klar definiert und eingehalten werden. Denn eine Pause, erfüllt von dem Gefühl, daß man dringend etwas tun müßte, hat keinen Erholungswert. Ebensowenig kann Arbeit, die am Rande der Kräftegrenze nur noch »durchgezogen« wird, wirklich effektiv sein. Zumal sich hier die Gefahr von Fehlern und Mißgeschicken häuft. Ein sinnvoller Arbeitsrhythmus und natürlich auch genügend Erholung in der Nacht davor sind daher sehr wirksame Faktoren für den täglichen Erfolg.

Die Einteilung des Tages in rhythmische Einheiten, in kleinere, inhaltlich abgeschlossene Zyklen und in den Wechsel von Aktivität und Pausen, verbessert die Chancen auf Erfolg erheblich – wenn sonst nichts entgegensteht. Doch dazu an späterer Stelle mehr.

Die Nachtruhe

Auch in der Nacht, der Zeit der Erholung und Regeneration, gilt ähnliches. Hier ist zunächst vor allem Ruhe und Zeit zur Reflektion notwendig, um den Tag abzuschließen. Je schneller wir unseren Frieden mit dem Tagesgeschehen finden, desto schneller können wir auf Erholung und Regeneration »umschalten«. Dazu ist es wichtig, uns von allem zu lösen, was wir nun sowieso nicht mehr ändern oder erst am nächsten Tag wieder in Angriff nehmen können. Die alte Tradition des Abendgebetes, in der der gesamte Tag nocheinmal im Geiste durchlebt wird, ist hierfür eine große Hilfe (siehe auch S. 33). Auch Tagebuchführen oder einfaches Aufschreiben der wichtigsten Gedanken kann förderlich sein. Was auf Papier festgehalten ist, kann im Kopf beruhigt losgelassen werden. Daher ist der beste Start in die Nacht, sich die Zeit für den Tagesabschluß zu nehmen.

Der zweite, wesentliche Faktor ist natürlich der gesunde, erholsame Schlaf in der zweiten Hälfte der Nacht. Ist das Reflektieren und Loslassen des Tagesgeschehens vor dem Einschlafen abgeschlossen, bestehen eigentlich gute Aussichten auf einen guten Schlaf. Allerdings sind wir in dieser passivsten Zeit des Tagesablaufs auch am empfindlichsten für beeinträchtigende Einflüsse. Daher sollte das Umfeld unseres Schlafplatzes möglichst störungsfrei sein. Elektrische Leitungen, elektrische Geräte, Strahleneinflüsse, Wasseradern u.v.m. können unseren Schlaf ungünstig beeinflussen. Wenn wir also tatsächlich schlecht schlafen, obwohl kein erkennbarer seelischer oder körperlicher Grund dafür vorliegt, sollte diese Möglichkeit untersucht werden. Für professionelle Unterstützung hierbei ist eine Kontaktadresse im Anhang zu finden.

Auch der Schlaf verläuft rhythmisch, wie uns wechselnde Traumphasen deutlich vor Augen führen. Ähnlich vollzieht sich auch die körperliche Entgiftung in der Nacht in rhythmischen, in sich abgeschlossenen Zyklen. Dazu berichtet das folgende Kapitel mehr, das mit der Einteilung in Morgen, (Nach-)Mittag, Abend und Nacht den Rhythmus des Tages noch genauer unterscheidet.

Morgen, Mittag, Abend und Nacht

Die genauere Unterscheidung des Wandels von Helligkeit und Dunkelheit, Wärme und Kälte teilt den Tag in den Viererrhythmus von Morgen, Mittag, Abend und Nacht. Jedes dieser Tagesviertel weist ein eigenes Verhältnis von Licht und Temperatur auf, da der zu- und abnehmende Rhythmus der genannten Gegensatzpaare um etwa drei Stunden gegeneinander verschoben ist. Das Maximum der Helligkeit liegt bei 12.00 Uhr, das der Dunkelheit bei 24.00 Uhr. Das Maximum der Wärme liegt dagegen bei ca. 15.00 Uhr, das der Kälte bei ca. 3.00 Uhr. Die spezielle Tendenz des Zunehmens oder Abnehmens gibt den Tagesvierteln daher eine weitere prägende Qualität. Ein kleines Beispiel mag dies deutlich machen:

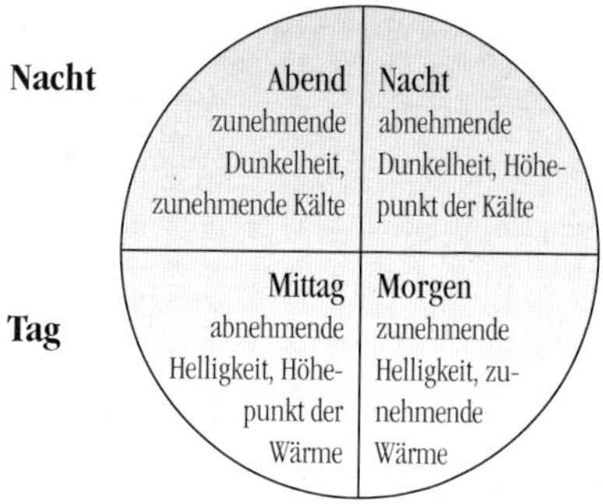

Wechsel der Polaritäten

Ein und dieselbe Temperatur, sagen wir als Beispiel 15°C, erscheint unserem Empfinden unterschiedlich, je nachdem, ob die Temperatur steigt oder fällt. Am Morgen bei steigender Temperatur werden wir 15°C zwar als kühl empfinden, doch wir werden uns weitaus weniger gegen die Kälte schützen, da wir die steigende Tendenz spüren. Am Abend werden wir dieselbe Temperatur als kälter empfinden und das Bedürfnis, uns gegen die Kälte zu schützen, wird größer sein. Wir spüren die fallende Tendenz.

Obwohl wir von unserem Verstand her oft geneigt sind, Dinge statisch zu betrachten (15°C sind 15°C!), nehmen wir unbewußt sehr wohl Entwicklungen wahr. Wir registrieren die Geschwindigkeit unserer Tätigkeit oder beobachteter Vorgänge und erkennen das Verstreichen verbleibender Zeit. Wir reihen die Abfolge von Veränderungen aneinander und erkennen so Entwicklungen mit ihrer Tendenz oder Richtung. Wir registrieren Wiederholungen und zeitgleich auftretende Phänomene und erkennen so Beziehungen und Zusammenhänge. Doch vieles davon bleibt unbewußt. Erkenntnisse und Entschlüsse äußern sich daher oftmals nicht direkt als Gedanke, sondern als Gefühl und unbewußter Handlungsimpuls. Um beim vorangegangenen Beispiel zu bleiben: eben nicht als Gedanke »wir haben 15°C fallender Tendenz«, sondern als Drang, sich nun endlich etwas Warmes anzuziehen.

Dieses unbewußte Mitverfolgen von Entwicklungen und Tendenzen sowie die entsprechenden Reaktionen dazu bringen nun für jedes Tagesviertel eine eigene Dynamik hervor. Zur Zweiteilung des Tages in eine extrovertierte und introvertierte

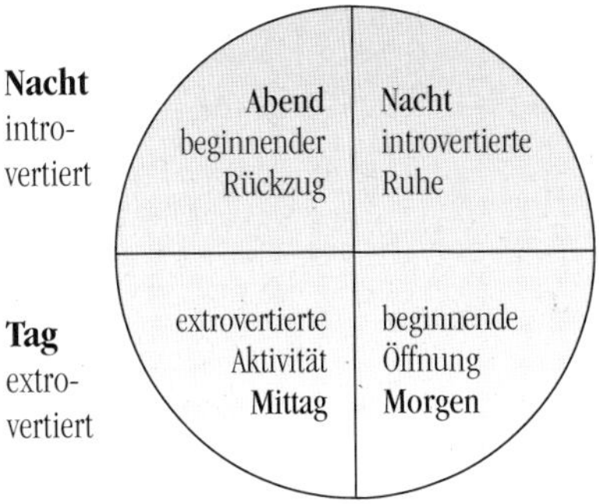

Die Tagesviertel

Phase kommt nun noch die Dynamik des Öffnens und des Zurückziehens hinzu:

So beginnt der Tag mit der Öffnung am Morgen, erreicht den Höhepunkt extrovertierter Aktivität am (Nach-)Mittag, wandelt sich am Abend allmählich zum Rückzug und erreicht in der Nacht den Höhepunkt introvertierter Ruhe.

Der Morgen

Der Auftakt am Morgen ist wahrhaftig ein Akt des Öffnens. Wir öffnen die Augen, einem herzhaften Gähnen folgen tiefere Atemzüge, wir recken und strecken die Glieder und – eilen in den meisten Fällen zur Toilette, da auch unsere Ausscheidung notwendigerweise ein Öffnen verlangt. Die mit dem Sonnenaufgang zunehmende Helligkeit regt die Sinne zu aktiver Wahrnehmung an, und die zunehmende Wärme belebt unseren Körper. Entsprechend den Nachwirkungen der vergangenen Nacht bzw. der vergangenen Tage, kommt unser Kreislauf nun mehr oder weniger schnell in Gang. Wir kommen »auf Touren«, und bald sind alle Sinne und Systeme unseres Organismus auf Aufnahme und Aktivität eingestellt.

In diesem Zusammenhang ist die Mehrdeutigkeit des Wortes »Aufnahme« sehr interessant: Wir nehmen Nahrung auf, wir nehmen Nachrichten/Ideen/Vorschläge auf, wir nehmen Wahrnehmungen auf, wir nehmen die Arbeit auf, wir nehmen Gäste auf, wir nehmen Beziehungen auf, wir nehmen Auseinandersetzungen auf, wir nehmen den Kampf auf, ja, wir nehmen es mit anderen, Gott und der Welt auf. Und wir nehmen alles und alle, die wir lieben, in unser Herz auf. So betrachtet, ist der Morgen in vielfältigster Weise die Zeit der Aufnahme!

Nach der Ruhe und Zurückgezogenheit der Nacht treten wir nun dem neuen Tag entgegen. Der Antrieb zu diesem »Schritt in die Welt« kann zweierlei Natur sein. Zum einen treiben uns bestimmte Ziele, Wünsche und Absichten, die wir während des Tages verwirklicht sehen wollen. Zum anderen bewegen uns Neugier, Hoffnungen oder Befürchtungen in Hinsicht auf all die unerwarteten Dinge, die uns wohl begegnen mögen. Dadurch wird der Start in den Tag immer wieder anders sein.

Stehen wichtige Ziele kurz vor ihrer Verwirklichung, sehnsüchtig erwartete Wünsche kurz vor ihrer Erfüllung, oder sind Schwierigkeiten und Herausforderungen im Begriff, gemeistert zu werden, so läßt

Die Zeit vielfältigster »Aufnahme« …

uns starker Tatendrang am Morgen oft ungestüm und unruhig werden. Mitunter wirkt sich dies schon in der Nacht zuvor aus, wo wir kaum schlafen können, da wir bereits ungeduldig den neuen Tag erwarten. Wir können das Öffnen und Aktivwerden kaum noch erwarten, und es fällt schwer, die aufwallende Lebensenergie zu bremsen.

Stehen dagegen lästige, schwierige oder sehr unangenehme Dinge an, die uns belasten, wo wir keine Lösungen sehen oder zu scheitern glauben, dann fällt der Start am Morgen meist schwer. Die Last des kommenden Tages drückt uns schon zu Beginn nieder, von Lebensenergie ist nichts zu spüren. Wir verfluchen die unausweichliche Stunde des Aufstehens und kommen nur mit zusammengebissenen Zähnen dank immenser Disziplin und Selbstüberwindung auf die Beine. Oder wir bleiben lieber gleich liegen, ziehen die Decke über die Ohren und ignorieren den herannahenden Tag.

Ein anderer Tag mag dagegen in Gleichmut beginnen. Nichts besonderes ist zu erwarten, doch wir sind zufrieden mit dem, was unser Leben bietet. Ausgeruht erheben wir uns, um gemütlich und ohne Hast den Tag zu beginnen. Ein paar Vorhaben liegen an, doch es ist auch Raum und Gelassenheit vorhanden, allem Unvorhergesehenen offen zu begegnen. Wir beginnen den Tag in interessierter Erwartung dessen, was er bringen mag.

Ohne weiteres könnten wir an dieser Stelle noch das eine oder andere Szenario entwerfen, doch ist dies müßig, da wir die verschiedenen Variationen ja Tag für Tag erleben. Interessanter ist vielmehr, was trotz dieser Unterschiede jedem Morgen gemeinsam ist. Jeder Morgen ist ein Öffnen und nach außen gehen. Jeden Morgen treten wir dem Tag und seinen Ereignissen entgegen. Jeden Morgen beginnen wir unser Tagwerk, setzen wir unsere Kraft und Lebensenergie in Aktion, um bestimmte Vorhaben in Angriff zu nehmen. Jeder Morgen ist ein Start in einen neuen Tag.

Regelmäßig am Morgen auftretende Schwierigkeiten und Beschwerden sind daher oft durch ganz bestimmte Faktoren bedingt.

In wohl den meisten Fällen liegt die Ursache in mangelnder Erholung in der Nacht zuvor. Das ist ein häufig anzutreffender Faktor, der mit unserem Lebensstil (zu spätem Zu-Bett-Gehen) oder bestimmten Lebensumständen (nachtaktiven kleinen

Kindern u. ä.) zusammenhängen kann. Ist kein solch offensichtlicher Grund vorhanden, können Störungen des Schlafplatzes (vgl. S. 25) oder gesundheitliche und seelische Probleme, die uns »den Schlaf rauben«, die Ursache sein. Auch ein falscher Schlafrhythmus ist denkbar (siehe dazu die Kapitel »Die Nacht« S. 36 ff und »Die Organuhr« S. 42 ff).

Lassen sich Nachwirkungen der vergangenen Nacht definitiv ausschließen, muß die Ursache mit der Natur des Morgens selbst zusammenhängen. Möglicherweise sind wir unzufrieden mit dem, was wir tun müssen oder was auf uns zukommt. Ein frustrierender Alltag, eine ungeliebte Arbeit oder Aufgabe, Sorgen oder Belastungen, all dies kann den Start am Morgen erschweren. Etwas tun zu müssen, mit dem wir innerlich nicht übereinstimmen, kann absolut kraftraubend sein. Und wenn wirklich unangenehme bis unerträgliche Dinge bevorstehen, so können diese regelrechte Übelkeit hervorrufen. Deshalb sind gerade Unlust oder Angst, sich mit Kommendem (Konflikten, Schwierigkeiten) auseinanderzusetzen, die größten Blockaden am Morgen, die allen Mut und alle Hoffnung rauben.

Am Morgen ist daher vor allem die Bereitschaft und Fähigkeit, auch Unangenehmes auszuhalten und in Angriff zu nehmen, von größter Wichtigkeit. Gleichzeitig können wir jedoch den Ausblick auf angenehme und freudige Dinge bewußt als Motivationsfaktor entgegensetzen. So kann es bei der bereits angesprochenen Tagesplanung (vgl. S. 24) eine Hilfe sein, einen Rhythmus zu gestalten, in dem Unangenehm-Schwieriges mit Freudig-Genüßlichem abwechselt. Am besten so, daß auf etwas Unerfreuliches etwas Erfreuliches folgt. Etwas, das quasi als »leckerer Nachtisch« den zuvor weniger schmackhaften Happen versüßt. Bei solcher Aussicht steigen Kraft, Motivation und Lebensenergie wieder an, und der Erfolg läßt nicht lange auf sich warten.

Sind jedoch auch diesbezüglich keine bremsenden Faktoren zu finden, so können morgendliche Schwierigkeiten, munter und aktiv zu werden, auch mit bestimmten gesundheitlichen Störungen zusammenhängen. Bestimmte körperliche Vorgänge sind ebenfalls auf die Tagesqualität des Morgens abgestimmt und beeinflussen diese. Dies schildert das folgende Kapitel »Die Organuhr« (siehe S. 42 ff). Eine Lösung ist dann nur durch eine entsprechende Behandlung der vorliegenden Erkrankung oder Beeinträchtigung zu finden.

Der Mittag

Mit der Mittagsstunde, dem Höhepunkt der Sonnenbahn, erreicht auch die Helligkeit des Tages ihren Gipfel. Nun erfolgt der Übergang in das zweite Tagesviertel, den Nachmittag – oder hier kurz »Mittag« genannt. Obwohl die Sonne in diesem Tagesabschnitt bereits wieder im Sinken begriffen ist, steigt die Temperatur bis gegen 15.00 Uhr meist noch weiter an. Der Höhepunkt der Wärmeentwicklung liegt also tatsächlich in der Mitte dieses Zeitraums.

Entsprechend steigt die Aktivität am Nachmittag zunächst noch an, wechselt jedoch bereits zur Mittagsstunde schon ihre Qualität. Am Morgen nehmen sowohl Licht als auch Wärme zu. Daher stehen dort alle Zeichen auf Expansion, der Morgen ist vom energischen »In-Angriff-nehmen« geprägt. Vor der Mittagsstunde stehen daher vor allem die Tat und die Fähigkeit der Durchsetzung im Vordergrund. Nach der Mittagsstunde kommt nun mehr Besonnenheit hinzu. Wir beginnen automatisch, Kräfte besser abzuwägen und effektiver einzusetzen, um bis zum Ende des Tages durchhalten zu können. Zwar werden zunächst die Anstrengungen, bestimmte Ziele zu erreichen, meist noch verstärkt (analog der Zunahme der Wärme), doch wird uns zugleich die Begrenzung unserer Kraft und Ressourcen bewußt (Abnahme der Helligkeit).

Der Nachmittag ist die Tageszeit, in der wir das begonnene Tagwerk vollenden wollen. Es wird uns daher viel bewußter, was noch fehlt, was noch erledigt werden muß. Auch Fehler und notwendige Korrekturen treten uns deutlicher vor Augen. Während wir am Morgen in erster Linie unsere Ideen, Impulse und Anliegen in die Welt bringen wollen, erleben wir am Nachmittag viel stärker die Wechselwirkung mit der Welt um uns herum. Am Nachmittag sind wir ganz nach außen orientiert, daher ist die Auseinandersetzung mit Mitmenschen, Umwelt und dem Tagesgeschehen nun am intensivsten. Vieles von dem, was am Morgen »aufgenommen« wurde (Arbeit, Wahrnehmungen, Auseinandersetzungen), muß nun verarbeitet und zu Ende gebracht werden. Am Nachmittag vervollständigen wir das Puzzle des Tages.

Je weiter der Nachmittag voranschreitet, desto deutlicher offenbart sich uns dabei, ob wir unser Tagwerk erfolgreich zu Ende führen können, oder ob sich ein Mißerfolg anbahnt. Sehen wir eine positive Tendenz, nehmen Tatkraft und Dynamik sogar noch weiter zu. Mitunter kommt es dann auch nach anfänglichen Mittagstiefs noch einmal zu einem kräftigen Aufschwung. Sehen wir uns dagegen scheitern, verlassen uns unter Umständen alle Kräfte. Wir haben dann das Gefühl, die Kontrolle über unser Tagwerk zu verlieren. Ein Gefühl, das sich

Kündigt sich Erfolg oder Mißerfolg an?

– je nach der Größe der in Angriff genommenen Aufgaben – mitunter auch auf andere Bereiche des Lebens ausdehnt. Oder – bei ganz wichtigen Dingen – sogar auf unser gesamtes Leben selbst.

Die Ursachen für den Mißerfolg und Kontrollverlust am Nachmittag können unterschiedlicher Natur sein.

Eine Möglichkeit ist schlicht Überforderung. Wir haben uns viel zu viel zugemutet, das Tagessoll war beim besten Willen nicht zu schaffen. In diesem Fall sollten wir morgens schon sorgfältiger planen; oder bei regelmäßiger Wiederholung dieses Phänomens generell zu einer realistischeren Planung finden. Es gibt eine Reihe von Maßnahmen gegen Streß, die hier eine Hilfe sein können,[19] um eigene Selbstüberforderungs-Muster zu lösen. Mitunter hilft jedoch schon der kleine Trick, zu beobachten, wieviel Prozent der geplanten »To-do-Liste«[20] eigentlich täglich geleistet werden. Ist der Prozentsatz meist ähnlich, wird schon klar, um wieviel das tägliche Pensum gekürzt werden muß. Mehr geht ja sowieso nicht. Daher ist auch hier Selbsterkenntnis der erste Weg zur Besserung.

Geht uns jedoch trotz durchaus realistischer Planung zu früh schon die Kraft aus, gilt es ähnliche Ursachenforschung wie am Morgen durchzuführen. Auch hier kann schlechter Schlaf in der vergangenen Nacht der Anlaß sein. Die am Morgen vielleicht noch durch Tatkraft und Vorfreude überspielte Schwäche läßt sich am Nachmittag nicht mehr ausgleichen. Plötzliche Leistungstiefs verlangen dann eine Pause – und glücklich ist, wer diese auch zur gegebenen Zeit einlegen kann. Vor allem bei Tiefs trotz Freude an der Arbeit sollte das Augenmerk auf die im Tageslauf »gegenüberliegende« Nacht gerichtet werden (siehe auch S. 36 ff).

Müssen wir jedoch den ganzen Tag Dinge erledigen, die uns keine Freude bereiten, so ist es kein Wunder, wenn uns Kraft und Motivation spätestens am Nachmittag verlassen. Hier hat uns vielleicht gerade der gute Schlaf noch durch den Morgen gebracht, doch nach der Mittagszeit ist diese Reserve aufgezehrt – alles wird mühsamer und schwerer. In diesem Fall ist die Ursache wohl nicht im Tagesrhythmus zu finden. Hier ist eine generelle Lebensüberprüfung gefragt: Warum beschäftigen wir uns mit Dingen, die uns nicht freuen? Sind diese notwendig, um ein höheres Ziel zu erreichen, das uns begeistert? Dann bringt die Aussicht auf dieses Ziel oft schon die Freude zurück. Oder wollen wir eigentlich etwas ganz anderes tun? Dann sollten wir diesen anderen Zielen mehr Raum im Leben geben.

Eine besonders frustrierende Variante erleben wir an Tagen, an denen wir uns

19 Siehe hierzu auch: Michael Gienger, *Die Heilsteine Hausapotheke,* Neue Erde, Saarbrücken 1999

20 engl. »to do« = »zu tun«; »To-do-Liste« = »Erledigungsliste«

freudig anstehenden Aufgaben widmen wollen – um dann ständig behindert, abgehalten oder abgelenkt zu werden. Auch hier leisten die Errungenschaften der modernen Zivilisation oft ihren Beitrag. Insbesondere ständig klingelnde »Tyrannophone«, die uns zwingen, unsere Arbeit immer wieder sekundenschnell zu unterbrechen. Doch auch die »lieben Kleinen«, die »lieben Kollegen« oder andere an sich harmlose Einflüsse können uns in diesen Fällen manchmal zur Verzweiflung treiben. Das völlige Offensein am Nachmittag kann dann in das Gefühl der Schutzlosigkeit umschlagen, wo zu viel auf uns einstürmt. Auch hier geht uns die Kontrolle verloren, sie wird uns regelrecht entrissen. In diesen Fällen hilft nur, die ablenkenden Faktoren in unvermeidbare und vermeidbare zu unterscheiden. Unvermeidbare müssen wir akzeptieren, die vermeidbaren lassen sich jedoch radikal abschaffen. Dadurch entspannt sich die Situation und das Unvermeidbare wird ebenfalls erträglicher.

Gibt es jedoch Leistungstiefs und Gefühle von Kontrollverlust am Nachmittag, ohne daß die genannten Ursachen vorliegen, können auch hier bestimmte gesundheitliche Störungen zugrundeliegen. Auch am Nachmittag sind bestimmte körperliche Vorgänge auf die Tagesqualität abgestimmt und beeinflussen diese. Dies schildert das folgende Kapitel »Die Organuhr« (siehe S. 42 ff). Eine Lösung ist dann ebenfalls nur durch eine entsprechende Behandlung der vorliegenden Erkrankung oder Beeinträchtigung zu finden.

Einen zufriedenen Abschluß des Tages finden wir, wenn wir zum Sonnenuntergang hin alles oder zumindest das Wichtigste unseres Tagwerks abgeschlossen haben. Dies ist heute meist nur selten der Fall. Wie bereits erwähnt, haben wir es uns Dank elektrischen Lichtes zur Gewohnheit gemacht, »den Abend zum Tag zu machen«. Häufig werden Arbeit und Erledigungen in den Abend hinein ausgedehnt, als sei dieser die dritte Hälfte des Tages. Dadurch geht uns die eigentliche Qualität des Abends, die Zeit der Reflektion und des Nachdenkens, verloren. Doch diese ist von unschätzbarem Wert. Daher lohnt es sich, zum Sonnenuntergang wirklich Schluß zu machen und die Tagesaktivität mit der Sonne versinken zu lassen. »Wer den Tage Tag sein läßt und die Nacht Nacht, der hat wahrhaft ein langes Leben!« sagt das Sprichwort.

Der Abend

Mit dem Sonnenuntergang wechselt die Tagesqualität deutlich. Nun folgt die Dämmerung, in der alle Farben weichen, und schließlich die Dunkelheit, das Ende des sichtbaren Lichts. Den Sinnen werden viele Anreize entzogen, und unsere Aufmerksamkeit löst sich allmählich von den äußeren Dingen. Die Wärme des Tages beginnt ebenfalls zu schwinden, so daß wir uns nun anderweitig wärmen wollen: am Feuer und Ofen, in der Nähe geliebter Menschen

Feierabend!

und schließlich im warmen Bett. Der Abend ist ein schrittweiser Rückzug. Zunächst vom Geschehen der Welt »draußen« zurück auf Haus und Hof, dann in den Kreis der Familie und schließlich in sich selbst. Allmählich kehren Ruhe und Entspannung ein. Wir wenden uns von der Spannung und Aktivität der äußeren Welt ab und richten unsere Aufmerksamkeit nach innen. Und dort warten bereits viele Bilder und Erinnerungen darauf, betrachtet zu werden.

Der Abend ist die Zeit der Reflektion und Innenschau. Dabei tritt uns natürlich zunächst der vergangene Tag vor Augen. Vieles, das im aktiven Tagesgeschehen nicht ausgiebig genug betrachtet und durchdacht werden konnte, kommt nun zum Vorschein. Wir ziehen Bilanz über die Erfolge und Mißerfolge des Tages. Dabei erkennen wir, was unerledigt geblieben ist oder zukünftig besser gemacht werden sollte. Das Nachdenken am Abend ist sehr wichtig, um Taten und Ereignisse richtig auswerten zu können, aus dem Erlebten zu lernen und entsprechende Konsequenzen zu ziehen.

Die bereits erwähnte Tradition des Abendgebetes ist eine sehr gute Möglichkeit, die Reflektion des Tages zu vervollständigen und abzuschließen. Dabei gehen wir den Tag in Gedanken schrittweise vom Abend bis zum Morgen zurück. Indem wir uns so Stunde um Stunde in Erinnerung rufen, tauchen viele vergessene Momente wieder auf. Allein durch dieses Wiedererinnern lassen sich viele Dinge abschließen. Mancher Ärger verfliegt, manche Frage klärt sich, manche Idee taucht wieder auf, die Konsequenz mancher Taten wird bewußt, manches Ereignis sieht man plötzlich in einem anderen Licht und es wird deutlich, was in den kommenden Tagen noch getan werden muß. Indem wir diese offenen Punkte dann schriftlich festhalten, gelingt es uns, auch sie für den Tag nun abzuschließen.

Durch einen solchen Tagesabschluß, der auch in Form von Tagebuchschreiben stattfinden kann, gewinnen wir am Abend innere Balance und Ruhe. Wir können nun unseren Frieden mit dem Tag schließen und unsere Gedanken auf einen größeren (Zeit-)Raum ausdehnen. Wenn wir nicht mehr vom Tagesgeschehen in Anspruch genommen sind, haben wir die Gelegenheit, über uns und unseren Lebenstraum nachzudenken. Sind wir noch auf dem Kurs, den wir ursprünglich einschlagen wollten? Kommen wir unseren Zielen näher oder sind diese nach wie vor weit entfernt? Erleben wir unser Dasein als sinnvoll?

Diese Fragen tauchen am Abend fast automatisch auf, wenn genügend Raum dafür da ist. Und es ist wichtig, sich ihnen zu stellen. So wie es am Morgen das beste ist, dem herannahenden Tag mit seinen äußeren Anforderungen mutig entgegenzutreten, so ist es am Abend das beste, auch den inneren Herausforderungen mutig entgegenzutreten. Der Abend ist die Zeit, in der wir meist unmißverständlich erkennen, ob wir mit unserem Leben zufrieden sind. Dabei geht es nicht wie am Tage um Spaß oder Anstrengung, um Leichtigkeit oder Schwierigkeit – am Abend stellt sich die Frage nach dem übergreifenden Sinn unseres Lebens. So kann man sich nach einem Tag voller Vergnügungen am Abend plötzlich hohl und leer fühlen; oder umgekehrt nach einem Tag voller Mühsal am Abend dann glücklich und zufrieden. Wie bereits gesagt: Was uns am Abend wärmt und erhellt, muß von innen kommen.

Daher ist die Ruhe und Reflektion des Abends oft schwer zu ertragen. Wenn es dunkel und ruhig wird, sind wir oft auch mit unserer Einsamkeit und unseren inneren Nöten konfrontiert. Ängste, Sorgen, Unsicherheit, Kummer und Zweifel, die am Tage durch Aktivität überspielt werden konnten, tauchen nun unerbittlich auf. Die Versuchung ist daher groß, die Flucht anzutreten. Sich noch einmal so richtig ins Leben zu stürzen, den Tumult zu suchen, kräftig auf die Pauke zu hauen oder sich in eine »bessere Welt« zu verziehen. Praktisch alle Drogen, illegale wie legale, haben am Abend Hochkonjunktur. Unangenehme Gedanken lassen sich in ein paar Gläschen Alkohol wunderbar ertränken.

Um Mißverständnissen vorzubeugen: Eine gute Party am Abend ist eine feine Sache! Wir müssen nicht tagein, tagaus sinnierend unsere Abende verbringen. Nur wenn wir das Nachdenken gar nicht ertragen können, wird es bedenklich. Wenn ständige Ablenkung Frustration und innere Leere überdecken *muß*. Der Stille zu entfliehen, ist heute kein Problem – Fernsehen und moderne Medien machen's möglich. Die Stille auszuhalten, ist dagegen zur Herausforderung geworden. Doch birgt sie auch viele Geschenke in sich.

So liegt die Chance eines besinnlichen Abends darin, neue Lebensperspektiven zu entdecken oder verlorengeglaubte wiederzufinden. Dazu kann es notwendig sein, sich durch den Tagesabschluß und manch auftauchende Frustration hindurchzuarbeiten. Doch wenn es uns gelingt, am Abend mit dem Tag und uns selbst ins reine zu kommen und Frieden zu finden, dann stehen die Chancen für neue Inspirationen gut. Es genügt hier oft, die Gedanken einfach einige Zeit frei umherschweifen zu lassen, und schon taucht Einfall um Einfall auf.

Wenn es uns sehr schwer fallen sollte, am Abend zur Ruhe zu kommen und

Frieden zu finden, so ist Spazierengehen eines der besten Hilfsmittel, die es gibt. Gerade wenn wir uns zu sehr in Sorgen und Kummer verstricken, ist das Hinausgehen aus der Wohnung gleichzeitig auch ein Hinaustreten aus diesen Gedankengängen. Beim Spaziergang sollten wir jedoch darauf achten, nicht grübelnd dahinzutrotten, sondern unsere Aufmerksamkeit bewußt nach außen zu richten, Menschen, Tiere und Pflanzen, denen wir begegnen, bewußt zu betrachten, die Geräusche des Abends bewußt zu hören, die Atmosphäre zu riechen und zu schmecken, den Wind, die Wärme oder die Kälte zu fühlen ... Dies erweitert unseren Raum, läßt übermächtig erscheinende Sorgen auf eine erträglichere Größe schrumpfen und hilft so, Frieden zu finden.

Nebenbei bemerkt, ist ein solcher Spaziergang auch das beste Hilfsmittel, um anschließend einschlafen zu können. Viel besser als viele Medikamente oder Heilsteine!

Kommen wir jedoch trotz alledem am Abend nicht zur Ruhe, können auch gesundheitliche Beschwerden die Ursache sein. Die Qualität des Abends steht ebenfalls in Wechselwirkung mit bestimmten Körperfunktionen, daher können entsprechende heilkundliche Maßnahmen hier Erleichterung verschaffen (siehe auch S. 66 ff). Und wenn uns Probleme und Ängste am Abend so sehr beunruhigen, daß wir das Gefühl haben, sie nicht alleine meistern zu können,

Spazierengehen – Hinaustreten aus grübelnden Gedanken.

so sollten wir Hilfe suchen. Eine gute Hilfe können offene Gespräche mit dem Partner oder Freunden sein sowie die professionelle Unterstützung durch geschulte Berater und Therapeuten.[21] Vor allem wenn wir das Gefühl haben, alles wird schlimmer, sollten wir Wege finden, uns die Last von der Seele zu reden. Der Abend konfrontiert uns mit uns selbst. Er ist der ehrliche Maßstab, wie gut es uns wirklich geht. Daher lohnt sich die Arbeit an uns selbst, denn wir haben alle das Recht, ein glückliches und zufriedenes Dasein zu leben.

So wie es sich am Morgen schon lohnt, ein paar »Schmankerln«[22] in den Tageslauf einzuplanen, so lohnt es sich auch, den Abend mit schönen Erlebnissen zu beschließen. Ein gelungener Ausklang gleicht vieles vom vergangenen Tag aus und gibt Kraft für die kommende Nacht und den folgenden Tag. Herzliche Begegnungen, Gespräche, Musik hören, Kuscheln, ein

21 Adressen von Beratern und Therapeuten siehe Anhang

22 »Schmankerln« = österreichisch »Leckerbissen«, im übertragen Sinne auch »freudvolle Dinge«

Buch lesen, was auch immer … – diese Wahl haben wir frei.

Die Nacht

Mit der Mitternachtsstunde erfolgt der Übergang in das letzte Viertel des Tages. Dennoch wandelt sich die Qualität der Nacht hier nicht in dem Maße, wie wir es am Tage zur Mittagsstunde erleben. Das mag daran liegen, daß wir nachts kein Gestirn haben, dessen Stand uns am Himmel die Entwicklung der Dunkelheit anzeigen könnte. Obwohl die Spanne von Sonnenuntergang zu Sonnenaufgang um Mitternacht bereits zur Hälfte durchschritten ist, scheint sich die Nacht noch immer zu vertiefen. Zu diesem Eindruck trägt insbesondere die fortschreitende Abkühlung bei, die erst zwischen 3.00 Uhr und 4.00 Uhr ihren Tiefpunkt erreicht. Durch die zunehmende Kälte verlangsamt sich nun fast alles. Allmählich entsteht eine statische Ruhe.

Daher ist die Nacht auch die Zeit des Schlafs. Die Zeit, in der wir ganz nach innen zurückgezogen sind. Die Zeit der Passivität, des Loslassens, der Erholung und Regeneration. Im Schlaf wollen wir nichts als Ruhen. Störungen äußerer oder innerer Natur sind unerwünscht. Hinsichtlich äußeren Einflüssen ist daher ein geschützer Schlafplatz von größter Wichtigkeit. Eine gute Unterlage zum bequemen Liegen, eine warme Decke und nach Möglichkeit frische Luft! Dies sind die wichtigsten äußeren Faktoren für einen guten Schlaf.

Dazu – wie bereits erwähnt – ein möglichst schadstoff- und strahlungsfreies Umfeld. Da wir im Schlaf lange Zeit am selben Ort verweilen, sind Umwelteinflüsse in dieser Zeit besonders wirkungsvoll. Immerhin verbringen wir ein Viertel bis ein Drittel unseres Lebens im Schlaf. Eine Zeitspanne, der wir daher auch eine angemessene Aufmerksamkeit widmen sollten. Am Tage weichen wir dank unserer Aktivität und Bewegung negativen Einflüssen meist unbewußt aus. Viele Menschen bevorzugen z. B. in einem Saal instinktiv Sitzplätze geringerer Belastung, wenn sie eine Wahl haben. Außerdem sind auftauchende Bedürfnisse nach frischer Luft, Wasser, Bewegung und Veränderung am Tag oft ein Signal, einen Ausgleich für vorhandene Belastungen zu schaffen.

Im Schlaf entfallen viele dieser Möglichkeiten. Selbst wiederholtes Aufwachen – oft ein deutliches Signal für vorhandene Störungen – bewegt uns meist nicht, den Schlafplatz zu verlassen. Ebensowenig ist in vielen Fällen ein unbewußtes Ausweichen möglich. Aus diesem Grund sei bei Schlafstörungen eine Schlafplatzuntersuchung[23] ganz dringend ans Herz gelegt. In vielen Fällen von Einschlaf- und Durchschlafbeschwerden konnte durch eine Veränderung des Umfelds das Problem schon gelöst werden.

23 Adressen von Spezialisten siehe Anhang.

Im Schlaf führen wir die Verarbeitung des Tagesgeschehens fort. Während das Nachdenken am Abend die Reflektion unserer bewußten Betrachtungen ist, spiegeln sich in den Träumen der Nacht nun auch die unbewußten Seeleninhalte. An dieser Stelle wird noch einmal deutlich, weshalb ein guter Tagesabschluß am Abend die Nacht erholsamer macht. Vieles von dem, das wir nicht bewußt abschließen, wird nachts im Traum noch einmal aufgearbeitet. Dies sind die Träume, in denen wir immer wieder bestimmte Abschnitte des Tagesgeschehens oder auch umfangreiche Filmsequenzen des Fernsehabends durchleben – mit der Absicht, fehlende Problemlösungen oder neue Betrachtungen dazu zu erschließen. Doch dieses Aufarbeiten ist tatsächlich auch Arbeit, was sich am verminderten Erholungswert des Schlafs bemerkbar macht. Je mehr wir also vorab am Abend »erledigen«, desto mehr Ruhe finden wir im Schlaf.

Und desto mehr Freiraum bleibt in den Träumen für tiefere Bewußtseinsinhalte. Dann können im Alltag vergessene und verdrängte Dinge aus unserer Seele aufsteigen: Wunschträume, die uns wichtige Ziele vor Augen führen oder an unerkannte Fähigkeiten und Möglichkeiten erinnern – oder Alpträume, die uns jene inneren Gespenster vorführen, die dringend der Erlösung bedürfen: Ängste, Verluste, Belastungen, schlechtes Gewissen und schwere Konflikte. Natürlich heißen wir Alpträume

Eine gute Nacht ist vor allem eine Nacht, in der wir gut schlafen.

meist nicht mit Freuden willkommen, doch sie zeigen uns die tiefgründigen Elemente unseres Daseins, deren Wandlung eine immense Befreiung für uns ist. Eine Befreiung, die gleichzeitig auch die Freisetzung eines enormen Energiepotentials sowie vieler Fähigkeiten und Erkenntnisse mit sich bringt. Natürlich kann zur Aufarbeitung dieser Bewußtseinsinhalte therapeutische Unterstützung notwendig sein, wenn wir nicht wissen, wie wir uns den »Schatten der Nacht« stellen können. Doch sollten wir das Signal der Alpträume verstehen – es heißt ganz schlicht: Hier gibt es etwas zu tun (siehe auch S. 75).

Auch Einschlaf- und Durchschlafschwierigkeiten können die Frage aufwerfen: Was raubt uns den Schlaf? Sind es einfach Gedanken, die nicht zur Ruhe kommen? Sind es unangenehme Ahnungen im Blick auf den kommenden Tag, die kommende Zeit? In diesen Fällen wird Abhilfe nur durch die Lösung der betreffenden Lebensprobleme zu finden sein, ähnlich wie bei Alpträumen also ein Signal, daß es etwas zu tun und zu verändern gilt. Wenn wir den kommenden Morgen mit Grauen erwarten, ist es kein Wunder, daß wir schlecht schlafen. Der Versuch, in der Nacht die Zeit zu verlangsamen oder anzuhalten, ist anstrengend und zum Scheitern verurteilt. Der Vorteil gegenüber Alpträumen liegt hier jedoch darin, daß wir meist konkreter wissen, wovor es uns graust. Daß wir also auch konkreter wissen, wo wir mit Veränderungen ansetzen müssen.

Auf der anderen Seite können Einschlaf- und Durchschlafschwierigkeiten auch ohne ersichtlichen Grund auftreten, ohne erkennbare seelische Belastungen oder kreisende Gedanken. Hier können entweder gesundheitliche Beschwerden die Ursache sein, da bestimmte Organe gerade in der Nacht ihren Tiefpunkt oder ihre Zeit höchster Aktivität haben (siehe S. 44). Oder die Ursache liegt im Rhythmus der Nacht selbst:

Ähnlich wie sich Traum- und Tiefschlafphasen rhythmisch abwechseln, vollzieht sich auch die körperliche Entgiftung und Regeneration während des Schlafs in rhythmischem Takt. Mit dem Ziel, ebenfalls alle unerledigten Dinge abzuschließen, arbeitet unser Organismus in der Zeit unserer »geistigen Abwesenheit« fleißig weiter. Da nun keine Nahrungsaufnahme und keine Bewegungen größeren Ausmaßes anstehen, können Abbauprodukte in aller Ruhe entfernt, Reparaturen durchgeführt, hormonelle Regulationsmechanismen in Gang gesetzt und Speicher wieder aufgefüllt werden. Abbau, Mobilisierung der Gift- und Schlackenstoffe, Abtransport, Ausscheidung (in die »Deponien« Darm und Blase) und Erneuerung sind dabei die einzelnen Abschnitte eines solchen Regenerationszyklus. Dieser dauert in der Regel – individuell verschieden – zwischen zwei und drei Stunden. Während des Schlafs werden also mehrere dieser Zyklen durchgeführt – wenn genügend Zeit dazu bleibt!

Um die unvollendeten Stoffwechselprozesse eines Tages abzuschließen und eine entsprechende Erneuerung durchzuführen, sollten im Schlaf mindestens drei Regenerationszyklen ablaufen. Haben wir Zeit, noch mehr zu schlafen, können sogar »Altlasten« aufgearbeitet werden. Aus diesem Grund benötigen wir bei Krankheiten meist mehr Schlaf. Und aus diesem Grund führt Ausschlafen (z. B. im Urlaub) zu seelischer und körperlicher Verjüngung. Schlafen wir dagegen regelmäßig weniger, unterbleibt ein Teil der Regeneration – allmähliche Verschlackung, Ablagerungen und Verschleiß entstehen. Doch diese Auswirkungen sind eher langfristiger Natur. Kurzfristig sind die Konsequenzen am unangenehmsten, wenn ein einzelner Regenerationszyklus nicht vollendet werden kann, weil wir »mittendrin« erwachen! Dadurch wird der Abtransport der Gift- und Schlackenstoffe aus dem »Zwischenlager« Bindegewebe zu Darm und Nieren aprupt unterbrochen. Die mobilisierten Stoffe werden dann gerade dort abgelagert, wo sie eben sind: in Muskeln, Gefäßwänden, inneren Organen oder Nerven. Die Folgen sind Kater- und Zerschlagenheitsgefühle, Mattheit und mitunter Übelkeit. Wachen wir dagegen genau am Ende eines solchen Regenerationszyklus auf, fällt uns das Erwachen leicht. Wir fühlen uns fit, munter, klar und erholt.

Daher ist für einen erholsamen Schlaf nicht allein die Dauer, sondern vor allem der richtige Rhythmus notwendig. Das beginnt beim Einschlafen. Hier gibt uns der Körper durch aufkommende Müdigkeit oft deutliche Signale, wann er mit dem Schlafen beginnen möchte. Halten wir uns dann jedoch willentlich wach, sind wir einige Zeit später über den Einschlafpunkt hinüber – jetzt dauert es plötzlich eine ganze Weile, bis der nächste Impuls kommt. Versuchen wir zwischendrin einzuschlafen, liegen wir einige Zeit wach. Einschlafschwierigkeiten sind also mitunter einfach durch den falschen Zeitpunkt verursacht.

Wenn wir schließlich einschlafen, beginnen die Regenerationszyklen des Körpers. Daher ist es nun wichtig, die Dauer des Schlafs so zu kalkulieren, daß wir genau am Ende einer Regenerationsphase erwachen. Am einfachsten ist dies natürlich, wenn wir so lange schlafen können, wie wir wollen. Dann genügt es, in dem Moment aufzustehen, in dem wir erholt und munter erwachen. Sind wir jedoch an eine bestimmte Zeit gebunden, ist es wichtig, die Länge des persönlichen Regenerationszyklus zu ermitteln.

Dies kann durch einfaches Beobachten erfolgen, indem wir uns in jenen Momenten, in denen wir erholt erwachen, die Uhrzeit merken und die Zeitdauer seit dem Einschlafen errechnen. Dabei zeigt sich ziemlich schnell, daß die unterschiedlichen Zeiten erholten Erwachens einen gemeinsamen Teiler haben. Wachen wir z. B. nach 5 Stunden 20 Minuten oder genau 8 Stunden erholt auf, beträgt der gemeinsame Teiler 2 Stunden 40 Minuten (2x 2 Std. 40 min = 5 Std. 20 min; 3x 2 Std. 40 min = 8 Std.). Wachen wir dagegen nach 5 Stunden oder 7½ Stunden erholt auf, beträgt der gemeinsame Teiler 2½ Stunden (2x 2½ Std. = 5 Std.; 3x 2½ Std. = 7½ Std.). Dieser gemeinsame Teiler gibt die Zeitdauer einer einzelnen Regenerationsphase im Schlaf an.

In der Regel dauern Regenerationsphasen zwischen zwei und drei Stunden, bei sehr guter seelisch-körperlicher Verfassung können sie etwas kürzer, bei Krankheiten oder während starker seelischer Belastungen dagegen etwas länger werden. Da der Körper drei dieser Regenerationsphasen benötigt, wird allgemein von einem Durchschnittswert von 8 Stunden für ausreichenden Schlaf ausgegangen. Doch – wie gesagt – viel wichtiger ist der Rhythmus. Lieber genau zwei Phasen schlafen und früher aufstehen, als zweieinhalb. Wer kennt es nicht: Wir wachen erholt auf und schauen auf den Wecker: Ach, wir haben ja noch ein

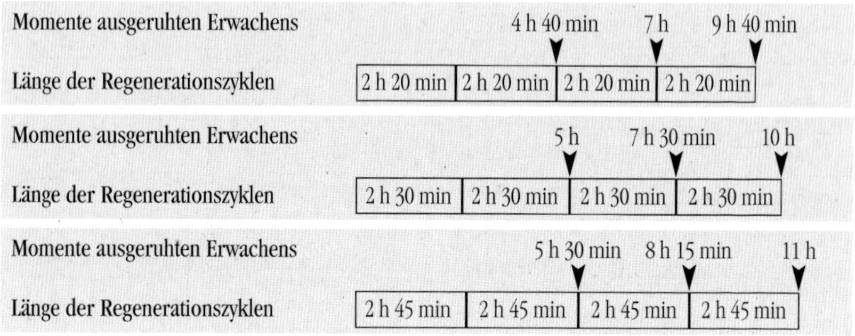

Regenerationsphasen verschiedener Dauer

halbes Stündchen! Genau dieses halbe Stündchen später trifft uns das Weckerklingeln dann wie ein Keulenschlag und wir schleppen uns völlig fertig aus dem Bett …

Die Regenerationszyklen der Nacht sind zeitlich auf den Moment des Einschlafens abgestimmt. Wachen wir also immer nach einer bestimmten Stundenzahl auf, so wird das mit diesen Zyklen zusammenhängen. Abhilfe finden wir dann durch alle Maßnahmen, welche die Entgiftung und Regeneration des Körpers fördern. Insbesondere jedoch durch die regelmäßige Übereinstimmung der Schlafdauer mit dem Rhythmus der Regeneration. Allein diese einfache Maßnahme verbessert die gesamte Schlafqualität schon in kurzer Zeit.

Wachen wir dagegen – unabhängig vom Zeitpunkt des Einschlafens – in der Nacht immer zu einer bestimmten Uhrzeit auf, hängt dies mit dem Rhythmus der inneren Organe zusammen. Dazu folgt im nächsten Kapitel mehr.

Zusammenfassend läßt sich sagen: Es ist wichtig, die Dauer der eigenen Regenerationsphasen durch Beobachtung zu ermitteln und möglichst drei dieser Phasen pro Nacht zu schlafen; außerdem den Wecker so zu stellen, daß wir genau zwischen zwei Regenerationsphasen erwachen.

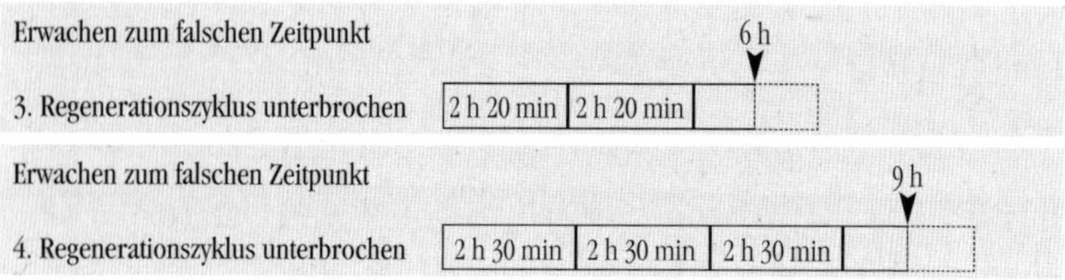

Unterbrochene Regenerationsphase

Falls wir überhaupt noch einen Wecker benötigen – denn je genauer wir die eigenen Regenerationsphasen kennen, desto genauer können wir vorhersagen und bestimmen, wann wir erwachen. Den Schlaf nach den Regenerationsphasen auszurichten, ist daher eine sehr wichtige Unterstützung für Körper und Seele. Sie hilft nicht nur bei Schlafstörungen selbst, sondern auch bei einer Vielzahl anderer Beschwerden. Außerdem wirkt sich ein gesunder Schlaf natürlich insbesondere auch beim folgenden Tagesviertel, dem Morgen aus – womit der Kreis nun wieder geschlossen wäre.

Eine gute Nacht ist also eine Nacht, in der wir vor allem gut schlafen! Darin findet der vergangene Tag seinen erholsamen Abschluß und auf dieser Basis gründet der folgende Tag.

Die Organuhr

Die verschiedenen Funktionen unseres Organismus vollziehen sich im Einklang mit dem Tagesrhythmus. Jedes einzelne Organ ist genau dann besonders aktiv, wenn die momentane Tagesqualität seiner Aufgabe entspricht. So liegt der Aktivitätshöhepunkt des Magens in der ersten Hälfte des Vormittags, der Zeit der Aufnahme. Den Höhepunkt der Nierentätigkeit finden wir dagegen zum Sonnenuntergang, der Zeit des Loslassens, des Übergangs von der Aktivität zur Ruhe. Und die Leber ist natürlich – wie könnte es anders sein – in der Nacht aktiv, zur Zeit der Entgiftung und Regeneration.

Unser Körper hat sich in wunderbarer Weise auf den Tagesrhythmus eingestellt. Er ist bemüht, im Einklang mit dem Wandel von Tag und Nacht zu leben. Wären die Impulse des Körpers die einzigen, die uns bewegen, hätte wohl nie eine Entfremdung von den Naturrhythmen stattgefunden. Doch – wie gesagt – unsere geistigen Ideen und Impulse gehen eigene Wege. Je mehr Unabhängigkeit vom Einfluß der Natur wir durch moderne Errungenschaften gewonnen haben, desto mehr können wir den geistigen Willen in den Vordergrund stellen. Dunkelheit und Kälte behindern uns heute weitaus weniger als früher.

Der Rhythmus unserer Organe bleibt jedoch unverändert. Daher ist die Harmonie unserer Tätigkeiten mit dem Tagesrhythmus der Organe auch ein Spiegel unserer Harmonie von Geist und Körper. Hier wird deutlich, ob wir unserem Körper gegenüber wie ein Diktator oder wie ein Freund auftreten. Ob wir alles willkürlich zu jeder Zeit tun bzw. haben wollen – oder ob wir auch bereit sind, auf die Bedürfnisse des Körpers zu achten. Eines Körpers immerhin, der mit großem Aufwand unzählige Lebensfunktionen aufrechterhält, um uns ein wundervolles Dasein auf der Erde zu ermöglichen. Würdigen wir diesen Dienst

Berühren, erfahren, erleben - unser Erdendasein verdanken wir dem Körper.

eigentlich entsprechend? Oder führen wir uns auf wie launische Kinder, die alles verlangen und sofort nörgeln, wenn irgend etwas nicht prompt den Anforderungen entspricht?

Unser Körper spielt die verrücktesten Spiele mit. Er trägt uns überall hin, nimmt dankbar entgegen, was wir ihm bieten, hält größte Anstrengungen aus und räumt sogar noch innerlich auf, während wir schlafen. Doch er hat seine Grenzen. Wird er schlecht versorgt, nicht gepflegt und durch unsere Aktivitäten ständig daran gehindert, die wichtigsten Aufgaben zu erledigen, spricht er Warnungen aus. Diese erleben wir als unangenehme Befindlichkeiten. Werden sie überhört, kommt es zu Warnstreiks, auch Krankheiten genannt. Und sollten wir auch auf diese nicht mit verbesserten Bedingungen reagieren, kündigt er uns irgendwann den Dienst endgültig auf. Doch bis dahin ist es meist ein langer Weg. Wir haben es glücklicherweise in der Regel mit einem sehr geduldigen Verhandlungspartner zu tun. Was uns allerdings nicht zur Nachlässigkeit verführen sollte.

Den Rhythmus der Organe und dessen Übereinstimmung mit dem Tagesrhythmus zu kennen, ist daher eine große Hilfe, unseren Körper besser zu verstehen. Indem wir unsere geistigen Absichten mit den Bedürfnissen unseres Körpers in Harmonie bringen, gewinnen beide Seiten. Wir ersparen uns Mißerfolge durch die Wahl des falschen Zeitpunkts und ermöglichen unserem Körper, Gesundheit und Vitalität zu wahren.

Zwischen unserer Tätigkeit im Tageslauf und der Aktivität unserer Organe besteht eine wechselseitige Beziehung. Zum einen beeinflußt unser Tun die Funktion der zeitgleich arbeitenden Organe, die entweder gefördert oder unterdrückt wird. Letzteres kann im Laufe der Zeit dann von Funktionsstörungen über Organerkrankungen bis hin zu deren völligem Ausfall führen. Optimal ist daher ein Tagesablauf, der jedem Organ ermöglicht, seine Aufgaben gut zu erfüllen.

Zum anderen beeinflußt jedoch auch die Organtätigkeit unseren Tagesablauf. Wir fühlen uns gut und leistungsfähig, wenn die Aktivität der zeitgleich arbeitenden Organe in Ordnung ist. Liegen dort jedoch Störungen oder Erkrankungen vor, treten zu bestimmten Zeiten allgemeine Schwäche, Schlafstörungen oder konkrete Beschwerden[24] auf. Optimal ist daher ein gesunder Zustand der inneren Organe, der uns einen reibungslosen Tagesablauf ermöglicht.

Diese wechselseitige Beeinflussung wird bei einer harmonischen Übereinstimmung unserer Aktivitäten mit dem Organrhythmus zum stabilisierenden Element unseres Lebens. Große äußere Anstrengungen werden dann von einem gesunden Organismus gut aufgefangen, und umgekehrt hilft ein ausgewogener Tagesrhythmus, innere Beschwerden schneller auszugleichen. Bei langandauernder Disharmonie kann sich dagegen ein Teufelskreis entwickeln. Dann

24 In diesem Zusammenhang ist die Doppeldeutigkeit des Wortes »Beschwerden« sehr interessant: Beeinträchtigungen und Schmerzen einerseits, Kritik und Proteste andererseits.

vermindern die Beschwerden der Organe unsere Leistungsfähigkeit, und die daraus entstehende Frustration beeinträchtigt wiederum die Organtätigkeit. Doch es liegt in unserer Hand: Unsere Lebensgestaltung entscheidet darüber, welchen Kurs das Zusammenspiel geistiger Absichten und körperlicher Rhythmen nimmt. Und die Lösung vieler Probleme findet sich im Hinhören auf die Signale unseres Organismus und dem daraus folgenden verständnisvollen Handeln.

Wenn wir im Tagesablauf immer wieder zu bestimmten Zeiten Schwächen, Auffälligkeiten, Beeinträchtigungen oder Verschlechterungen unseres Befindens feststellen, können diese bestimmte gesundheitliche Störungen anzeigen oder ankündigen. Da entsprechende Befindlichkeiten oft schon Monate vor der eigentlichen körperlichen Erkrankung auftreten, haben wir hier eine einzigartige Chance aktiver Gesundheitsvorsorge. Wenn wir das Signal verstehen, kann eine entsprechende Änderung unseres Tagesrhythmus (vgl. das vorangegangene Kapitel) und ggf. die Unterstützung durch Edelsteine oder andere naturheilkundliche Methoden rechtzeitig einen heilsamen Ausgleich schaffen.

Frühzeitiges Erkennen entstehender Disharmonien und frühzeitige Lebenskorrekturen machen Krankheiten überflüssig. Wir benötigen »Krankheit als Weg« nur, wenn wir viele Signale über längere Zeit mißachten. Die Organuhr ist daher in erster Linie ein Instrument der Vorbeugung und erst in zweiter Linie eine Hilfe zur Therapie. Erkannt und beschrieben wurde der Rhythmus unserer inneren Organe erstmals in der viertausendjährigen Tradition der chinesischen Medizin. Da die Ärzte im chinesischen Kaiserreich für das Gesunderhalten ihrer Patienten und nicht für das Heilen von Krankheiten bezahlt wurden, war vorbeugendes Beobachten sehr wichtig. Denn bei Erkrankungen gab es Gehaltskürzungen und mitunter weitere Unannehmlichkeiten. Die Beobachtungen zum Organrhythmus waren daher sehr gründlich und präzise!

Im Grunde hat jedes innere Organ einen eigenen 24-Stunden-Zyklus zu- und abnehmender Aktivität. Jedes Organ hat also seine Phase des »Wachens« und des »Schlafens«, seinen »Tag« und seine »Nacht«. (Siehe nebenstehende Abbildung oben.)

In einem Zyklus erreicht es daher täglich einen Aktivitätshöhepunkt und – zwölf Stunden später – einen entsprechenden Tiefpunkt.

Die Zyklen der einzelnen inneren Organe verlaufen nun jedoch nicht übereinstimmend zur selben Zeit, sondern sind um etwa zwei Stunden versetzt. (Siehe nebenstehende Abb. Mitte.)

Bei zwölf Organzyklen ergibt sich so ein rhythmischer Wechsel der Aktivitäts-Hochpunkte und -Tiefpunkte im Zwei-Stunden-Takt. (Siehe nebenstehende Abb. unten.)

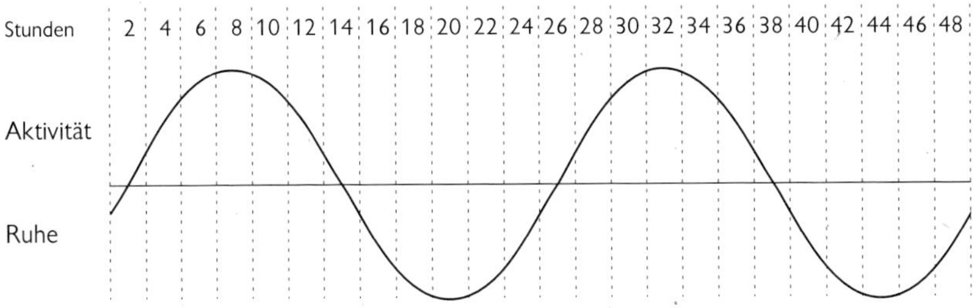

24-Stunden-Rhythmus eines Organs

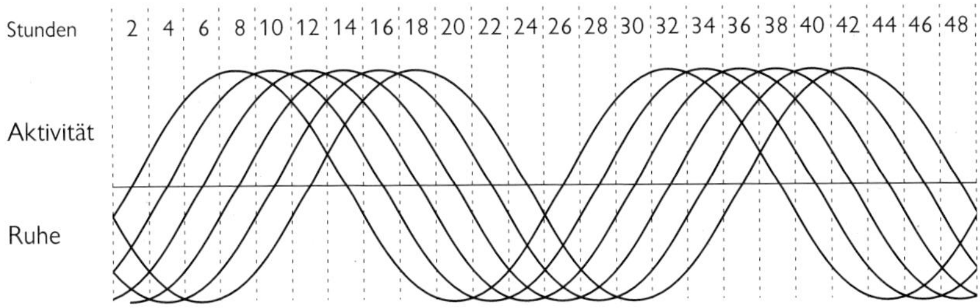

Verschiebung der 24-Stunden-Rhythmen

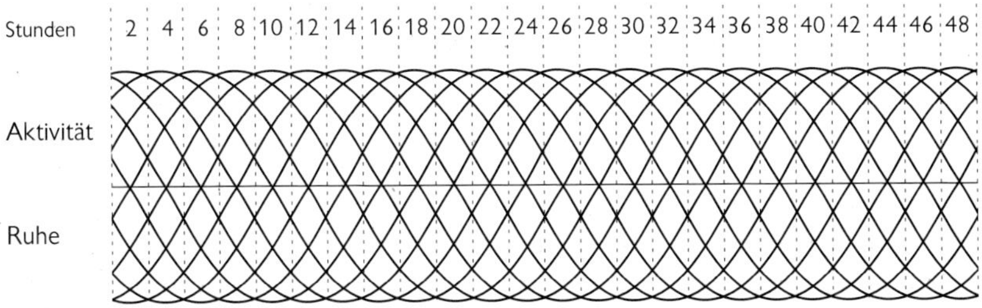

Alle Organrhythmen zugleich

Die klassische Darstellung der Organuhr reduziert nun diesen komplexen Rhythmus von zwölf überlagernden Organzyklen auf die einfache Abfolge der Höhepunkte. Jedem einzelnen Organ wird daher in einer 24-Stunden-Uhr ein Zeitraum von zwei Stunden zugeordnet.

Im Grunde ist diese Darstellung dank ihrer Übersichtlichkeit gut handhabbar und ausreichend. Jedoch sollte stets in Erinnerung bleiben, daß hier nur die Zeitpunkte höchster Aktivität angezeigt sind. Die einzelnen Organe schalten sich jedoch nicht zu Beginn dieses Zeitraums ein und

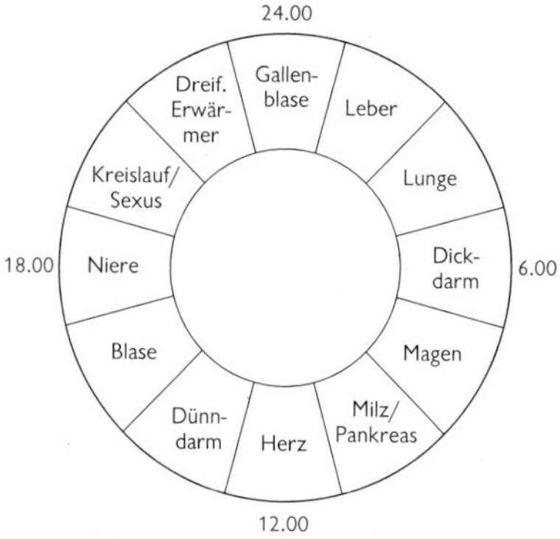

Die Organuhr

am Ende wieder ab, sondern sind auch schon zuvor und noch danach aktiv. Daher gilt:

1. Zum in der Organuhr angegebenen Zeitpunkt[25] hat das jeweilige Organ seinen Aktivitäts-Höhepunkt.

2. Entsprechend liegt der Aktivitäts-Tiefpunkt in der Organuhr genau gegenüber (zwölf Stunden früher bzw. später).

3. In der Zeit vor dem angegebenen Höhepunkt steigt die Aktivität des Organs kontinuierlich an.

4. In der Zeit nach dem angegebenen Höhepunkt sinkt die Aktivität des Organs kontinuierlich ab.

Dies mag nun alles selbstverständlich erscheinen, hat jedoch für die Anwendung der Organuhr zur Diagnose und Behandlung von Störungen und Erkrankungen entsprechende Konsequenzen.

25 Die angegebene Zeit bezieht sich stets auf die reale Ortszeit. Siehe hierzu auch das Kapitel »Der exakte Zeitpunkt« S. 90ff).

1. Störungen durch überschießende Aktivität zeigen sich meist in Form von Schmerzen, Hitze, Rötung, Verspannung, Zittern, Erregung, Entzündung sowie organspezifischen Überfunktionen. Diese Erscheinungen treten häufiger am Höhepunkt der Organaktivität auf oder verstärken sich zu dieser Zeit. Behandlungen und ausgleichende Maßnahmen sind daher während der ansteigenden Aktivität bis zum Höhepunkt am erfolgreichsten.

2. Störungen durch mangelnde Aktivität zeigen sich meist in Form von Müdigkeit, Funktionsausfällen, Kälte, Bleiche, Schwäche, Taubheitsgefühlen, Lähmungen sowie organspezifischen Unterfunktionen. Diese Erscheinungen treten häufiger am Tiefpunkt der Organaktivität auf oder verstärken sich zu dieser Zeit. Daher können hier Behandlungen und stärkende Maßnahmen auch während der abklingenden Aktivität bis zum Tiefpunkt notwendig sein.

Ausschlaggebend ist also, ***was*** sich zu welchem Zeitpunkt zeigt! Bei allen zu einer bestimmten Zeit auftauchenden Symptomen sollte sowohl das in der Organuhr angegebene Organ, als auch das gegenüberliegende beachtet werden! Deuten die Symptome auf Energiestau und -überschuß (Anzeichen überschießender Aktivität) oder auf Energiemangel (Anzeichen mangelnder Aktivität) hin? Oder gar beides? Auch dies ist mitunter der Fall (siehe Beispiel Magen/Kreislauf, S. 52). Bitte beachten Sie stets diesen Zusammenhang!

Die Organuhr präzisiert und vertieft unser Verständnis des Tagesrhythmus. Sie veranschaulicht einerseits den innigen Zusammenhang der verschiedenen Körperrhythmen mit den äußeren Naturrhythmen. Andererseits klärt sie das Auftreten bestimmter Befindlichkeiten zu bestimmten Zeitpunkten, die sich nicht allein aus unserem allgemeinen Tagesrhythmus erklären lassen. Damit rundet die Organuhr das Bild des Wechselspiels von Geist, Körper und Umwelt ab.

Dickdarm
(5.00 - 7.00 Uhr)

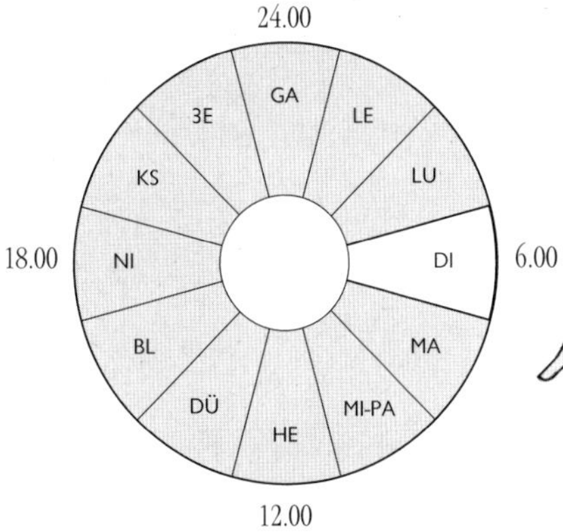

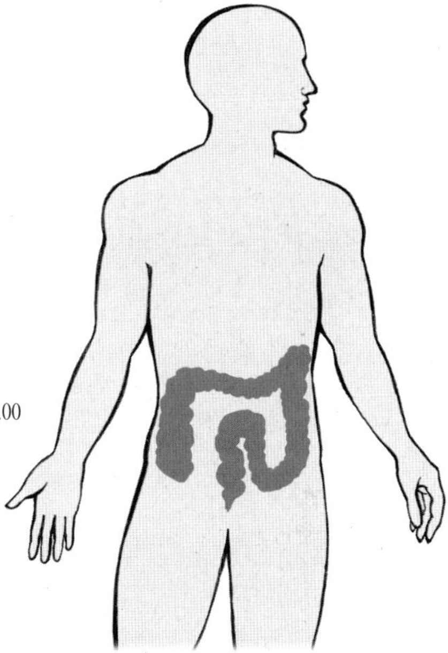

Der Tagesbeginn am Morgen fällt in die Dickdarmzeit. Dieser nützt nun die Qualität des Öffnens zum Zeitpunkt des Erwachens, um alle während der Nacht eingetroffenen Abbauprodukte auszuscheiden. Aus diesem Grund werden die meisten Menschen vom ersten Gang am Morgen zur Toilette geführt.

Der Dickdarm ist das Ende des Verdauungskanals. Seine vorrangige Aufgabe ist die Aufnahme von Wasser und Salzen aus dem restlichen Speisebrei. Dadurch wird dieser vor der endgültigen Ausscheidung eingedickt. Außerdem werden so wichtige Ressourcen zurückgewonnen. Der Dickdarm entzieht also selbst dem unverdaubaren Rest der Nahrung noch nützliche Bestandteile. Mit dem Wasser gelangt dabei auch Informationen aus der Nahrung in unseren Organismus. Informationen über den Boden und die Entwicklung der verspeisten Pflanze oder über die Lebensqualität des Tieres. Der Dickdarm nimmt aus der Nahrung als letzte Instanz noch einmal Lebensimpulse auf.

Dies macht deutlich, wie wichtig biologischer Anbau und artgerechte Tierhaltung ist. Pflanzen und Tiere, die kein ihrer Natur entsprechendes Leben führen konnten, bringen keine lebensbejahenden Impulse mit sich. Sie stellen für uns also höchstens ein sättigendes Nahrungsmittel, jedoch kein wertvolles »Lebensmittel« dar.

Doch auch die physische Qualität unserer Ernährung macht sich im Dickdarm bemerkbar: Alle unverdaut gebliebenen Eiweiße und Kohlenhydrate werden hier von Darmbakterien durch Gärung und Fäulnis aufgespalten. Auch dies dient der Nutzung der letzten Reserven, kann jedoch bei schwer verdaubarer Nahrung zu Blähungen und der Entstehung von Giftstoffen führen. Dasselbe geschieht, wenn der Darm zu träge arbeitet oder die Darmflora (die Symbiose[26] der Darmbakterien) aus dem Gleichgewicht geraten ist, d. h. wenn sich die falschen Bakterien angesiedelt haben. Gelangen nun Giftstoffe mit der Wasseraufnahme in den Organismus, belasten sie unseren gesamten Körper, insbesondere jedoch die Leber und das Immunsystem.

Um dem Dickdarm die ordnungsgemäße Arbeit zu erleichtern, sollten wir daher auf gesunde, vollwertige, biologische und ballaststoffreiche Ernährung sowie reichliches Trinken achten und ggf. Entgiftungs- und Darmsanierungsmaßnahmen ergreifen.[27] Vor allem Kuhmilchprodukte, übermäßiger Fleischkonsum, Abführmittel, Genußgifte (Nikotin), Antibiotika und andere die Darmflora beeinträchtigende Medikamente sind zu meiden, wenn möglich. Der Dickdarm zieht die »Essenz« am Ende eines langen Verdauungsprozesses. Und diese Essenz beeinflußt unser gesamtes Wohlbefinden. Bei gesunder, biologischer Ernährung und einem gut arbeitenden Dickdarm entsteht als Essenz ein Gefühl der Reinheit.

Ähnliches spielt sich zur Dickdarmzeit auch im seelischen Bereich ab. Unmittelbar vor dem Erwachen sowie kurz danach ziehen wir die Essenz aus dem Traumgeschehen der Nacht. Die Verarbeitung aufgenommener Bilder und Eindrücke findet jetzt ihren Abschluß. Sind wir dabei auf traurige Ereignisse (siehe auch die Lungenzeit, S. 80 ff) oder Schuldgefühle gestoßen, belastet dies ebenfalls den Dickdarm. Unbehagen, Unmut und Kraftlosigkeit können in der Dickdarmzeit die Folge sein. Ist dagegen alles in Ordnung, fällt das Wachwerden und Aufstehen in der Regel bedeutend leichter (sofern wir störungsfrei, ausreichend und im richtigen Rhythmus geschlafen haben).

In der Dickdarmzeit nehmen wir auch die unbewußt während der Nacht entstandenen Pläne und Konzepte (siehe auch

26 Symbiose = Zusammenleben zu gegenseitigem Nutzen (griech. »sym« = »zusammen«, »bios« = »Leben«)

27 Siehe hierzu auch: Michael Gienger, *Die Heilsteine Hausapotheke,* Neue Erde, Saarbrücken 1999

Gallenblase und Leber, S. 73ff) mit in den neuen Tag. Möglicherweise stehen sie uns beim Erwachen als Traumerinnerung vor Augen, oder sie tauchen als spontane Idee am frühen Morgen auf. Die Dickdarmzeit ist daher die Zeit, in der wir zunächst noch etwas der vergangenen Nacht nachsinnen sollten. Eine Zeit des Nachdenkens oder der Meditation kann uns nach dem Aufstehen das »Ausscheiden« der nächtlichen Verarbeitungsprozesse erleichtern. Das Resultat ist hier dann die geistige Bewußtheit und Wachheit.

Auch hier wird deutlich, wie das Endresultat des Dickdarmprozesses mit der körperlichen und seelischen Ernährung zuvor zusammenhängt. Schwer verdaubares Essen am Abend belastet die Verdauungsorgane und das Traumgeschehen gleichermaßen. »Voller Bauch macht schlechte Träume«, sagt das Sprichwort. Entsprechend fühlen wir uns auch am Morgen nicht wohl. Interessanterweise erfolgt jedoch mit dem Stuhlgang in vielen Fällen auch eine seelische Erleichterung. Das Befinden des Dickdarms trägt also sehr viel dazu bei, wie gut uns der morgendliche Start gelingt.

Am wichtigsten ist in der Dickdarmzeit neben der körperlichen Ausscheidung vor allem Ruhe. Das Aufstehen sollte nicht in Eile erfolgen. Stille und das freie Schweifen der Gedanken erleichtert die Traumerinnerung und das Bewußtwerden der nächtlichen Konzepte als spontane Ideen. Die Dickdarmzeit ist noch nicht die Zeit der aktiven Tagesplanung. Sie ist vielmehr die Zeit, das vergangene endgültig abzuschließen, auszuwerten und loszulassen. Durch die unbewußt arbeitenden Fragen »Was bleibt noch? Was kann gehen?« ist die Dickdarmzeit wie der letzte Blick zurück – nach getaner Arbeit und abgeschlossenem Aufräumen.

Magen
(7.00 - 9.00 Uhr)

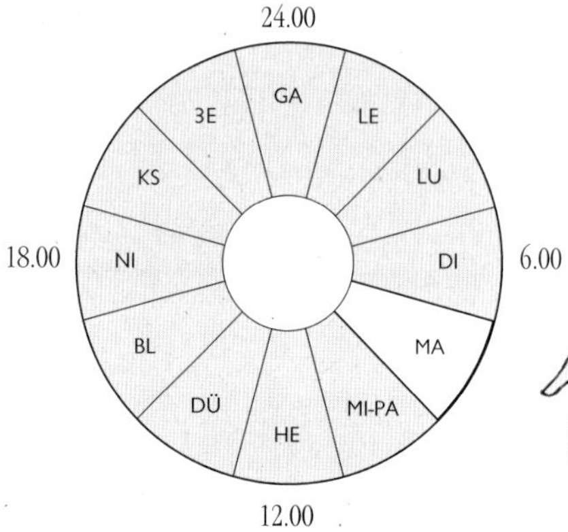

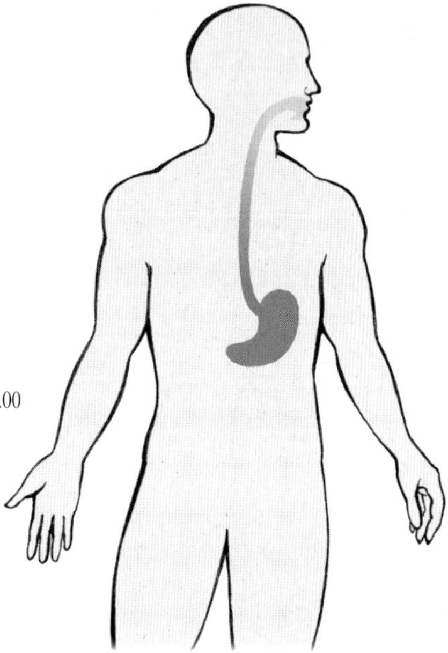

Mit der Magenzeit beginnt nun der eigentliche Start in den neuen Tag. So wie der Magen (hier wird auch die Speiseröhre mit hinzugerechnet) den Anfang des Verdauungskanals darstellt, so markiert sein Aktivitätshöhepunkt auch den Anfang aktiver Tätigkeit. Der Magen repräsentiert die Öffnung zur Aufnahme. Der Aufnahme von Nahrung ebenso wie der Aufnahme von Sinneseindrücken, Erfahrungen, Informationen, Kontakten, Auseinandersetzungen, Arbeit usw. Im Grunde geht es also um alles, was wir aufnehmen, ergreifen und »haben wollen«. Dem Verlangen des Magens nach Nahrung entspricht auch das Verlangen nach allen anderen Wünschen und Zielen unseres Lebens. Sind diese Wünsche und Ziele in Gefahr, unerfüllt zu bleiben, entstehen Sorgen – die ja bekanntlich auch auf den Magen schlagen.

Körperlich hat der Magen die Funktion, Nahrung aufzunehmen, zu zerkleinern und ggf. einige Zeit zu speichern (zwei bis sieben Stunden je nach Zusammensetzung). Durch kräftiges Zusammenziehen und knetende Bewegungen beginnt hier die Verflüssigung von Fetten, und die Nahrung wird zum sogenannten »Speisebrei« vermengt. Mit der Zugabe von Salzsäure im Magen beginnt außerdem die Eiweißverdauung, und viele in der Nahrung enthaltenen Keime (Bakterien, Viren) werden abgetötet. Die Nahrung wird also gewissermaßen desinfiziert.

Die Aufgabe und Funktion des Magens zeichnet das Bild eines einerseits hungrigen, andererseits jedoch guten, kräftigen Arbeiters. Tatsächlich ist die Magenzeit – sofern keine Störungen vorliegen – nicht nur vom Verlangen nach Wunscherfüllung, sondern auch von entsprechender Tatkraft und effizientem Arbeiten geprägt. Wir sind gewillt, auch für unsere Ziele einzutreten und energisch zu handeln. Daher geht am frühen Morgen vieles besser von der Hand als im späteren Verlauf des Tages. Schon die Edda[28] weiß dies zu berichten:

»Früh aufstehen soll, wer wenig
Arbeiter hat,
und schaun nach seinem Werke.
Manches versäumt, wer den Morgen verschläft:
Dem Raschen gehört der Reichtum
halb.«

Gleichzeitig ist die Magenzeit eine gute Zeit, um Erfahrungen zu sammeln und zu lernen. Daher ist es auch durchaus sinnvoll, daß der Schulunterricht schwerpunktmäßig vormittags stattfindet. Nicht alles wird in dieser Zeit sofort verdaut und verstanden, doch gekräftigt von der Nachtruhe können wir vieles aufnehmen und aushalten – uns also auch Schwierigem und Unangenehmem stellen und es in Angriff nehmen. Sind wir jedoch körperlich oder seelisch mit allzu Unverdaulichem konfrontiert, reagiert der Magen mit Übelkeit oder gar Erbrechen. Hier zeigt sich deutlich, wie eng seelische und körperliche Verdauung zusammenhängen. Schreckliche Bilder oder Erfahrungen können tatsächlich körperliche Übelkeit auslösen. Insofern sollten wir auch darauf achten, womit wir uns am Morgen seelisch ernähren. Ob wir zum Frühstück schon die gesammelten Katastrophenmeldungen, sprich: die Tageszeitung, zu uns nehmen, oder ob wir uns mit angenehmen Tageszielen beschäftigen.

Die Magenzeit ist natürlich auch die Zeit für ein gutes Frühstück. Im Grunde ist jetzt die beste Essens- und Verdauungszeit. Daher sagt das Sprichwort zur Nahrungsaufnahme auch:

»Morgens wie ein König, mittags
wie ein Edelmann und abends
wie ein Bettler!«

Der Sinn wird nun verständlich, hat der Magen doch abends seinen Aktivitätstiefpunkt. Aufgenommene Nahrung wird dann nur schlecht verdaut und liegt uns bis zum Morgen »schwer im Magen«. Der gesunde morgendliche Appetit kehrt daher meist schnell wieder, wenn abends nur noch wenig leichte Kost gegessen wird.

Die Nahrungsaufnahme am Morgen ist sehr wichtig für die Energiegewinnung, die

28 Die ältere Edda: Um das Jahr 1000 in Island aufgezeichnete Liedersammlung der nordischen Mythologie, Zitat aus dem Havamal, Vers 58, in der Übersetzung von Karl Simrock, *Die Edda,* Phaidon Verlag.

auch der Kreislauf benötigt, der zur Magenzeit seinen Tiefpunkt hat. Ein reichhaltiges Frühstück wirkt deshalb viel länger kreislaufstabilisierend, als Kaffee und andere Aufputschmittel. Essen im falschen Rhythmus (abends viel, morgens wenig) belastet doppelt: Der Magen wird zur falschen Zeit beansprucht und dem Kreislauf fehlt die Energie zum Start am Morgen. Wird die so entstehende Schwäche dann immer nur kurzfristig durch Kaffee o. ä. überbrückt, erfolgt keine wirkliche Regulierung. Der allmähliche Verbrauch unserer Kräfte und Substanz ist vorprogrammiert. Ähnliches geschieht, wenn der Magen nicht richtig arbeitet oder bereits organisch erkrankt ist. Dann wird die gesamte weitere Verdauung beeinträchtigt sein, und wir fühlen uns ebenfalls schwach und teilnahmslos – unfähig, irgend etwas aufzunehmen.

In der Magenzeit führen wir uns also neue Substanz, neue Energie und neue Information zu. Was wir hier aufnehmen, ist die Grundlage für den gesamten folgenden Tag – bis in die Nacht! »Wie der Tag beginnt, so setzt er sich fort!« Das seelische Erleben verläuft hier parallel zur körperlichen Realität, wo die Nahrungsaufnahme grundlegend für den gesamten weiteren Verdauungs- und Stoffwechselvorgang bis hin zum Dickdarm ist.

Am wichtigsten ist in der Magenzeit neben einem guten Frühstück daher ein positiver Ausblick auf den neuen Tag. Am besten ist es, wenn wir wirklich »Appetit« auf den kommenden Tag haben. Die Magenzeit ist daher ein guter Zeitpunkt für die Tagesplanung, die »Menüwahl« des Tages. Und so wie uns das Frühstück schmecken sollte, so sollten wir auch ein paar angenehme Tagesziele einplanen. Vor allem, wenn uns schon manche Sorgen und Befürchtungen »schwer im Magen« liegen, brauchen wir auch wohltuendere Programmpunkte. Doch auch an Tagen, die nur »hartes Brot« für uns bereithalten, gibt ein stabiler Magen uns die Kraft, alles Notwendige energisch in Angriff zu nehmen und neue Erfahrungen gut zu »verdauen«.

Milz-Pankreas
(9.00 - 11.00 Uhr)

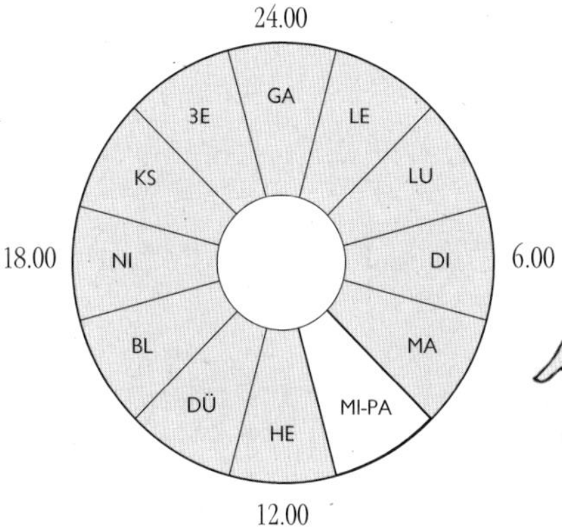

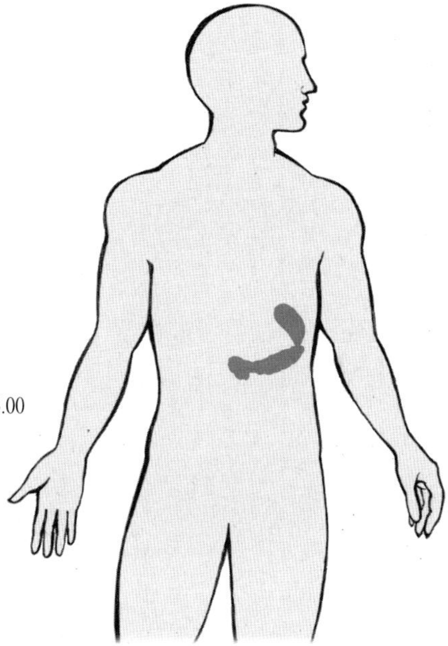

In der Milz-Pankreas-Zeit setzt sich die morgendliche Aufnahme- und Verdauungstätigkeit fort. So wie der Speisebrei nach etwa zwei Stunden vom Magen in den Zwölffingerdarm[29] weiterzuwandern beginnt, so erfolgt nun auch die tiefere Verarbeitung und Verteilung aufgenommener Substanz, Energie und Information. Auf die äußere Aufnahme folgt nun das Aufschlüsseln dessen, was aufgenommen wurde. Dieser Verarbeitungsschritt ist wichtig, bevor im Dünndarm die innere Aufnahme, die endgültige Integration aller brauchbaren Bestandteile der Nahrung erfolgt.

Zur weiteren Zerkleinerung und Verarbeitung der im Magen vorverdauten Nahrung werden im Zwölffingerdarm nun bestimmte Enzyme[30] benötigt. Diese schlüsseln die einzelnen Nahrungsbestandteile auf und bereiten sie für die Aufnahme ins Blut vor. Sie werden in der Pankreas, der Bauchspeicheldrüse, produziert und mit dem Pankreassaft, dem »Bauchspeichel«, über einen Ausführgang in den Zwölffingerdarm abgegeben. Der Pankreassaft neutralisiert auch die Magensäure.

Die Qualität dieser Enzymtätigkeit ist ein weiterer wichtiger Schritt zur eigentlichen

29 Der Zwölffingerdarm ist der erste ca. 30 cm lange, mit vielen Falten und Zotten ausgestattete Abschnitt des Dünndarms.

30 Enzyme sind Eiweiße, die Stoffwechselvorgänge steuern.

Nahrungsverwertung. Nur wenn die Enzyme zur aufgenommenen Nahrung passen, kann diese in der richtigen Weise aufgeschlossen werden. Daher besteht zwischen dem Speichel im Mund und dem Bauchspeichel eine energetische Verbindung. Der Mundspeichel »tastet« die aufgenommene Nahrung gewissermaßen auf ihre Bestandteile ab. Dies wird dann an die Pankreas weitergeleitet, die sofort mit der Produktion und Bereitstellung der richtigen Enzyme beginnt. Unsere Verdauung beginnt also bereits im Mund: Das Zerkleinern der Nahrung durch das Kauen eröffnet die Magentätigkeit – tatsächlich verstärkt sich mit dem Kauen auch die Bewegung des Magens. Das Einspeicheln dagegen eröffnet die Pankreastätigkeit. Hierbei wird deutlich, weshalb gründliches Kauen so wichtig ist.

Übereinstimmend mit den Körperfunktionen sind zur Milz-Pankreas-Zeit auch entsprechende seelisch-mentale Tätigkeiten begünstigt. Es ist eine Zeit sehr hoher Konzentrationsfähigkeit. Das Aufschlüsseln der Nahrung als Vorbereitung zur Verwertung entspricht dem mentalen Analysieren von Erfahrungen und Informationen mit dem Ziel, diese zu verstehen. Um mit einer Information wirklich etwas »anfangen« zu können, müssen wir sie gründlich auf Übereinstimmungen und Widersprüche mit bereits Bekanntem überprüfen. Wir müssen ihren Wahrheitsgehalt und Wert, ihre Wichtigkeit sowie ihren praktischen Nutzen erkennen. Erst dann können wir sagen, wir haben sie wirklich verstanden.

Es kommt also nicht nur darauf an, was wir aufnehmen können (Magen), sondern ganz entscheidend auch darauf, was wir davon verwerten können (Milz-Pankreas). Die Milz-Pankreas-Zeit ist also körperlich betrachtet die Zeit, in der das Angebot der Nahrung erschlossen und zur Aufnahme und Verteilung vorbereitet wird. Entsprechend ist sie seelisch-mental betrachtet schlicht und ergreifend die Zeit des Verstehens.

Dies zeigt sich auch in der Funktion der Milz, die sich in der Nachbarschaft der Pankreas befindet und zur gleichen Zeit ihren Aktivitätshöhepunkt hat. Die Milz ist zugleich ein lymphatisches Organ und ein Blutreinigungsorgan. Sie bildet zum einen Lymphozyten[31] und vernichtet Bakterien, zum anderen wirkt sie wie ein großer Filter, der das Blut von überalterten oder abnormen Blutzellen, kleinen Blutgerinnseln und Fremdstoffen reinigt. Auch die Milz muß daher den durchströmenden Blutfluß ständig analysieren und verstehen, was für den Organismus noch brauchbar ist und was nicht. Alles Brauchbare kann die »Kontrollstelle Milz« passieren, alles unbrauchbare wird an Ort und Stelle abgebaut.[32] Die

31 Lymphozyten erledigen wichtige Aufgaben der spezifischen Immunabwehr. Sie machen rund 30% der weißen Blutkörperchen aus.

32 Der Name »Milz« stammt vom althochdeutschen »milzi« und bedeutet »die Auflösende«.

Abbauprodukte werden dann in der Leber entweder wiederverwendet oder der Ausscheidung zugeführt. So wie die Pankreas die Aufnahme vorbereitet, so bereitet die Milz Wiederverwertung oder Ausscheidung vor. Der Schlüssel hierzu ist erneut das Verstehen.

Die Milz-Pankreas-Zeit ist also ein guter Zeitraum für Problemlösungen und für die Verarbeitung von Erfahrungen. Dies gilt sowohl, wenn gründliches mentales Durchdenken, Überprüfen und Selektieren erforderlich ist, als auch in Situationen, in denen eine praktisch-handwerkliche Lösung gefunden werden muß. Auch zum Lernen ist diese Zeit günstig, gerade wenn es nicht nur um das reine Auswendiglernen von Fakten oder Vokabeln geht, sondern um das tiefere Verstehen komplexer Zusammenhänge. Der Milz-Pankreas-Qualität entspricht daher auch der plötzliche »Aha-Effekt«, der mitunter erst einige Zeit nach der Informationsaufnahme (Magen-Qualität) eintritt.

Herz
(11.00 - 13.00 Uhr)

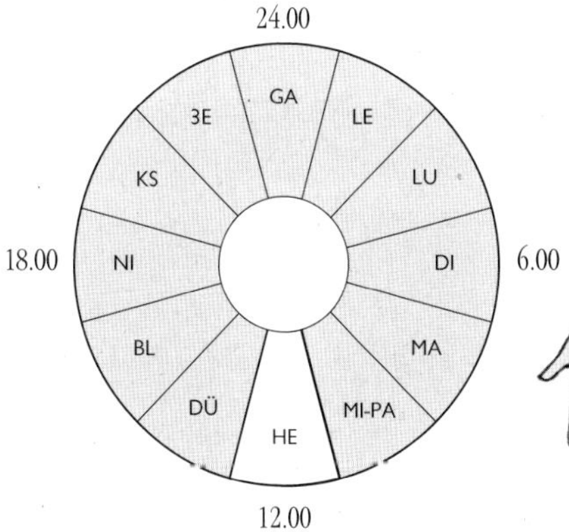

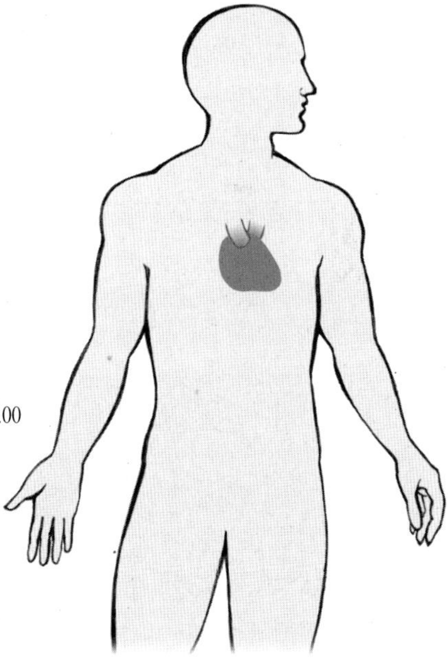

Während der Herz-Zeit erreicht der Tag seinen Höhepunkt. Hier erfolgt der Wechsel vom Morgen zum Mittag, von der Zeit der aufsteigenden Sonne zur Zeit der sinkenden Sonne. Dieser Wechsel macht deutlich, daß der Tageslauf ein rhythmisches Geschehen ist – was wiederum sehr gut zum Herzen als »Rhythmusorgan« paßt. Es ist der

Zeitraum, in dem spürbar wird, daß die eigene Kraft sinnvoll eingesetzt werden muß, um sie nicht zu schnell zu verbrauchen.

Das Herz ist daher das Organ, das den Rhythmus, die Aktivität und die Geschwindigkeit der anderen Organe steuert. Es ist der Taktgeber, der mit dem Puls Beschleunigung oder Verlangsamung vorgibt. In dieser extrovertierten Phase des Tages stimmt es die inneren Rhythmen auf die äußeren Bedürfnisse ab. Sind wir aktiv oder strengen wir uns sehr an, müssen Kreislauf und Stoffwechsel intensiver arbeiten, sind wir dagegen ruhig und entspannt, können wir auch innerlich loslassen. Dabei gibt das Herz jedoch nur den Takt an, es übernimmt nicht die Arbeit des Kreislaufs und der anderen Organe!

Eines der folgenträchtigsten Mißverständnisse ist die Annahme, das Herz sei der einzig maßgebliche Faktor für die Kreislauftätigkeit. Es ist richtig, daß das Herz ein kräftiger Hohlmuskel ist, der durch rhythmisches Zusammenziehen und Erweitern unser Blut in Bewegung bringt – doch das Herz alleine wäre nie in der Lage, den gesamten Bluttransport zu regulieren. Wichtige Kreislauffunktionen, wie Blutdruck und regionale Durchblutung, regeln die Blutgefäße. Insbesondere die Arterien[33] wirken hier mit Hilfe ihrer muskulösen Gefäßwand mit, die sich bei Bedarf zusammenziehen oder erweitern kann. Diese Aufgaben des Kreislauf tauchen daher als eigener Funktionskreis noch einmal an anderer Stelle in der Organuhr auf.

In der chinesischen Medizin wird das Verhältnis von Herz und Kreislauf daher wie folgt formuliert: »Das Herz ist der Kaiser, der den Ton angibt; der Kreislauf sein oberster Beamter, welcher die Arbeit ausführt – und wehe dem Kaiser, dessen Beamte untätig sind!« Herzstärkende Mittel bei Kreislaufschwäche sind daher so sinnvoll wie Aufputschmittel für den Chef eines Betriebes, der alles alleine erledigen muß, weil seine Mitarbeiter immer träger werden.[34] Eine Zeitlang mag das gutgehen, doch der Kollaps ist vorprogrammiert.

Die Hauptfunktion des Herzens ist daher, den richtigen Rhythmus anzugeben – in Abstimmung mit den aktuellen geistig-seelischen Bedürfnissen und der momentanen körperlichen Tätigkeit. Dadurch bekommen wir in bestimmten Situationen oder bei bestimmten Gefühlen auch Herzklopfen, während bei anderen Gegebenheiten auch ein »schweres Gefühl« ums Herz oder gar Herzschmerz entstehen kann. Auch unsere Herzlichkeit sowie alles, was uns »zu Herzen geht«, drückt sich im Zustand unseres Herzens aus. Alles, was wir

33 Arterien sind vom Herzen weg- und in den Organismus hineinführende Blutgefäße.

34 So bemüht sich das Herz z. B. in manchen Fällen von niedrigem Blutdruck, diese Kreislaufschwäche durch schnelleren Herzschlag wettzumachen. Der Erfolg ist meist mäßig, der Verschleiß des Herzens dabei hoch.

»von Herzen gern« tun, was uns freut oder wo wir anderen helfen und sie erfreuen können, stärkt unser Herz.

Der Herzrhythmus schließlich ist ein Spiegel unseres Lebensrhythmus. Bei einem unrhythmischen Lebensstil gerät auch unser Herz durch den Versuch der Abstimmung von Außen und Innen aus dem Takt. Es beginnt, unrhythmisch zu schlagen, was wiederum mehr Kraft erfordert und Substanz verbraucht. Verschleiß entsteht, und das Herz wird geschwächt. Dies kann fatale Folgen haben, da auch alle anderen Organe nun mehr oder minder aus dem Takt geraten und nicht mehr koordiniert arbeiten. Es entsteht Anarchie und damit eine Fülle von Funktionsstörungen oder Erkrankungen, die nur noch mühsam zu regeln sind. Dieser direkte Zusammenhang zwischen unserem Lebensrhythmus und der Gesundheit unseres wichtigsten Zentralorganes unterstreicht nocheinmal die Wichtigkeit harmonischer Rhythmen.

Das Herz sollte daher auch nicht überlastet werden. Aus diesem Grund ist die traditionell zur Herzzeit stattfindende Mittagspause eine sehr sinnvolle Einrichtung. Durch verminderte Aktivität und Ruhe kann das Herz hier wieder zu einem ausgeglichenen, harmonischen und stabilen Rhythmus finden. Und das macht sich am Nachmittag dann körperlich wie seelisch in Ausgeglichenheit, Harmonie und stabilen Kräften bemerkbar. Auch geistig ist die Mittagspause die Zeit des Rückblicks auf das am Morgen Geleistete oder Erlebte sowie der Vorausschau auf alles, das am Nachmittag noch vollbracht werden muß. Die Zeit, den richtigen Takt und das richtige Tempo einzustellen.

Dünndarm

(13.00 - 15.00 Uhr)

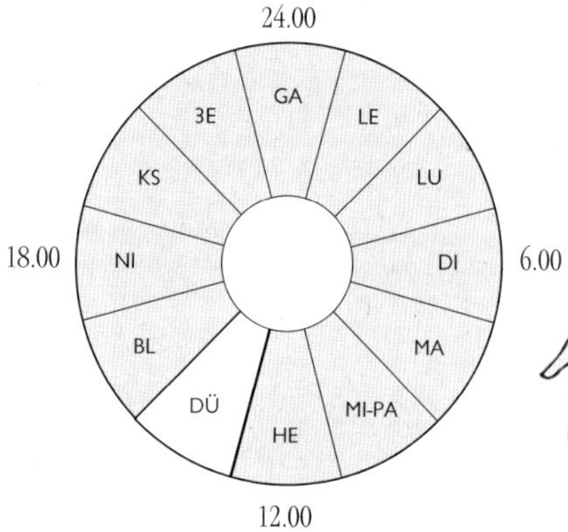

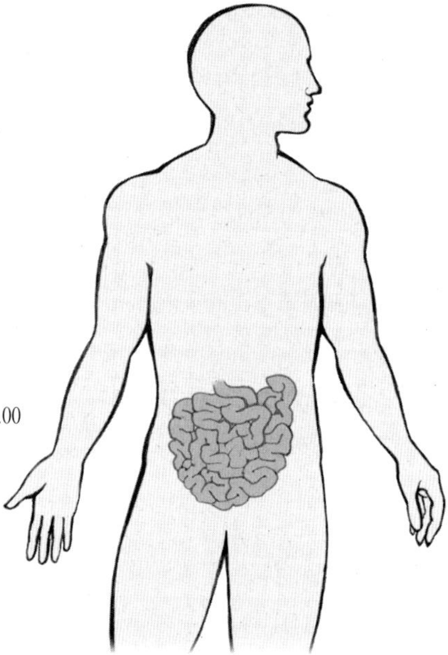

In der Dünndarmzeit findet die während der Magen- und Milz-Pankreas-Zeit begonnene Verdauungstätigkeit ihren Höhepunkt. Nach der äußeren Aufnahme durch den Magen sowie der Aufschlüsselung und Vorbereitung durch die Pankreas-Enzyme und die Galle (deren Bildung und Sekretion nun ihr Maximum erreicht) folgt nun die eigentliche innere Aufnahme. Im Dünndarm werden die Nährstoffe, Vitamine und Mineralstoffe unserer Nahrung durch die Darmwand in Lymphe und Blut aufgenommen. Erst dann sind sie endgültig in das System unseres Organismus integriert.

Der Dünndarm hat daher die verantwortungsvolle Aufgabe, zu unterscheiden und auszuwählen, was der Organismus braucht und was nicht. Die Dünndarmwand besitzt dazu aktive Mechanismen, dem Speisebrei gezielt bestimmte Stoffe zu entziehen und andere auszugrenzen. Diese Selektionstätigkeit ist von größter Wichtigkeit, trägt sie doch einen großen Teil zur Zusammensetzung und damit zur Qualität des Blutes bei. Ist die Dünndarmfunktion gestört, werden mitunter überflüssige Stoffe irrtümlich aufgenommen bzw. notwendige Stoffe werden ignoriert. So entstehen Belastungen oder Mangelerscheinungen, die zu Krankheiten führen können – und die sich auf jeden Fall am frühen Nachmittag in Form von Überempfindlichkeit, Schwäche oder Unwohlsein manifestieren.

Zu solchen Störungen können Fehlernährung (Fastfood, Süßigkeiten, zu fettige oder eiweißreiche Kost), Infektionen, Nebenwirkungen von Medikamenten, Drogen- und Alkoholmißbrauch sowie starker seelischer Druck, Streß, Frustrationen und Schlafmangel[35] führen. Dies zeigt eine interessante Wechselwirkung zwischen unserer Lebensqualität und unserer Blutqualität auf: Ist unsere Lebensqualität durch frustrierende und stressige Faktoren gemindert, verschlechtert sich auch unsere Blutqualität. Ist umgekehrt die Blutqualität durch andere Faktoren beeinträchtigt, vermindert dies unsere Lebenskraft und -qualität. Blut ist unser Lebenssaft – das zeigt sich gerade bei Herz, Dünndarm, Nieren und Kreislauf besonders deutlich.

Um Infektionen oder die Aufnahme von Krankheitserregern aus der Nahrung zu vermeiden, sind im Dünndarm auch das Immun- und Lymphsystem präsent. Tausende von Lymphknoten sind hier vorhanden, damit die Immunabwehr in diesem großen Aufnahmebereich unseres Organismus stets auf der Hut sein kann. Auch der Immunschutz ist eine Aufgabe permanenter Selektion zwischen körpereigenen und körperfremden Stoffen, zwischen nützlichen und schädlichen Substanzen. Überreaktionen (Allergien) sind dabei ebensowenig erwünscht wie Nachlässigkeiten. Dieselben o. g. Faktoren, die die Funktion des Dünndarms beeinträchtigen, behindern daher auch unser Immunsystem und führen dadurch zur Ausbreitung von Krankheiten.

Diesen Funktionen des Dünndarms und des Immunsystems, Brauchbares und Unbrauchbares, Nützliches und Schädliches zu selektieren, entspricht unsere geistige Fähigkeit, logisch-rationale Überlegungen anzustellen sowie Informationen zu sortieren und umzusetzen. Der kritische Verstand ist unsere mentale Verdauung und Immunabwehr. Auch hier müssen wir stets Sinnvolles und Unsinniges unterscheiden und immer wieder eine Wahl treffen. Diese ist ebenfalls unter Druck und Streß oft fehlgeleitet, nach ruhigem und besonnenem Überlegen dagegen meist erfolgreicher.

In der Dünndarmzeit stehen daher oftmals die ersten Entschlüsse an, was an diesem Tag noch vollendet und was zurückgestellt oder aufgegeben werden muß. Nehmen wir dabei zuviel auf uns, entsteht Druck und Streß – die Gefahr, daß vieles mißlingt oder uns über den Kopf wächst. Lassen wir dagegen manches zu schnell fallen, fehlt es uns später – das Gefühl von Mangel und Leere entsteht. Daher ist hier das richtige Maß wichtig, der goldene Mittelweg. Die entsprechenden Überlegungen müssen mit Bedacht und Sorgfalt angestellt werden!

Die Dünndarmzeit ist daher generell eine gute Zeit für sorgfältig abgewogene Entschlüsse, die umgehend in die Tat umgesetzt werden. Noch steigt die Wärme des Tages und damit die Fähigkeit zur

35 Schlafmangel führt bekanntlich auch zum meist in der Dünndarmzeit auftretenden Mittagstief.

tatkräftigen Verwirklichung unserer Vorhaben an. Sind die Prioritäten[36] richtig gesetzt und wir von zu hohen Ansprüchen oder Versagensängsten frei, besteht daher eine gute Aussicht auf Erfolg. Dabei haben alle Maßnahmen, die zu einer Verbesserung unserer Lebensqualität führen, eine wichtige unterstützende Funktion. Besitzen wir eine harmonische Dünndarmqualität, so sind wir in der Lage, Entscheidungen zu treffen, Verantwortung zu übernehmen und daraus entstehende Konsequenzen zu tragen.

Blase
(15.00 - 17.00 Uhr)

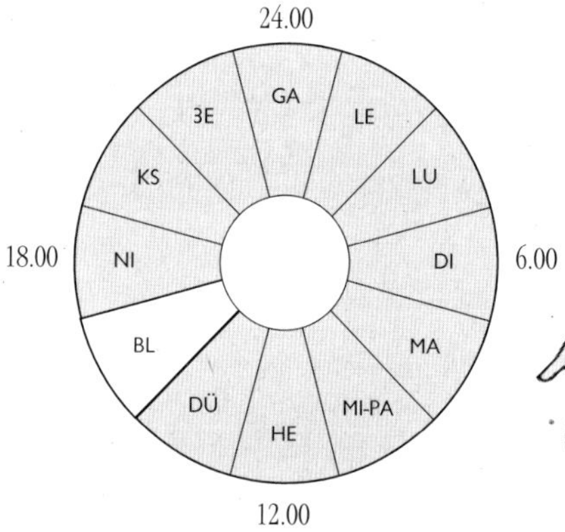

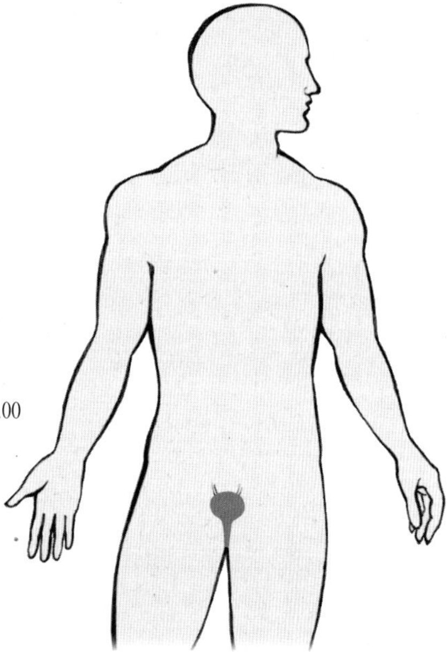

Mit dem Beginn der Blasenzeit geht die Wärme des Tages zurück. Das Verlangen, die Tagesaktivitäten abzuschließen, nimmt daher in dieser Zeit weiter zu. Nun wird unwiderrufbar erkenntlich, was bis Sonnenuntergang noch vollendet werden kann und was nicht. Im Gegensatz zur Dünndarmzeit geht es hier nicht mehr um Entscheidungen, was noch angepackt werden soll, sondern um deren Konsequenzen. Jetzt sehen wir deutlich, ob wir unser Vorhaben noch unter Kontrolle[37] haben oder nicht; ob es noch gelingt, oder ob uns der Erfolg entgleitet.

36 Prioritäten setzen bedeutet, Vorhaben nach ihrem Vorrang zu ordnen. Das Wichtigste wird als erstes erledigt (lat. »prior« = »ersterer, eher, früher, vorzüglicher«).

37 Kontrolle wird in diesem Zusammenhang als die Fähigkeit, etwas zu beginnen, durchzuführen und zu beenden verstanden. Nur wenn ich z.B. ein Auto starten, damit fahren und zum Schluß wieder abstellen kann, habe ich es »unter Kontrolle«. Nur dann bin ich handlungsfähig und kann damit tun und lassen, was ich will.

Das Thema »Kontrolle« im Sinne von »Handlungsfähigkeit« ist auch der zentrale Aspekt der Blasentätigkeit. Die Blase ist das Auffang- und Speicherorgan des Harns, dessen Absonderung in den Nieren zu dieser Zeit schon ihr Tagesmaximum erreicht. Die Blase selbst muß in diesem Zusammenhang nur zwei Funktionen beherrschen: Sie muß zurückhalten können – zur richtigen Zeit – und loslassen können – zur richtigen Zeit. Ist eine dieser Funktionen gestört, treten Probleme auf.

Zurückhaltung, ohne die Fähigkeit loszulassen, führt zu Harnverhalten. Dieses bringt mit zunehmender Blasenfülle große Unruhe und Unterbauch-Schmerzen mit sich und kann durch Harnrückstau bis zum Nierenversagen führen. Körperliche Ursache kann hier eine mechanische Blockade der Harnröhre durch Tumore oder – bei Männern – eine Prostatavergrößerung sein. Auch Nervenstörungen z. B. durch einen Bandscheibenvorfall sind möglich. Besteht eine Tendenz zu Harnverhalten ohne körperliche Ursachen, kann übermäßiges seelisches Festhalten der Grund dafür sein; festhalten z. B. an bereits aussichtslos gewordenen Plänen, an unwiederbringlichen Ereignissen oder an Personen, die man nicht verlieren möchte. In diesen Fällen ist das Harnverhalten ein Versuch, den Fluß und Wandel der Dinge aufzuhalten. Es fehlt die Fähigkeit, loszulassen und sich an veränderte Bedingungen anzupassen (immerhin ist die Blase selbst ja ein sehr anpassungsfähiges Organ). Depressionen, Angst vor Veränderungen oder das Gefühl, dem Leben nicht gewachsen zu sein, sind die Folge, auch Erkrankungen, die zu den o. g. physischen Manifestationen des Harnverhaltens führen können.

Im Grunde ist Harnverhalten ein Versuch, unsere Lebensenergie aufzuhalten, aus Angst, sie zu verlieren. Dahinter steht meist das Gefühl, nur wenig Energie zu haben. Doch mit Festhalten erreichen wir genau das Gegenteil. Energie ist nur da, wenn sie fließen kann. Und auch das Leben ist nicht zu stoppen. Leben ist Wandel, Stillstand ist Tod. Energie läßt sich wie Harn daher nicht auf Dauer zurückhalten. Irgendwann finden beide ihren Weg oder bleiben ganz aus.

Den Gegenpol des Harnverhaltens stellt die Inkontinenz dar, der unwillkürliche Harnabgang. Hier dominiert das Loslassen über die Unfähigkeit, festzuhalten. Körperliche Ursachen der Inkontinenz können Entzündungen, Fisteln oder Tumore in Blase und Harnröhre, hormonelle Veränderungen sowie gestörte Verbindungen zwischen dem Gehirn und den für die Blase zuständigen Rückenmarksnerven sein. Seelische Ursachen finden sich oft als Streß, Angst[38] oder übermäßige Belastungen. Inkontinenz geht insbesondere bei älteren Menschen oft mit dem Gefühl einher, die

38 Daher machen wir uns mitunter »vor Angst in die Hose«.

Kontrolle über das eigene Leben zu verlieren. Ein Gefühl, das durch den Verlust der Blasenkontrolle dann fatalerweise noch sehr verstärkt wird. Es ist das Gefühl, als könne man überhaupt nichts mehr festhalten, als würde alles zwischen den Fingern zerrinnen.

Schwierigkeiten zur Blasenzeit sind daher entweder im Versuch, etwas festzuhalten, oder im Gefühl, alles zu verlieren, begründet. Dabei handelt es sich meist um sehr instinktive Reaktionen, weniger um bewußte Überlegungen. Helfen kann hier nur die Hingabe an den unabänderlichen Wandel; die Fähigkeit und der Wille, sich den immer neuen Gegebenheiten anzupassen. Indem wir loslassen, was nicht zu halten ist, haben wir die Hände frei, um zu ergreifen, was jetzt vor uns liegt. Und damit finden wir den Halt im Hier und Jetzt, der verhindert, vom Fluß der Zeit hinweggerissen zu werden. Indem wir Frieden mit der Vergangenheit schließen und das Hier und Jetzt so akzeptieren, wie es ist, werden wir frei, der Zukunft mutig entgegenzutreten und sie zu gestalten. Dazu mag an mancher Stelle Hilfe notwendig sein, doch voraus geht der Entschluß, uns selbst und dem Leben zu vertrauen. Dann kann der Fluß unseres Lebens dem Wasser gleichen:

»Nichts hält den Lauf des Wassers
auf,
füllt es auch jede Form des Wegs,
so bleibt es doch im Gleichgewicht
und stetig Ziel und Richtung
treu.«[39]

Sind die Funktionen der Blase – Festhalten und Loslassen – ausgewogen und in Harmonie, so kann sie ihre Aufgabe optimal erfüllen. Dies erleben wir als »Im Fluß sein«, als leichtes, widerstandsfreies Gelingen unserer Vorhaben. Ein ganz wesentlicher Faktor, um dies zu erreichen, ist das Aufräumen: Je mehr unerledigte Dinge uns umgeben, desto größer wird das Gefühl, die Kontrolle zu verlieren. Daher kann eine ganz konkrete Hilfe sein, möglichst viel abzuschließen und aufzuräumen. Je mehr Freiraum dadurch entsteht, desto besser wird unsere Umsetzungsfähigkeit. Entsprechend erreichen wir unsere Ziele schneller und es fällt uns wieder leichter, alles in Angriff Genommene zu verwirklichen. Für die Blasenzeit ist daher das Vollenden begonnener Aktionen das Wichtigste. Selbst wenn wir nur ein paar Kleinigkeiten geregelt bekommen, entsteht mit jedem Abschluß etwas mehr Gelassenheit. Genau das, was die Blase braucht.

39 Josef Zerluth/Michael Gienger, »Gutes Wasser«, Neue Erde, Saarbrücken 2004

Niere
(17.00 - 19.00 Uhr)

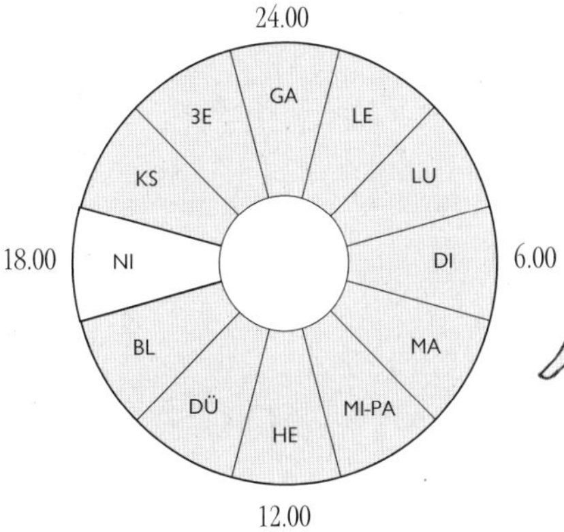

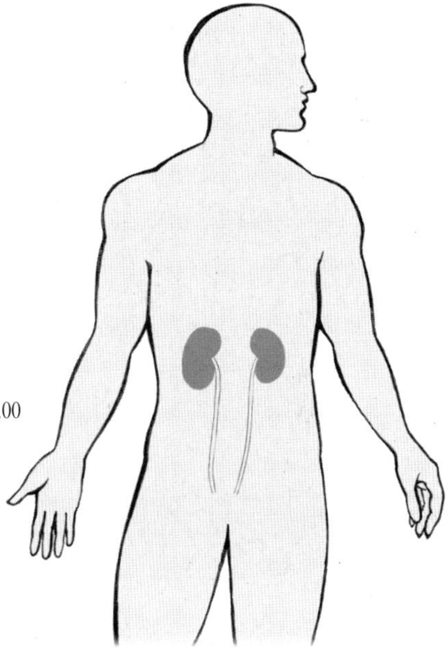

Die Nierenzeit beginnt passenderweise mit dem tatsächlich nierenstimulierenden »Fünf-Uhr-Tee«. Doch in diese Zeit fällt meist auch der Sonnenuntergang, der Übergang vom Tag in die Nacht. Die Dämmerung ist dabei ein besonderer Moment, in dem die Farben verschwinden, wir aber dennoch sehen können. Für eine kurze Zeit haben wir weder Tag noch Nacht – wir befinden uns zwischen den Welten. Diese Zeit bringt einen eigenen Frieden mit sich, für den Moment ist alles ausgeglichen, bevor sich die Waage dann der Nacht und Dunkelheit zuneigt.

Das Gleichgewicht gegensätzlicher Pole aufrechtzuerhalten, ist die besondere Fähigkeit und Aufgabe der Nieren. Durch ihren raffinierten Filter- und Ausscheidungsmechanismus halten sie unsere Körperflüssigkeiten und deren Zusammensetzung im Gleichgewicht. Sie regulieren die Wassermenge im Körper, den Säure-/Basen- und Salzhaushalt, beeinflussen hormonell Blutdruck und Blutbildung und scheiden Schlackenstoffe, Fremdsubstanzen und Umweltgifte aus.

Diese Regulation findet dank eines besonderen Ausscheidungs- und Rückgewinnungsvorgangs statt. In den Nieren wird zunächst eine große Flüssigkeitsmenge, der sog. Primärharn, aus dem Blut abgegeben (ca. 170 Liter pro Tag!). Dieser Primärharn enthält alle löslichen Bestandteile des Blutes, lediglich Blutkörperchen und große

Moleküle werden wie in einem Filter zurückgehalten. Der Primärharn fließt nun durch enge Kanälchen, deren Wandzellen Wasser und verwertbare Stoffe aktiv zurückgewinnen und gleichzeitig im Blut zurückgebliebene Harnsäure sowie Gift- und Fremdstoffe (auch Medikamente) aktiv ausscheiden. Dadurch werden 99% der ausgeschiedenen Flüssigkeit und fast alle verwertbaren Stoffe wieder zurückgewonnen. Die auf diese Weise stark reduzierte, konzentrierte und mit Abfallprodukten angereicherte Flüssigkeit sammelt sich dann im Nierenbecken als Sekundärharn und fließt über die Harnleiter in die Blase.

Im Grunde ist der Filterprozeß der Nieren ein Fließgleichgewicht, in dem sich Ausscheidung und Wiederaufnahme beinahe die Waage halten. Lediglich die geringe Differenz von 1% der Flüssigkeitsmenge wird tatsächlich ausgeschieden. Dabei wird auch deutlich, welche gravierenden Folgen es hätte, würde dieses Gleichgewicht gestört.

Scheiden die Nieren z. B. durch geringe Trinkmenge, Mineralstoffmangel, Durchblutungsstörungen, Entzündungen usw. zu wenig aus, droht die Gefahr einer inneren Vergiftung. Die Folgen sind Schwäche, Kopfschmerzen, Müdigkeit, Wassereinlagerungen, Übelkeit, Durchfall, Infektanfälligkeit, Bluthochdruck und innere Unruhe, in Extremfällen Bewußtseinsstörungen, Atemnot und Herzbeschwerden lebensbedrohlicher Art. Scheiden die Nieren dagegen aufgrund von Herz-, Kreislauf- oder Diabetes-Erkrankungen sowie Funktionsstörungen zuviel Flüssigkeit aus, droht Wasser- und Mineralstoffverlust. Auch der führt zu Beeinträchtigungen von Herz, Kreislauf, Nerven und im Grunde allen inneren Organen.

Unser gesamter Organismus und letztendlich unsere Fähigkeit, zu überleben, ist daher von jenem »Säfte-Gleichgewicht« abhängig, das die Nieren aufrechterhalten. Jedes deutliche Abweichen in die eine oder andere Richtung führt zu massiven Beschwerden und schlimmstenfalls zum Tod. Entsprechendes erleben wir auch im seelischen Bereich. Situationen und Erlebnisse, die uns sehr »durcheinander«, d. h. völlig aus dem Gleichgewicht bringen, beschreiben wir oft mit dem Spruch: »Das geht mir an die Nieren.« Starke Nierenbeschwerden oder Beeinträchtigungen der Nierenfunktion gehen immer »an die Substanz«. Aus diesem Grund ist verständlich, daß die chinesische Medizin die Nieren als den Sitz der Erbenergie, der energetischen Lebensgrundlage betrachtet.[40]

Im Übergang vom Mittag zum Abend ist die Nierenzeit daher ein wichtiger Moment, um Innen- und Außenwelt ins

40 Die chinesische Medizin bezieht in das gesamte »Nierenfunktionssystem« allerdings auch die Nebenniere mit ein. Diese ist eine wichtige Drüse für Hormone wie z. B. Corticosteroide (Cortison u. a.), Adrenalin und Noradrenalin. Auch dies unterstreicht den überlebensnotwendigen Charakter des gesamten Systems.

Gleichgewicht zu bringen. Das vegetative Nervensystem[41] vollzieht nun die Wende von der aktivierenden zur beruhigend-aufbauenden Phase. Entsprechend ist die Zeit günstig, jetzt das Tagesgeschäft abzuschliessen und aufzuräumen (Ausscheidung). Dann haben wir anschließend auch wirklich Zeit für uns oder für den Partner und die Familie. Oft fällt das Abendessen in diese Zeit, das vielfach ein wichtiger Moment für das Zusammenkommen aller Familienangehörigen ist. Dabei kann sich sowohl die Freude am Zusammensein zeigen als auch das Aufbrechen von Spannungen und Konflikten. Auch letzteres drückt – so unangenehm es sein mag – den Wunsch nach Klärung (Ausscheidung!), Regulierung und Wiederherstellung eines Gleichgewichts aus. Als paariges Organ symbolisieren die Nieren wie die Lungen, Eierstöcke und Hoden einen Bereich der Partnerschaft und Beziehung. Als Gleichgewichts- und Ausscheidungsorgan dabei insbesondere die zwischenmenschliche Begegnung, den intensiven Austausch und die Klärung vorliegender Probleme.

Die Nierenzeit ist daher eine sehr gute Zeit für den Austausch mit Angehörigen und Partnern. Nicht nur mit Lebenspartnern, auch mit Geschäftspartnern, Kollegen, Freunden usw. Die Nierenzeit ist die beste Zeit, um verschiedene Interessen unter einen Hut zu bekommen und Differenzen auszuräumen. Auch für uns selbst können wir widerstreitende Impulse, Ideen und Gefühle in dieser Zeit besonders gut klären, wenn wir uns nur ein wenig Zeit zum Nachdenken nehmen. Die Nierenzeit ist daher auch die Zeit der Rückbesinnung auf unsere ursprünglichen Ziele und Absichten, die in der Geschäftigkeit des Tages leicht untergehen.

Interessanterweise fällt sowohl der Sonnenaufgang (Dickdarmzeit) als auch der Sonnenuntergang (Nierenzeit) in die Zeit eines Ausscheidungsorgans, einmal zur Verabschiedung der Nacht, das andere Mal zur Verabschiedung des Tages. Jedoch sind beides Zeiten einer grundlegenden geistigen Orientierung. Und beide Zeiten sind in vielen Kulturen traditionelle Zeiten der Meditation.

41 Das vegetative Nervensystem steuert die inneren Organe. Es wird in zwei funktionelle Gegenspieler unterteilt: Den Herz, Kreislauf, Darm, Drüsen und Stoffwechsel aktivierenden Sympathikus und den beruhigend-aufbauenden Parasympathikus.

Kreislauf-Sexus
(19.00 - 21.00 Uhr)

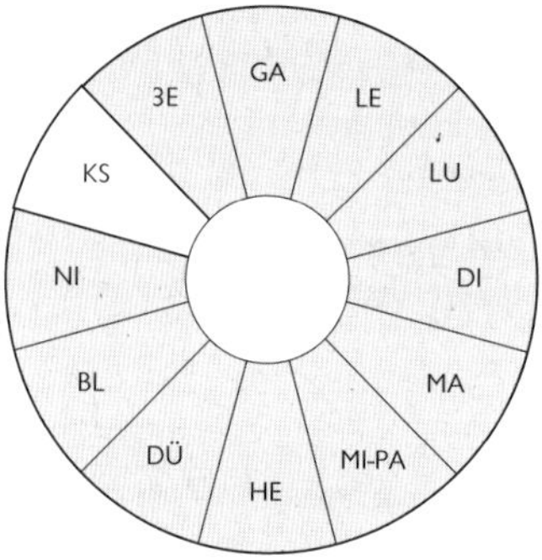

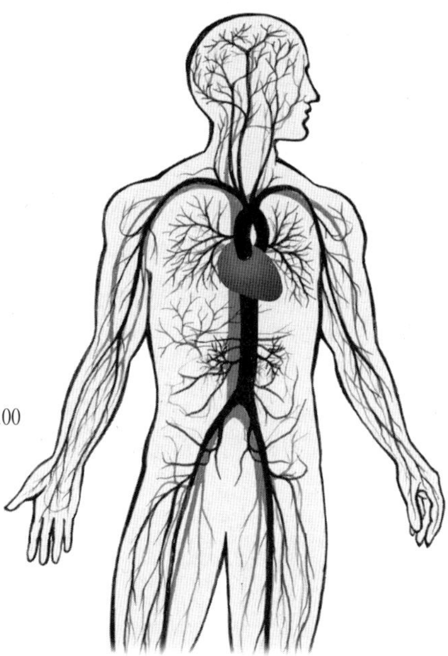

In der Kreislaufzeit ist es nun so weit, daß wir unseren Feierabend genießen können. Entspannung setzt ein, es wird ruhiger, dunkler und kühler. Dadurch wird innere Wärme notwendig, die der Kreislauf bereitzustellen und zu verteilen hat. Auch der Wunsch nach Wärme durch Nähe und Zärtlichkeit steigt. Aus diesem Grund wird auch die Sexualität demselben Zeitraum zugeordnet. Allerdings nicht die Sexualität in ihrer Funktion der Fortpflanzung, dies ordnet die chinesische Medizin der Überlebensfunktion der Nieren zu. Vielmehr geht es um die sinnlich-liebevolle Zuneigung und Begegnung. Die Kreislauf-Sexus-Zeit könnte daher auch die »Zeit des Kuschelns« genannt werden.

Mit »Kreislauf« wird der Umlauf des Blutes durch den gesamten Organismus bezeichnet. Wichtige Faktoren dieses Systems sind daher das Blut selbst als Wärme-, Energie-, Sauerstoff- und Nährstofflieferant sowie die Bahnen des Blutflusses, die Blutgefäße. Die Fließeigenschaften des Blutes und die Spannung und Durchlässigkeit der Gefäße bestimmen den Blutdruck und die Durchblutung. Taktgeber hierzu ist das Herz, welches jedoch zu den Kreislauffunktionen nur einen Teil beiträgt (siehe auch S. 56). Herzrhythmus und Pulsfrequenz sind allerdings die Geschwindigkeitsvorgabe, die der Kreislauf umzusetzen hat, wenn es ihm möglich ist. Diese klare Rollenverteilung zwischen Herz und Kreislauf bringt die chinesische Medizin mit dem Bild des Kaisers und seines Beamten auf den Punkt (siehe ebenfalls S. 56). Der Kreislauf entlastet das Herz, indem er bestmöglich ausführt, was das Herz »befiehlt«.

Der Kreislauf wird daher auch »Beschützer des Herzens« genannt und mit dem Gefäßtonus[42] und dem Perikard[43] in Verbindung gebracht. Doch nicht nur in diesen speziellen Bereichen, auch in seiner Gesamtheit entlastet ein gut funktionierender Kreislauf das Herz. Bei guten Fließeigenschaften des Blutes, einem guten Zustand der Blutgefäße und dem richtigen Blutdruck muß das Herz nur wenig Anstrengung für den Antrieb des Kreislaufs aufbringen. Überfunktionen des Kreislaufs dagegen belasten das Herz ebenso wie Unterfunktionen.

Überfunktionen äußern sich in hohem Blutdruck, zu zähflüssigem Blut oder verengten Blutgefäßen. Ursachen hierfür können große Anstrengung, Streß und Angst sowie körperliche Hormonumstellungen, Verschlackung der Körperflüssigkeiten, Ablagerungen in den Gefäßen und im Bindegewebe, Infektionen und Entzündungen sein. Spürbare Symptome sind Hitze, Gesichtsröte, Unruhe, Müdigkeit, Kopfschmerz und Beklemmungen sowie Konzentrationsstörungen und leichte Erregbarkeit. Gefährlich wird es dabei insbesondere bei länger andauernder Überfunktion oder plötzlichen Kreislaufattacken.

Unterfunktionen äußern sich dagegen in niedrigem Blutdruck, erweiterten Blutgefäßen und mitunter auch in erhöhtem Puls (Ausgleichsversuch des Herzens, siehe S. 56). Symptome sind Schwäche, Blässe, Schwindel, Kälteempfinden, Zittern, im Extremfall auch Ohnmachtsanfälle oder plötzlicher Kreislaufzusammenbruch. Ursachen hierfür können aussichtslos erscheinende Lebenssituationen, Mutlosigkeit und Gefühle des Versagens sein. Ebenso Hormonumstellungen, Vitamin- und Mineralstoffmangel oder Beruhigungsmittel.

Hier wird deutlich, wie auch das abendliche Bilanzziehen direkt den Kreislauf beeinflußt. Sind wir durch das Resultat des vergangenen Tages verärgert oder in einem »inneren Kampf«, einem nicht nachlassenden Gefühl der Anstrengung, so wird eher eine Überfunktion die Folge sein. Sind wir dagegen mutlos, resigniert, völlig »ausgepowert« und ohne Antrieb, d.h. ohne begeisternde Ziele, wird eher eine Unterfunktion vorliegen. In beiden Fällen werden wir wahrscheinlich mit der eigentlichen Qualität der Kreislauf-Sexus-Zeit, mit innerer Wärme und sinnlicher Nähe unsere Mühe haben.

42 Spannungszustand der Blutgefäße: Stimmt der Tonus (griech. »tonos« = »Anspannung«), dann sind die Gefäße elastisch und gespannt. Ist er zu hoch, sind sie verengt, ist er zu niedrig, sind sie erschlafft.

43 Das Perikard ist eine derbe, reißfeste Bindegewebsschicht, die das Herz schützt und in Position hält.

Wichtig ist in diesen Situationen, den ins Bewußtsein tretenden Problemen standzuhalten und sie zu betrachten. Die Versuchung der Flucht ist groß und die Angebote sind gerade zur Kreislauf-Sexus-Zeit vielfältig. Die »beste Sendezeit« im Fernsehen und der Auftakt vieler Veranstaltungen, Feste usw. Spaß und Vergnügen passen durchaus zu dieser Zeit, wenn wir sie wirklich von innen heraus erleben können. Überspielen wir dagegen nur unsere Angst vor der Auseinandersetzung mit uns selbst, so fühlen wir uns hinterher meist um so elender. Eine Zeit der bewußten Auseinandersetzung wird uns hier viel mehr helfen. Dies kann ein Gespräch mit Freunden, Tagebuchschreiben oder eine meditative Tagesrückschau (»Abendgebet«) sein. So können wir Ärger und Belastungen auflösen, aus dem Erlebten unsere Schlüsse ziehen, daraus lernen und unseren inneren Frieden wiederfinden.

Am besten ist es natürlich, wenn wir mit dem vergangenen Tag zufrieden sind und uns schon auf den nächsten freuen. Dann können wir wirklich entspannen und unser Dasein zutiefst genießen. Dies gleicht auch den Kreislauf aus, der uns nun wohlig und gleichmäßig durchwärmt und mit Energie versorgt. Diese Wärme und Lebendigkeit können wir auch weitergeben, und sie fördert Nähe und Frieden. So wie der Kreislauf das Herz beschützt, so bietet diese warme menschliche Begegnung auch den Rahmen, in dem Liebe entstehen kann. Und sie bietet natürlich auch die Atmosphäre, in der eine schöne sexuelle Begegnung stattfinden kann.

Dreifacher Erwärmer

(21.00 - 23.00 Uhr)

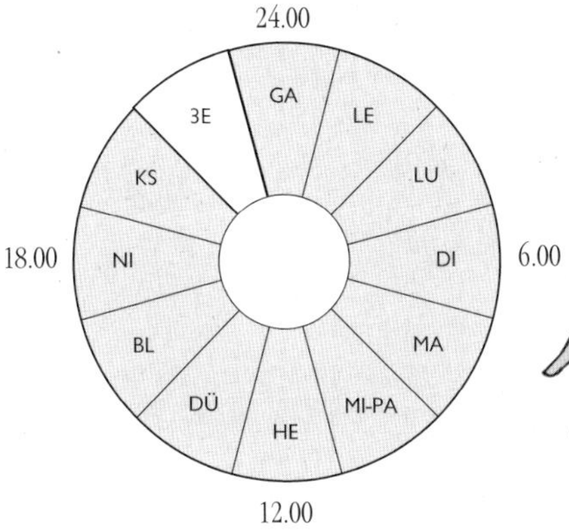

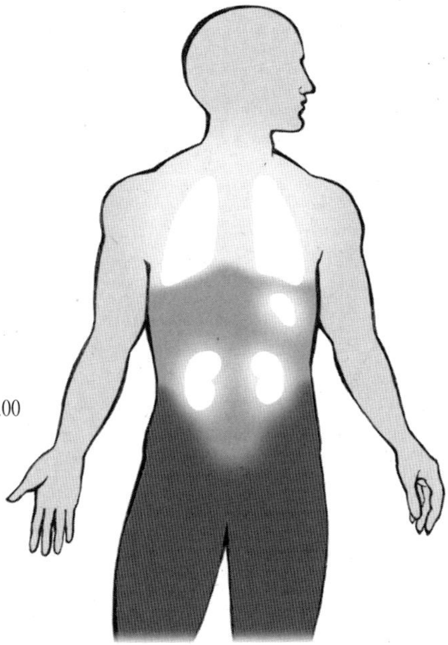

Der Dreifache Erwärmer ist in der westlichen Medizin nicht bekannt, da er kein anatomisches Organ, sondern eine Energie-Regulierungsfunktion des gesamten Organismus ist. Der Dreifache Erwärmer steuert die Energieverteilung aller Organe und Gliedmaßen. Dazu regelt er z. B. auch die Gewebsdurchblutung in verschiedenen Körperteilen sowie den Grundumsatz, den gesamten Energiestoffwechsel in den Zellen. Er erhöht oder senkt die Körpertemperatur je nach den Bedürfnissen des Organismus, gleicht lokale Energiemängel und -überschüsse aus und schützt insbesondere die lebensnotwendigsten Organe.

Eine Unterversorgung mit Energie oder Blut führt bei Herz, Gehirn, Leber und Nieren am schnellsten zum Tod, daher werden diese Organe im Zweifelsfall bevorzugt. In den Gliedmaßen, dem Bindegewebe und der Haut richtet vorübergehender Mangel dagegen die geringsten Schäden an, diese Körperteile und -organe stehen daher in der Rangfolge ganz hinten an. Dies wird z. B. deutlich, wenn wir uns ungeschützt der Kälte aussetzen. Sofort wird die Energieversorgung, Wärme und Durchblutung auf die wichtigsten inneren Organe konzentriert. Die Gliedmaßen dagegen kühlen aus. Sie zu durchwärmen wäre viel zu aufwendig.

Ähnliches geschieht auch bei Fieber. Hier erhöht der Dreifache Erwärmer zur Unterstützung der Immunabwehr die Körpertemperatur. Doch nicht nur das: Auch hier konzentriert er die Energie zunächst sicherheitshalber auf den Rumpf und die inneren Organe. Daher bleiben trotz steigender Temperatur Gliedmaßen und Haut zunächst kühl, unter Umständen frieren wir sogar (Schüttelfrost). Erst wenn der Zweck des Fiebers, nämlich die Eindämmung der Krankheitserreger, erreicht ist, wird die Wärme wieder gleichmäßig verteilt. Nun strömt sie auch in die Gliedmaßen, wo sie leichter abgegeben werden kann, und in die Haut, wo Schweißausbrüche für Kühlung sorgen.

In der westlichen Medizin, die eher den Blick auf das Detail richtet, werden all die verschiedenen Regulationsmechanismen, die an diesen Vorgängen beteiligt sind, als unabhängige Funktionseinheiten betrachtet. Dies ist z.T. richtig, da jeder dieser Vorgänge eine begrenzte Autonomie besitzt. Dennoch darf nicht übersehen werden, wie wunderbar koordiniert viele dieser Funktionen ablaufen. Und diese Koordinationsfähigkeit des Organismus wird in der chinesischen Medizin eben der »Dreifache Erwärmer« genannt. »Dreifach« deshalb, weil die Beobachtung zeigt, daß es sich hier um drei zusammenwirkende Funktionskreise handelt:

Der Obere Erwärmer hat sein Zentrum in der Lunge und versorgt Kopf, Brust, Herz und Arme.

Der Mittlere Erwärmer hat sein Zentrum in der Milz und versorgt den Oberbauch sowie Magen, Pankreas und den Dünndarm.

Der Untere Erwärmer hat sein Zentrum in den Nieren und versorgt den Unterbauch sowie Dickdarm, Leber,[44] Blase, Geschlechtsorgane und Beine.

Im Grunde stellt der Dreifache Erwärmer neben dem Fluß der Säfte (den Körperflüssigkeiten) ein zweites Koordinationsprinzip des Organismus dar: die Verteilung der Energie. Damit hat er eine Ausgleichsfunktion zwischen den genannten inneren Organen. Tatsächlich ist es auch so, daß bei Schwäche eines Organs und des damit verbundenen Erwärmers die anderen Erwärmer »zu Hilfe eilen«. Sie entziehen ihren Organen Energie, um das geschwächte Organ zu stützen und zu schützen.

Der Dreifache Erwärmer ist also zum einen ein internes System gegenseitiger Hilfe. Zum zweiten unterstützt er die Körperabwehr, wie die beiden vorausgegangenen Beispiele der Schutzreaktion bei Kälte und des Fiebergeschehens zeigen. Durch die Regulierung der Gewebsdurchblutung ist er auch eng mit dem Kreislauf verknüpft, und beide Systeme zusammen – Kreislauf-Sexus und Dreifacher Erwärmer – werden

44 Die Leber wird mitunter auch zum Mittleren Erwärmer gerechnet – die verschiedenen Traditionen sind sich hier nicht einig, was aufgrund der Aufgabenvielfalt der Leber auch durchaus verständlich ist: In ihrem Aufbau-Aspekt paßt sie durchaus zu den Organen des Mittleren Erwärmers, in Ihrem Abbau- und Entgiftungs-Aspekt dagegen zu denen des Unteren Erwärmers.

das »Schutzsystem« genannt. Sie unterstützen das Immunsystem und kontrollieren das innere Zusammenspiel der Organe.

Entsprechend führt eine Überfunktion des Dreifachen Erwärmers zu Überempfindlichkeit und Abgrenzungsschwierigkeiten – jegliche (vermeintliche) Annäherung an (ebenso vermeintliche) Grenzen körperlicher, seelischer oder mentaler Natur führt zu Überreaktionen. Wir fühlen uns schutzlos und angreifbar. Gleichzeitig wird die Kontrolle der inneren Organe zu stark. Ebenfalls aus Angst vor möglichen unkontrollierbaren Reaktionen werden sie in ihrer Energie beschränkt und in ihrer Aktivität gebremst. Ähnlich empfinden wir dann auch unser Seelenleben: gedämpft, gebremst und die Freude am Leben geht verloren.

Die Unterfunktion des Dreifachen Erwärmers führt zu innerem Rückzug und Kontaktschwierigkeiten, was sich körperlich in chronisch kalten Händen und kalten Füßen manifestieren kann. Im Grunde reagiert der Dreifache Erwärmer dabei wie in der Kälte: Er zieht alle Energie in den Rumpf zurück – doch das leider auch, wenn es warm genug ist. Langfristig leiden darunter die infolgedessen energetisch unterversorgten Gelenke unserer Gliedmaßen und unser Immunsystem. Wir werden infektionsanfälliger und empfindlich gegen alle Klimaänderungen. Der körperlich unausgeglichenen Energie entsprechen auch unausgeglichene, verwirrte Gefühle.

Der späte Abend, die Dreifache-Erwärmer-Zeit, ist daher auch der Tagesabschnitt, an dem sich Sorgen, Unsicherheit, innere Leere, Frustration, Kummer, Zweifel und Ängste – realistische wie irrationale – oft mit größtem Nachdruck bemerkbar machen. Alles was in der Tagesaktivität überspielt werden konnte, wartet spätestens beim Zubettgehen auf uns. »Beim Einschlafen ist jeder allein«, sagt ein Sprichwort. Wenn man denn einschlafen kann …

Sollten wir am Abend zu sehr ins Grübeln kommen, hilft oft nur ein deutlicher Wechsel des Standpunkts: Spazierengehen (siehe auch S. 35), die auftauchenden Gedanken, Bilder und Erinnerungen aus der Distanz betrachten und ggf. durch Aufschreiben ordnen. Dieses Ordnen der Gedanken kann schon zu einer Ordnung und Beruhigung der Gefühle führen. Vorliegende Probleme sind damit zwar nicht gelöst, aber für die Nacht befriedet, denn zur Dreifachen-Erwärmer-Zeit ist es oft viel zu spät, sie am selben Tag noch in Angriff zu nehmen. Eine Hilfe kann daher schon sein, einen Zeitpunkt zu benennen, an dem sie dann aktiv, ggf. mit professioneller Hilfe, bearbeitet werden. Diesen Zeitpunkt sollten wir dann jedoch auch einhalten, sonst erfolgt zur selben Zeit an einem anderen Tag die Rache unseres Unterbewußtseins.

Bei großen Beschwerden in dieser Zeit kann schon das Eingeständnis, daß wir tatsächlich Hilfe brauchen, Erleichterung verschaffen. Nichts ist deprimierender, als das Gefühl, alles alleine durchstehen zu müssen. Doch der Dreifache Erwärmer symbolisiert auch Kontakt und gegenseitige Hilfe. Um diese Hilfe dürfen wir andere bitten, wenn wir sie benötigen. Und wir können sie geben, wenn andere sie benötigen. Auf der Grundlage praktizierter gegenseitiger Hilfe wird die ganze Welt schon deutlich »wärmer«. Und am späten Abend hilft uns mitunter allein schon das Wissen darum, die Erinnerung daran und das Vertrauen darauf ein Stück weiter.

Während der Dreifachen-Erwärmer-Zeit auftauchende körperliche und seelische Beschwerden zeigen den Versuch, sowohl im Organismus als auch im Unterbewußtsein Ordnung herzustellen. Es ist der letzte Ausgleich vor dem Schlafengehen. Körperlich können wir dies unterstützen, indem wir uns nun ins warme Bett begeben. Dies ist auch sinnvoll, da der Dreifache Erwärmer jetzt endgültig auf den Ruhezustand umstellt, wodurch Blutdruck und Körpertemperatur sinken. Seelisch kehrt dabei am schnellsten Ruhe ein, wenn wir allen Gedanken und Gefühlen erlauben, da zu sein, und sie einfach nur beobachten. Gelingt dem Dreifachen Erwärmer dann der notwendige Ausgleich, fühlen wir uns innerlich und äußerlich stabil und unangreifbar. Wir werden ruhig und gelassen.

Diese Ruhe und Gelassenheit sind das Kennzeichen einer ausgeglichenen Dreifachen-Erwärmer-Zeit. Das Gefühl der Sicherheit gibt dabei den schützenden Rahmen zur Erholung. So gewinnen wir am späten Abend auch den Freiraum und die Losgelöstheit, um unseren Lebensweg weit über das aktuelle Tagesgeschehen hinaus zu betrachten. Es ist die Zeit, in der uns dann größere Zusammenhänge und Wechselwirkungen bewußt werden. Die Zeit, in der wir Ursachen und Wirkungen erkennen und jene Harmonie in allem Geschehen entdecken, die nur von einer höheren Warte aus wahrnehmbar ist. Ursprüngliche Ziele können wieder auftauchen, Wünsche und Visionen – unabhängig von ihrer Realisierbarkeit –, aber auch tief empfundene Werte und Gewißheiten sowie neue Perspektiven und Inspirationen. Und irgendwann vielleicht auch das Erlebnis des tiefen Friedens in der Stille.

Eine gute Zeit, einzuschlafen.

Gallenblase
(23.00 - 1.00 Uhr)

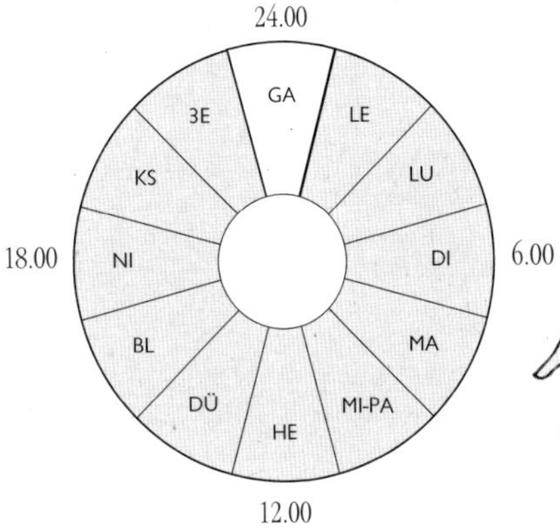

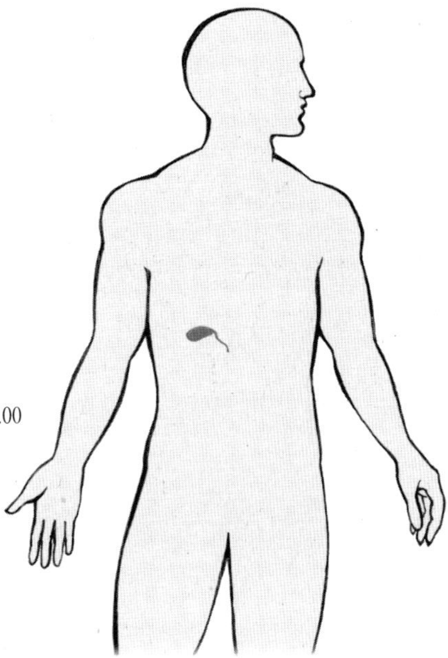

In der Gallenblasenzeit beginnt nun die zweite Hälfte der Nacht, die zunächst noch als weitere Vertiefung empfunden wird. Die Stille des Abends wandelt sich nun in eine fast statische Ruhe, daher beginnt mit der Gallenblasenzeit tatsächlich die beste Zeit für den Schlaf. »Der Schlaf vor Mitternacht ist der gesündeste« sagt das Sprichwort. Indem wir den Körper nun zur Ruhe legen, hat er Zeit, die innere Reinigung und Regeneration zu beginnen. Im Grunde ist er daher gar nicht so ruhig, wie er erscheint – vielmehr lassen wir (als geistiges Wesen) ihn nun endlich in Ruhe. Wir hören auf, ihn ständig mit Wünschen und Befehlen auf Trab zu halten, so daß er endlich alles Liegengebliebene aufarbeiten und abschließen kann. Der Schlaf ist für den Körper die Zeit der Reorganisation und Reinigung.

Dies bringt auch die Gallenblase mit ins Spiel. Diese ist, körperlich betrachtet, zunächst das Auffangorgan für die beständig in der Leber gebildete Galle. Die Gallenflüssigkeit ist zum Teil ein Abfall- und Ausscheidungsprodukt der Leber, das jedoch auf interessante Weise im Verdauungstrakt eine zweite sinnvolle Verwendung findet. Mit der Galle entledigt sich die Leber vieler fettlöslicher Substanzen, deren Ausscheidung über das wäßrige System der Nieren nicht möglich ist. Zu diesen Substanzen zählen z. B. der gelbliche Gallenfarbstoff Bilirubin (ein Abbauprodukt des roten Blutfarbstoffs Hämoglobin), das Fett Cholesterin und der phosphathaltige Nährstoff

Lecithin. Darüberhinaus enthält die Galle Wasser, Mineralstoffe (z. B. Calcium) und Gallensäuren. Auch Hormone, Medikamente sowie Schlacken- und Giftstoffe werden von der Leber über die Galle in den Darm ausgeschieden. Die Ausscheidung der Galle ist daher ein Reinigungsvorgang der Leber, die täglich immerhin rund einen halben Liter dieser Flüssigkeit absondert.

Im Dünndarm erfüllt die Galle jedoch noch eine zweite wichtige Funktion. Die Gallensäuren können Fett in feinste Tröpfchen aufteilen und wirken bei der Lösung der sonst nicht wasserlöslichen Fettsäuren mit. Erst dadurch können die fettspaltenden Enzyme[45] im Dünndarm wirksam und die Fettbestandteile durch die Dünndarmwand ins Blut aufgenommen werden. Die Galle ist also sehr wichtig für die Verdauung der Fette. Für den Darm ist die Tätigkeit der Galle wiederum ein Reinigungsprozeß, da er mit wasserunlöslichem Fett weitaus mehr Probleme hätte. Es gäbe mehr Ablagerungen in den Furchen der Darmwand, und auch die Darmflora und der Stuhlgang würden ungünstig beeinflußt.

Da die Galle im Dünndarm in erster Linie während der Verdauungsphasen benötigt wird, besitzt der in den Darm einmündende Gallengang einen Schließmuskel, der die Galle zurückstaut, wenn sie nicht gebraucht wird. Durch diesen Rückstau gelangt sie in die Gallenblase, wo sie aufgefangen, gespeichert und durch Wasserentzug eingedickt wird. Bei diesem Eindickungsprozeß können Gallensteine entstehen, wenn die Konzentration von Bilirubin, Cholesterin oder Calcium in der Galle zu hoch ist. Verändert sich die Zusammensetzung der Galle durch Entschlackung, Entgiftung,[46] fettarme und tiereiweißfreie Ernährung im richtigen Rhythmus (»morgens wie ein König, mittags wie ein Edelmann, abends wie ein Bettler«) und ggf. naturheilkundliche Maßnahmen, können viele dieser Steine jedoch auch wieder aufgelöst werden.

Die Funktion der birnenförmigen, an der Unterseite der Leber angewachsenen Gallenblase besteht nun darin, die Galle zu speichern und genau dann wieder abzugeben, wenn sie gebraucht wird. Dazu hat die Gallenblase eine umhüllende Muskelschicht, die sich bei Bedarf zusammenzieht, während sich der Schließmuskel am Ende des Gallengangs öffnet. Die Gallenblase muß also die Entscheidung darüber treffen, wie lange die beständig gebildete Galle zurückgehalten und gespeichert wird und wann sie zum Einsatz kommt. Auch unsere seelisch-mentale Entscheidungskraft hängt daher mit der Gallenblase zusammen. Eine Überfunktion äußert sich daher z. B. in Wut, mit der wir unsere Entscheidung gegenüber Widerständen

45 Enzyme sind Eiweiße, die Stoffwechselvorgänge steuern.

46 Siehe hierzu auch: Michael Gienger, *Die Heilsteine Hausapotheke,* Neue Erde, Saarbrücken 1999

durchzusetzen versuchen.[47] Eine Unterfunktion dagegen in Entscheidungsschwierigkeiten, Ausflüchten oder der Tendenz, Verantwortung an andere abzugeben.

Entsprechend der Gallenfunktion ist die Gallenblasenzeit insgesamt eine Reinigungszeit. Wenn wir uns schlafen gelegt haben, beginnen – bildlich gesprochen – die Putztruppen durch das Gewebe zu jagen, um endlich die Regenerationszyklen des Körpers durchzuführen (siehe dazu auch das Kapitel »Die Nacht«, S. 38ff). Zu dieser Zeit wird tatsächlich auch Galle in den Dünndarm abgegeben, was sich darin zeigt, daß die Fettaufnahme ins Blut dort wenig später (gegen 2.00 Uhr) ihr Tagesmaximum erreicht. Auch eine Reinigung des Darms findet nun statt. Mit der Galle wandern viele in den Darm abgeschiedene Abfallprodukte nun Richtung Dickdarm, an dessen Ende sie bis zur Ausscheidung am Morgen aufbewahrt werden.

Ähnliche Reinigungsprozesse finden auch auf seelischer Ebene statt. Am Abend, während wir wach sind, konnte nur aufgearbeitet werden, was den Weg in unser Wachbewußtsein fand. Doch je nachdem, wie wir den Abend verbrachten und wieviel Zeit wir zur Reflektion des Tages und unseres Lebens hatten, bleibt noch eine ganze Menge unbewußt aufgenommener Eindrücke und Erlebnisse übrig. Damit wird nun im Traum aufgeräumt. Aus diesem Grund stehen hier zunächst die »Entrümpelungsträume« im Vordergrund, mit deren Hilfe wir das Tagesgeschehen endgültig aufarbeiten (siehe auch S. 37).

Darunter können auch Alpträume sein, sofern besonders belastende Bewußtseinsinhalte wie ungelöste Konflikte oder schockierende Fernsehbilder usw. vorhanden sind. Auch diese Träume sind im Grunde Reinigungsversuche unseres Unterbewußtseins.[48] – Vielleicht hat die in der Gallenblasenzeit liegende »Geisterstunde« ja von daher ihren Namen; immerhin stammt auch die Bezeichnung »Alptraum« vom »Alp«, dem bösen Nachtgeist.

In vielen dieser »Entrümpelungsträume« geht es wiederum um Entscheidungen. Wir spielen hier in Wiederholungen ähnlicher Träume geistig oft eine ganze Reihe verschiedener Lösungsmöglichkeiten für diese Probleme durch. Dabei betrachten wir uns jeweils die Konsequenzen und den Ausgang der Angelegenheit. Auf diese Weise – durch das umfassende Durchspielen verschiedener Varianten – gewinnen wir viel bessere Entscheidungsgrundlagen, als uns mancher wachbewußte, logisch-rationale Gedankengang geboten hätte. Ist unsere *eigene* Entscheidung dann gefallen, hört die Serie ähnlicher Träume auf. Und so, wie die Galle durch eine Entscheidung der Gallenblase auf ihren Weg bis zum Dickdarm gesandt wird, so taucht unser

47 »Es kommt uns die Galle hoch!« – »Wir spucken Gift und Galle!«

48 Siehe hierzu auch: Michael Gienger, *Die Heilsteine Hausapotheke,* Neue Erde, Saarbrücken 1999

Traum-Entschluß am Ende der Nacht in der Dickdarmzeit entweder als Erinnerung oder als plötzliche Idee wieder auf.

Haben wir uns durch beides »hindurchgeträumt« oder nehmen Träume dieser Art dank einer ausgeglichenen Seelenlage und eines gelungenen Tagesabschlusses nur wenig Raum ein, wandelt sich das Traumgeschehen. Nun tauchen kreative, inspirierte Träume auf, die in ihrem Charakter jedoch eher der nun folgenden Leberzeit entsprechen.

Leber
(1.00 - 3.00 Uhr)

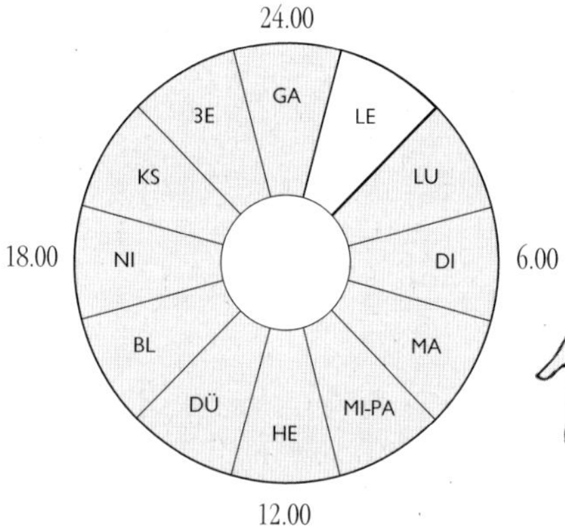

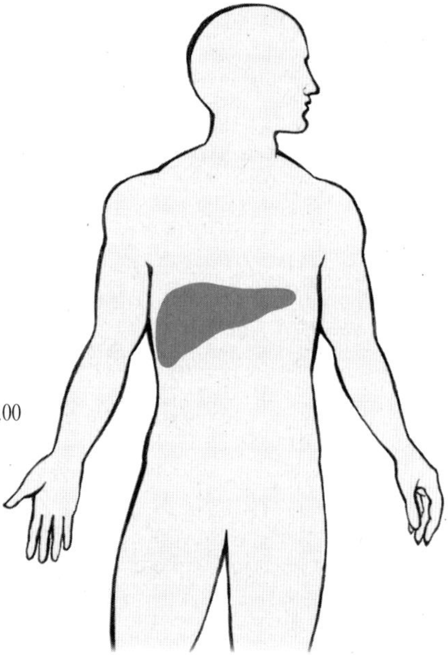

Die Leber ist das kreativste Organ unseres Körpers. Sie ist Teil des Pfortader-Kreislaufs und wirkt daher wie ein Filter für alle Stoffe, die im Verdauungstrakt aufgenommen werden. Die Pfortader sammelt das venöse Blut von Magen, Darm, Pankreas und Milz. Sie führt dieses jedoch nicht direkt zurück zum Herzen, sondern zur Leber, wo ein großer Teil der darin befindlichen Nähr-, Vitamin-, Mineral- und Giftstoffe verarbeitet wird. Jede einzelne Leberzelle erfüllt dabei eine Vielzahl verschiedener Aufgaben, die sich in drei große Bereiche gliedern lassen: Entgiftung, Aufbau und Speicherung.

Entgiftung: Die Leber baut viele Schlacken- und Giftstoffe ab bzw. bringt sie in eine Form, in der sie ausgeschieden oder wiederverwertet werden können. Sie vollendet damit auch etliche Stoffwechselvorgänge anderer Organe (z. B. Abbauprozesse des Dickdarms und der Milz). Insbesondere Eiweiße und deren Baustoffe, die

Aminosäuren, werden in der Leber ab- und umgebaut. Darunter sind z. B. auch rote Blutkörperchen sowie viele Hormone, die ihren Dienst getan haben. Aus den hierbei freiwerdenden Stickstoffverbindungen (z. B. Ammoniak) bildet die Leber den Harnstoff, der als Urin ausgeschieden werden kann. Die Leber entfernt ebenso Alkohol, Umweltgifte, Drogen, Medikamente und andere Stoffe, deren Anwesenheit den Organismus belasten. Dabei wählt sie zwei verschiedene Ausscheidungswege.

Viele Abbauprodukte werden durch Leberenzyme so umgestaltet, daß sie wasserlöslich werden. Dies kann auch durch Anlagerung an Transportstoffe oder Säure-Ummantelungen geschehen. Auf diese Weise können die betreffenden Stoffe über Blutkreislauf, Nieren und Blase mit dem Urin ausgeschieden werden.

Schlecht wasserlösliche Abbauprodukte werden dagegen durch Gallensäuren in kleinste Tröpfchen zerkleinert und dann mit der Galle über den Darm ausgeschieden. Die Gallensäuren selbst werden allerdings zu ca. 90% im Dickdarm wieder aufgenommen und über die Pfortader zum »Recycling« zurück zur Leber gebracht.

Aufbau: Der zweite wichtige Aufgabenbereich der Leber ist die Verwertung vieler Nähr- und Baustoffe, die vom Darm aufgenommen oder aus anderen Organen zur Wiederverwertung angeliefert werden. Die Leber stellt daraus z. B. die meisten im Blut benötigten Eiweißkörper her. Dazu gehören Albumine, die wasserunlösliche Stoffe im Blut durch zeitweilige Bindung transportieren und die Eiweißreserve des Organismus darstellen; Globuline, die in Drüsen, Muskeln, dem Immunsystem und bei der Blutgerinnung eine wichtige Rolle spielen; sowie viele Enzyme, die die Stoffwechselvorgänge des Organismus steuern. Die Leber ist außerdem am Eisenstoffwechsel und der Blutbildung beteiligt. Sie kann bei Blutzuckermangel Glukose (Traubenzucker) aus Aminosäuren herstellen und produziert zu guter Letzt – wie bereits besprochen – auch die Gallenflüssigkeit.

Speicherung: Der dritte Aufgabenbereich der Leber ist die Bildung von Reserven. So stellt sie aus überschüssigem Blutzucker Glykogen, ein stärkeähnliches Kohlenhydrat, her und speichert dieses als Energiereserve. Ebenso können Fette in der Leber gespeichert und im Bedarfsfall wieder abgebaut werden. Auch Eisen, fettlösliche Vitamine und andere im Blut überschüssigen Nähr- und Baustoffe werden in der Leber für spätere »schlechte Zeiten« eingelagert.

Diese drei Aufgabenbereiche Entgiftung/Abbau, Aufbau und Speicherung machen die Leber zu *dem* Regenerationsorgan unseres Körpers. Es ist daher auch nicht verwunderlich, daß die Leber selbst die größte Regenerationsfähigkeit aller inneren Organe hat. Selbst durch Krankheiten zerstörtes Gewebe kann sie recht gut wieder aufbauen. Doch auch an allen anderen Regenerationsprozessen des Körpers ist sie beteiligt: entweder indem sie die Entgiftung der von anderen Bereichen gelieferten Abbauprodukte übernimmt oder indem sie die andernorts benötigten Aufbaustoffe liefert. Auf diese Weise unterstützt sie auch die Blutgerinnung und Wundheilung sowie das Immunsystem.

Die Leber trägt also aktiv dazu bei, alles stets wieder in Ordnung zu bringen. Dies beinhaltet jedoch auch eine große Fähigkeit zur Planung. Es müssen die richtigen Speicher angelegt sein, die richtigen Stoffe müssen zur richtigen Zeit bereitgestellt und es muß die aktuelle Sachlage immer wieder ermittelt werden. Die Leber ist daher auch eine Planungs- und Organisations-Zentrale mit Zubringer- (Pfortader) und Verteiler-System (Blutkreislauf).

Entsprechende Impulse gibt die Leber auch im seelischen Bereich. Auch hier hilft sie, zu regenerieren und Ordnung wiederherzustellen. Sie harmonisiert die Gefühlswelt, indem sie »angestaute« Gefühle abzubauen hilft und andererseits bei Bedarf auch ordentliche Emotionen hervorbringt. So kann z.B. Ärger über unabänderliche Dinge verklingen, auf der anderen Seite jedoch die notwendige Aggression[49] entstehen, um eine Idee auch durchzusetzen. Eine Leberüberfunktion führt daher zu Wutausbrüchen (»Es kommt die Galle hoch«) oder zu starker, nur mühsam kontrollierter Anspannung. Eine Unterfunktion äußert sich dagegen in beleidigtem Zurückziehen (wenn uns die berühmte »Laus über die Leber gelaufen ist«) oder in Schwäche und einem kümmerlich wirkendem Dasein. Im ausgeglichenen Zustand fördert die Leber eine ebenfalls ausgeglichene Gemütslage und das Gefühl, daß alles in Ordnung ist.

Mental steht die Leber in Zusammenhang mit unserer Fähigkeit, zu planen und zu organisieren. Eine Überfunktion führt hier zu einem Übermaß an Vorbereitungen bei einem Minimum an Resultaten. Es muß zuerst das ganze Bürogebäude komplett eingerichtet sein, bevor wir auf der Schreibmaschine den ersten Brief schreiben können. Eine Unterfunktion führt entsprechend zu Nachlässigkeit und Schlamperei. Unsere Aktionen sind chaotisch, erfolgen meist »auf den letzten Drücker« und bleiben oft unvollständig. Im ausgeglichenen Zustand betreiben wir dagegen ein vernünftiges Maß an Planung und Vorbereitung. Wir sind kreativ, können Ideen gut in die Tat umsetzen und sind in der Lage, begonnene Vorhaben abzuschließen. Alles erscheint uns stimmig, und die Anforderungen wachsen harmonisch mit unseren Fähigkeiten.

Die Leberzeit liegt mitten in der Nacht, da im Schlaf – wie bereits erwähnt – der Großteil der körperlichen Regeneration, Neuordnung und Vorbereitung für den kommenden Tag geleistet wird. Die Blut-, Fett- und Glykogenanreicherung in der

49 Aggression ist die Fähigkeit, etwas »in Angriff zu nehmen« (lat. »aggredi« = »heranschreiten, angreifen«).

Leber erreicht tatsächlich um diese Zeit ihren Höhepunkt. Für unsere Gesundheit ist es daher sehr, sehr wichtig, genau in dieser Zeit zu schlafen! Die mit dem Einschlafen einsetzenden Regenerationszyklen (siehe S. 38ff) sind dann durch die Unterstützung der Leber besonders effektiv. Dies läßt sich schon daran erkennen, daß wir viel länger schlafen müssen, um gleichermaßen erholt zu sein, wenn wir erst nach 3.00 Uhr ins Bett gehen.

Ein zweiter wichtiger Aspekt ist die seelische Regeneration durch das Traumgeschehen. Während der Leberzeit haben auch die Stirnlappen des Großhirns ihren Aktivitätshöhepunkt, was auf eine rege geistige Tätigkeit schließen läßt. Dabei werden unbewußt kreative Pläne geschmiedet, die sich auch in entsprechenden Träumen äußern können. Allerdings nur, wenn wir die »gallentypischen Entrümpelungsträume« (siehe S. 75) bereits abgeschlossen haben. Dann tauchen kreative, inspirierte Träume auf, in denen wir bunte, vielgestaltige Szenarien entwerfen. Kern dieser Träume sind unerfüllte Aspekte unseres Lebenstraumes – der uns nicht bewußt sein muß – sowie Bilder tiefempfundener Wünsche und Hoffnungen. Diese Träume haben oft nur wenig mit unserem gegenwärtigen Leben zu tun. Sie spielen oft in einem ganz anderen (aber nicht fremd wirkenden) Umfeld mit unbekannten (und doch nicht fremden) Personen, und mitunter haben wir sogar selbst eine andere Gestalt. Es sind Träume, in denen wir eigene Welten erschaffen ohne die Beschränkungen unseres momentanen Lebens. Mitunter haben wir dabei sogar »unmögliche Fähigkeiten«, können fliegen, unter Wasser atmen usw. Trotzdem oder vielleicht auch gerade aus diesem Grund sind diese Träume vielfach Hinweise auf aktuelle oder bevorstehende Entwicklungen unseres Lebens. Manchmal haben sie sogar einen geradezu prophetischen Charakter.

In diesen Träumen leben wir einen spielerisch-freien Aspekt unserer selbst aus, der im Korsett unseres Alltagsbewußtseins oft keinen Platz hat. Gerade deshalb verbindet uns manchmal eine starke Sehnsucht mit diesen Träumen, wie eine Mahnung, diesem freien, glücklichen Spiel in unserem Leben mehr Raum zu geben. Schon diese wiederkehrende Erinnerung allein macht solche Träume wertvoll.

Die im Schlaf auf körperlicher und im Traum auf seelischer Ebene wirkende Kreativität und Inspiration können wir auch aktiv nutzen, wenn wir wach bleiben. Dann drückt sich die Leberqualität in bewußten Ideen und Handlungsimpulsen auf. Dies ist der Hintergrund jener Kreativitätsschübe, die nach der »Abendflaute« plötzlich inmitten der Nacht auftauchen. Hier können anstürmende Ideen absolut schlafraubend sein, insbesondere, wenn wir uns der Gefahr bewußt sind, daß alles am nächsten Morgen wieder vergessen sein könnte. Viele kreativen Bücher, Kunstwerke, Musikstücke oder Projekte aller Art werden und wachsen daher mitten in der Nacht. Die Leberzeit wird dabei als intensive, effektive Zeit erlebt.

Allerdings: Lenken wir die Energie dieser Zeit in geistige Projekte, fehlt sie der körperlichen Regeneration. Wir verbrauchen und verschleißen uns dann sehr stark, unsere Kreativität geht auf Kosten der Substanz. Der Schlüssel für ein gesundes Dasein liegt daher auch hier wieder im richtigen Rhythmus. Gelegentlich ein paar kreativ-arbeitswütige Nächte schaden gar nichts, wenn sie in Zeiten eingebettet sind, in denen wir ganz brav schon früh zu Bett gehen und uns gut erholen. Früher ins Bett zu gehen (z. B. zur Dreifacher-Erwärmer-Zeit) ist dabei auch der Tip, mit dem wir schlafraubenden kreativen Anfällen entgehen können. Wir verschlafen sie ganz einfach. Bleiben wir dagegen bis in die Gallenzeit hinein wach, wird's gefährlich. Denn – wie gesagt – hier läuft sich die Leber schon warm.

Lunge
(3.00 - 5.00 Uhr)

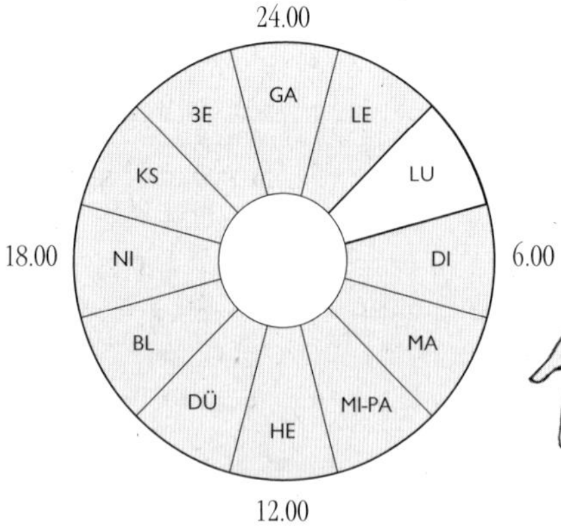

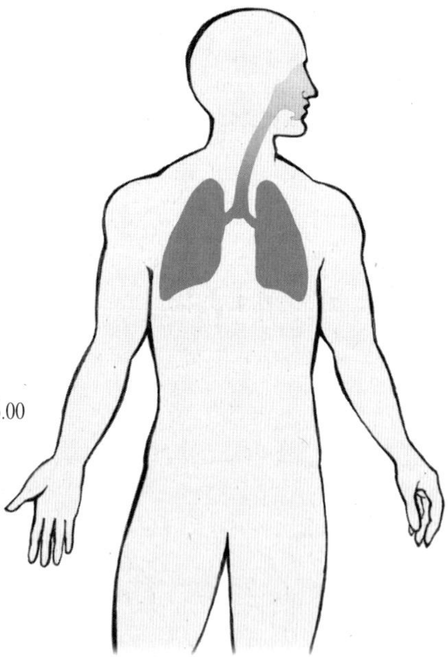

Während der Lungenzeit beginnt es, wieder wärmer zu werden, in manchen Jahreszeiten fängt es nun bereits an zu dämmern. Der neue Tag kündigt sich an. Der Geräuschpegel der Umwelt nimmt zu, im Frühjahr und Sommer beginnen die Vögel zu zwitschern. Eine leichte, erwartungsvolle Spannung entsteht. Tatsächlich verstärkt sich zu dieser Zeit die elektrische Spannung der Atmosphäre, da die Luft nun die im Tageslauf geringste Ionenanzahl[50] und somit die geringste Leitfähigkeit besitzt. Vielleicht stimuliert dies auch das vegetative Nervensystem,[51] das gegen Ende der Lungenzeit bereits wieder die Wende von der beruhigend-aufbauenden zur aktivierenden Phase vollzieht. Übereinstimmend mit der Außentemperatur durchschreitet nun auch die Körpertemperatur ihren Tiefpunkt und beginnt zu steigen. Der Körper bereitet sich auf das Aufwachen vor.

Dazu werden nun vor allem auch die Lungen und die Atemwege aktiviert. Nicht indem viel und tief geatmet wird – ganz im Gegenteil: Wir haben in dieser Zeit den Tiefpunkt der Atemfrequenz (und interessanterweise auch das »barometrische Morgentief«, den Tiefpunkt des atmosphärischen Luftdrucks). Dafür arbeitet jedoch die Selbstreinigung dieser Organe auf Hochtouren. Das bekommen wir oft bei Erkältungen zu spüren, wenn sich der Husten gegen 4.00 Uhr verstärkt. Auch Raucher haben zu dieser Zeit mitunter starken Raucherhusten, da die Atemwege (Lunge, Bronchien, Hals, Nase und Nebenhöhlen) nun versuchen, sich von Fremdkörpern zu befreien.

Während der Lungenzeit versucht der Organismus, die letzten Blockaden zu lösen, die ein Öffnen am Morgen verhindern. Mit dem neuen Tag nehmen wir neuen Kontakt zur Welt um uns herum auf, und die Lunge ist dann als Kontakt- und Aufnahmeorgan besonders gefordert. Wenn wir mit herzhaftem Gähnen am Morgen nach Luft schnappen, muß alles vorbereitet sein. Daher ist es gegen Ende der Schlafenszeit nun notwendig, alles zu reinigen und zu öffnen.

Die Lunge nimmt im Atemprozeß Sauerstoff als neuen »Brennstoff« auf und gibt Kohlendioxid ab. Das Einatmen ist dabei ein aktiver Vorgang, bei dem der Brustkorb durch Muskelkraft erweitert wird. Dadurch vergrößert sich auch das Lungenvolumen und frische Luft wird eingesogen. Das Ausatmen ist dagegen ein passiver Vorgang. Die Muskulatur entspannt sich, der Brustkorb sinkt zusammen und die »verbrauchte« Luft wird ausgepreßt. Nur bei verstärkter Atmung wird dieser Vorgang durch die inneren Zwischenrippenmuskeln und die Bauchmuskeln aktiv unterstützt.

Der Atemrhythmus ist daher ein Anspannungs-/Entspannungsrhythmus für den gesamten Körper. Auch andere Muskeln spannen sich während des Einatmens an und entspannen sich beim Ausatmen wieder. Wenn wir versuchen, alle Muskeln maximal anzuspannen, bemerken wir, daß die Spannung beim Einatmen höher ist, als beim Ausatmen. Die höchste Spannung erreichen wir, wenn wir die Luft nach dem Einatmen anhalten, die niedrigste haben wir, wenn wir dasselbe nach dem Ausatmen

50 Ion = elektrisch geladenes Teilchen. Je mehr davon vorhanden sind, desto leitfähiger ist die Luft.

51 Das vegetative Nervensystem steuert die inneren Organe. Es wird in zwei funktionelle Gegenspieler unterteilt: Den Herz, Kreislauf, Darm, Drüsen und Stoffwechsel aktivierenden Sympathikus und den beruhigend-aufbauenden Parasympathikus.

versuchen. Diesen Effekt können wir uns zunutze machen, um Überanspannung und Schädigung von Muskeln zu vermeiden. Indem wir z.B. beim Hochheben schwerer Gegenstände gleichzeitig ausatmen, vermeiden wir Zerrungen und ähnliche Folgen von Überanstrengung. Der Atemrhythmus wirkt also durch den ganzen Körper.

Ähnlich ist auch der Austauschprozeß des Atmens nicht nur auf die Lunge beschränkt. Der dort aufgenommene Sauerstoff wird über das Blut in alle Organe, Gewebe und letztendlich zu jeder Zelle verteilt. Dort, in jeder Zelle, findet dann der eigentliche Energieaustausch statt. Mit Hilfe des Sauerstoffs wird Zucker (Glukose) zu Wasser und Kohlendioxid verbrannt. Die freiwerdende Energie belebt die Zelle, das freiwerdende Kohlendioxid gelangt wiederum über das Blut zurück zur Lunge und wird dort abgegeben. Der Atmungsprozeß als Energieaustausch findet daher ebenfalls im ganzen Körper statt.

Der Atmungsprozeß ist ein verbindender Prozeß. Er verbindet alle Körperbereiche und -zellen, und er verbindet uns mit der Umwelt. Was wir ausatmen, atmen andere ein und umgekehrt. Spätestens wenn wir uns per Tröpfcheninfektion eine Erkältung einfangen oder mit Umweltgiften konfrontiert sind, wird uns dies wieder bewußt. Dabei gibt es viel schönere Aspekte dieser Verbindung: Das Kohlendioxid, das wir ausatmen, wird von den grünen Pflanzen aufgenommen und durch Sonnenlicht (Photosynthese) mit Wasser zu Zucker aufgebaut. Dabei wird der Sauerstoff frei, den wir einatmen, um denselben Zucker wiederum in Wasser und Kohlendioxid zu spalten und Energie zu gewinnen. Ein wunderbarer Austausch, der gleichzeitig wichtiges verdeutlicht. Eine gute Verbindung entsteht durch Austausch, durch gegenseitiges Geben und Empfangen.

Die Lunge ist das Austauschorgan, das uns mit der Umwelt verbindet. Daher spiegeln sich auch seelische Kontakte in der Lungenfunktion wieder. Es gibt Begegnungen, die uns »den Atem verschlagen«, Erlebnisse, die »atemberaubend« schön sind; aber auch Situationen, die uns »die Luft zum Atmen nehmen« oder »die Luft abschnüren«. Mit manchen Menschen möchten wir »nicht einmal dieselbe Luft atmen« oder wir haben das Gefühl, »in ihrer Nähe zu ersticken«. Daher müssen wir uns manchmal »Luft verschaffen«, um endlich »wieder aufatmen« zu können.

Als Kontaktorgan steht die Lunge in enger Verbindung zur Haut. Auch die Haut ist eine Kontaktfläche zur Umwelt und hat Atmungs- und Austauschfunktionen inne. Unterdrückte Hauterkrankungen wandeln sich daher oft zu Atemwegserkrankungen wie z.B. Asthma. Im seelischen Erleben repräsentiert die Haut dabei eher den direkten Kontakt zu anderen, die unmittelbare Berührung, während die Lunge die allgemeine Verbindung zur gesamten Umwelt darstellt. Der direkte (Haut-)Kontakt kann willentlich beeinflußt und gestaltet werden, was beim allgemeinen (Lungen-)Kontakt nur begrenzt möglich ist. Eine Hautkrankheit zur Atemwegserkrankung zu wandeln, ist daher eine beträchtliche Verschlimmerung. Aus der Vermeidung bestimmter Berührungen wird der allgemeine Rückzug von der Welt.

Die Erkrankungen der Lunge und Atemwege sind oft ganz konkrete Auseinandersetzungen mit der Umwelt. Körperlich ist in den Schleimhäuten der Atemwege die Angriffsfläche für Krankheitserreger (Bakterien, Viren) ganz besonders groß. Das Immunsystem muß hier aus diesem Grund ganz besonders präsent sein. Ist die Lunge nun durch Giftstoffe belastet oder energetisch schwach versorgt, sind häufige Entzündungen und Infektionen die Folge. Ist sie dagegen gereizt oder energetisch übererregt, können allergische Reaktionen wie z. B. Asthma die Folge sein. Im ausgeglichenen Zustand dagegen besitzen Lunge und Atemwege sowohl die Fähigkeit, sich angemessen gegen Erreger abzugrenzen, als auch die notwendige Offenheit für einen freien und leichten Luftaustausch. Das Befinden der Lunge und Atemwege spiegelt daher sehr deutlich auch den Zustand unseres Immunsystems wider. In der Betrachtung der chinesischen Medizin trägt die Lunge die Hauptlast der Körperabwehr.

Was in diesem Zusammenhang die Belastung durch Giftstoffe angeht, so sind damit nicht nur die äußeren Umweltgifte gemeint. Die Lunge steht auch in einer engen Beziehung zum Dickdarm. Wird dieser mit seinen Entgiftungsaufgaben nicht fertig, versucht die Lunge, ihn zu unterstützen. Über die Schleimhäute der Atemwege werden dann verstärkt Schlackenstoffe ausgeschieden. Die Schleimbildung steigt daher an. Doch leider wird dadurch auch das Immunsystem an dieser Stelle beeinträchtigt. Das kann lange Zeit unbemerkt bleiben, doch kommt dann auch noch Kälte hinzu, haben »Erkältungen« plötzlich eine gute Chance. Darmbeschwerden haben daher oft Atemwegsinfektionen zu Folge. Im umgekehrten Fall versucht allerdings auch der Dickdarm, die Atemwege durch verstärktes Entgiften zu entlasten. Deshalb führen Atemwegserkrankungen mitunter auch zu Darmstörungen. Auch hier haben wir wieder ein gutes Beispiel für Austausch und gegenseitige Hilfe: »Geteiltes Leid ist halbes Leid.«

Leid, Trauer und Kummer sind Gefühle, die ebenfalls eng mit Lunge und Atemwegen verbunden sind. Wenn wir traurig sind, wird es uns »eng in der Brust«, und mit den Tränen beginnt auch die Nase zu laufen. Können wir uns dagegen richtig ausweinen, tritt wieder Erleichterung ein – wir können wieder richtig durchatmen. Verluste und Depression zu überwinden, wieder aus sich herauszugehen und neuen Kontakt aufzunehmen, ist daher eine wichtige seelische Funktion der Lunge. Durch Zuwendung und Austausch mit anderen erhalten wir auf seelischer Ebene ebenso Energie wie durch die Sauerstoffaufnahme des Körpers.

Daher gehört auch die Kommunikation als wesentlicher Austauschfaktor zur Lunge. Kommunikation vereinfacht den Kontakt zu anderen. Sie hilft uns, bestimmte Dinge »von der Seele zu reden«. Und sie ermöglicht uns, Informationen auszutauschen und zu lernen. Wenn Kommunikation als »Lungenaustausch« nicht möglich ist, muß wieder die Haut einspringen. Dann lernen wir nur durch den direkten Kontakt, also mitunter durch härtere Erfahrungen. Auch Schlägereien beginnen oft in dem Moment, in dem sich jemand nicht mehr in Worten ausdrücken und wehren kann.

Im Traumerleben gegen Morgen erleben wir daher oftmals Themen der Trauer oder der Kommunikation. Möglicherweise tauchen Menschen oder Situationen auf, wo wir »noch etwas zu sagen haben« oder wo wir Verluste überwinden und neue Kontakte aufnehmen müssen. Diese Träume sind im Gegensatz zu den vorangegangenen oft durch »schwere« und »berührende« Gefühle geprägt. Nachdem wir uns in der Leberzeit den »idealen Traumbildern« hingeben konnten, wenden wir uns nun in der Lungenzeit allmählich wieder den realen Gegebenheiten zu. Wir bereiten uns ja aufs Aufwachen vor – ein Übergang, der manchmal hart sein kann. Auch der Kontakt zur Umwelt, den wir auf geistiger Ebene bereits wieder aufnehmen, bringt uns natürlich mit dem Leid vieler Wesen um uns herum in Berührung. Und Leid gibt es derzeit auf der Erde ja bedauerlicherweise jede Menge.

Die Lunge macht uns daher deutlich, daß wir – egal wo wir sind – über Luft und Atem immer mit allem verbunden sind. Was wir von uns geben, kommt daher auch wieder auf uns zurück. Was wir erschaffen, ernährt uns. Was wir zerstören, fehlt uns. Wenn wir diese Botschaft verstehen, können wir im Grunde gar nicht anders, als aktiv an einer gesunden, schönen und glücklichen Welt mitzuwirken. Ein guter Grund, aufzuwachen, aufzustehen und anzufangen.

Der persönliche Lebensrhythmus

Die Beobachtung der verschiedenen Tageszeiten – der Tageshälften, der Tagesviertel und der Organuhr – macht zweierlei deutlich: zum einen die faszinierende Präzision, mit der unser innerer Lebensrhythmus auf den äußeren Tagesrhythmus abgestimmt ist; und zum anderen, wie wichtig und unersetzlich all die verschiedenen Qualitäten der einzelnen Tagesstunden sind. Wir bewerten diese verschiedenen Zeiten leider viel zu oft als »nützlich« oder »unnütz«. Geprägt durch die momentane Leistungsgesellschaft, erscheinen uns die vermeintlich produktiveren Abschnitte des Tages daher wertvoller als die ruhigere Zeit der Nacht. Wir wollen tagsüber etwas tun und *müssen* in der Nacht schlafen – schon diese simple Betrachtung bringt es auf den Punkt: Die produktive Seite der Nacht wird meist übersehen.

Doch während wir am Tag ins Spiel des Lebens eintauchen und aktiv verschiedenste Absichten zu verwirklichen suchen, verursachen wir auch allerlei Unordnung. Vieles wird begonnen und nicht wirklich abgeschlossen, Erlebnisse bleiben »halbverdaut« in der Schwebe, Unangenehmes wird verdrängt. Doch glücklicherweise gibt es hierfür die Nacht! Durch unsere reduzierte Aktivität und die geistige Distanz zum Tagesgeschehen, können wir wieder Ordnung entstehen lassen. Eine Vielzahl innerer Aktivitäten von der Nieren- bis zu Dickdarmzeit versucht, alles wieder ins Lot zu bringen. Daher ermahnt uns ein taoistisches Sprichwort:[52]

> »Wer im Tun das Nicht-Tun
>   erkennt
> und im Nicht-Tun das Tun,
> der ist wahrlich weise!«

Während wir aktiv sind (Tun), bleibt vieles unvollendet (Nicht-Tun). Wir können es aufgrund unserer zielgerichteten Aktion gar nicht zu ende bringen. Während wir passiv sind (Nicht-Tun) vollenden wir viele Erkenntnisse und vieles wird in Ordnung gebracht (Tun). Oft ist etwas erst im Betrachten wirklich vollendet. Daher sollten wir die Eigenheit und den wahren Wert jeder Tagesstunde erkennen und sinnvoll für uns nutzen, wenn wir die jeweilige Qualität brauchen.

Der ideale Tagesrhythmus

Hierzu soll gleich vorausgeschickt sein, daß es in den seltensten Fällen sinnvoll ist, einen solchen idealen Rhythmus zu leben. Zum einen, weil wir unseren Freiheits- und

52 Der Taoismus ist eine 2600 Jahre alte spirituelle Philosophie Chinas, die auf den Weisen Lao Tse zurückgeht und auch großen Einfluß auf die Entwicklung der traditionellen chinesischen Medizin hatte.

Selbstbestimmungsdrang damit in ein viel zu enges Korsett zwängen würden, zum anderen, weil jeder Rhythmus erst durch Wandlungen und Variationen interessant wird. Immer genau denselben Takt beizubehalten, wird monoton und langweilig. Und Monotonie ist mit Sicherheit nicht unser Ziel.

Der »ideale Lebensrhythmus« soll daher nur ein Bild dessen vermitteln, was unsere körperlich-seelische Gesundheit optimal fördern würde. Es ist natürlich ein verallgemeinertes Bild, das persönliche Faktoren nicht berücksichtigen kann. Dennoch kann dieses Bild eine Orientierung bieten, wie weit unser persönlicher Lebensstil von den natürlichen Rhythmen entfernt ist. Wie gesagt, wir *müssen* diese Rhythmen nicht zu unseren eigenen machen, doch wir können, wenn wir wollen. Vor allem, wenn uns im Moment etwas nach »Rückenwind im Leben« zumute ist.

Wichtige Programmpunkte am Morgen

Aufstehen: Mit den Hühnern – oder mit der Sonne – oder, falls beides nicht zu hören und zu sehen ist, eben spätestens um 6.00 Uhr in der Dickdarmzeit. Nach Möglichkeit unmittelbar danach eine gründliche Darmentleerung.

Meditation: Ruhiger Tagesbeginn, möglichst mit frischer Luft und nüchternem Magen. Dadurch lassen sich Erinnerungen und Ideen aus den Träumen der vergangenen Nacht besser ins Wachbewußtsein bringen.

Frühstück: Herzhaft und sättigend in schönem Ambiente und angenehmer Atmosphäre. Möglichst ohne Tageszeitung, Radio und andere Krisenberichte.

Tagesplanung: Stichworte und Erledigungslisten vom Vortag mit den aktuellen Ideen abstimmen. Auf tatsächliche Realisierbarkeit, praktische Einteilung und Ausgewogenheit achten (Schwieriges und Schönes kombinieren). Ggf. gleich notwendige Absprachen treffen.

Arbeiten und Lernen: Den Morgen zu intensivem Arbeiten oder Lernen nützen. Kraftakte und großes Lernpensum dabei eher in der Magenzeit (7.00 - 9.00 Uhr), Feinarbeit sowie kreative Arbeits- und Lernphasen eher in der Milz-Pankreas-Zeit (9.00 - 11.00 Uhr). Auch die erste Stunde der Herzzeit (11.00 - 12.00 Uhr) hat eine gute schöpferisch-kreative Qualität.

Sonstiges: Unangenehmes möglichst bald erledigen. Dann liegt es nicht zu lange im Magen. Hilfreich für ein gutes Gelingen und Wohlbefinden am Morgen sind außerdem alle Maßnahmen, die die Organe Dickdarm, Magen, Pankreas, Milz und Herz harmonisieren und fördern: kein allzu schweres Essen am Abend, ausreichender Schlaf; regelmäßige Entgiftung und Entschlackung; gesunde, vollwertige, biologische Ernährung; nicht rauchen; das Leben nach dem gestalten, was wir »von Herzen gern« tun.

Wichtige Programmpunkte am Mittag

Mittagspause: Ab 12.00 Uhr möglichst eine Stunde Zeit zum Ausruhen, Mittagessen und ggf. für eine kurze Zwischenbilanz des Tages.

Mittagessen: Eher gekochte Nahrung. Die passiert den Magen schneller und kommt noch rechtzeitig im Dünndarm an.

Weitere Tätigkeit: Weiterführen der begonnenen Arbeit, ggf. Korrekturen vornehmen und alles nicht mehr Durchführbare zurückstellen. Am wichtigsten ist, begonnene Arbeit zu Ende zu bringen. Hilfreich sind begeisternde Projekte und Arbeit am Nachmittag (das motiviert den ganzen Tag hindurch).

Problembewältigung: Bei regelmäßiger Überlastung Anti-Streß-Programme durchführen.[53] Bei zu viel Einflüssen von außen Schutz aufbauen: Telefonzeiten verändern, Ablenkungen vermeiden, Konzentrations- und Zentrierungs-Übungen lernen sowie auf möglichst aufgeräumte Umgebung achten.

Sonstiges: Hilfreich sind am Nachmittag außerdem alle Maßnahmen, die die Organe Herz, Dünndarm, Blase und Nieren fordern: gesunde Ernährung zu Mittag, viel Trinken (jedoch wenig Kaffee oder Alkohol), Bewegung und frische Luft als Ausgleich bei sitzender Tätigkeit.

53 Siehe hierzu auch: Michael Gienger, *Die Heilsteine Hausapotheke,* Neue Erde, Saarbrücken 1999

Wichtige Programmpunkte am Abend

Abendessen: Möglichst wenig und nur leichte Kost. Der Magen hat seinen Tiefpunkt!

Familie und Freunde: Oft die einzige Zeit, in der die ganze Familie zusammenkommt. Daher ist es wichtig, sich hierfür Zeit zu nehmen. Auch der Kontakt zu Freunden oder allen Partnern im weiteren Sinne kann nun gepflegt werden.

Austausch und Klärung: Zeit, alles zu klären, was den Abendfrieden beeinträchtigt. Gute Möglichkeit zum Gespräch und zur Reflektion des Tagesgeschehens. Evtl. Zeit für aktiven Tagesabschluß nehmen (»Abendgebet«). Wichtiges für den nächsten Tag aufschreiben.

Nähe und Wärme: Schönes und sinnliches Erleben als wohltuender Tagesabschluß – vom Buch lesen bis zum Sex alles, was erfreut, von innen heraus erhellt und wärmt.

Lebensübersicht: Die Distanz zum Tagesgeschehen für Lebensübersicht nutzen. Gedanken schweifen lassen. Rückbesinnung auf ursprüngliche Ziele und Absichten. Verschiedene Gesichtspunkte und neue Perspektiven betrachten.

Ruhe: Zur Ruhe kommen, ggf. mit Hilfe eines Spaziergangs. Früh zu Bett gehen.

Sonstiges: Hilfreich für einen harmonischen Tagesabschluß sind alle Maßnahmen, die die Organe und Funktionskreise Nieren, Kreislauf-Sexus und Dreifacher Erwärmer fördern: Entspannung, ggf.

durch Entspannungsübungen, Autogenes Training usw. Bei größeren belastenden Problemen evtl. auch therapeutische Hilfe.

Wichtige Programmpunkte in der Nacht

Schlafen und Träumen: Am besten wirklich nichts anderes als Schlafen und Träumen! Dabei auf den Schlafrhythmus achten! Bei Müdigkeits-Signalen sofort zu Bett gehen (verbessert das Einschlafen). Schlafdauer mit der Länge der persönlichen Schlafzyklen abstimmen (siehe S. 38ff).

Kreative Anfälle in der Nacht sollten sich in Grenzen halten und sich rhythmisch mit Phasen abwechseln, in denen Erholung durch ausgiebigen Schlaf erfolgt.

Sonstiges: Der Schlaf in der Nacht wird verbessert durch einen rhythmischen Lebensstil, einen störungsfreien Schlafplatz (siehe S. 25), sowie alle Maßnahmen, die die Organe Galle, Leber, Lunge und Dickdarm fördern: wenig oder kein Essen vor dem Schlafengehen, frische Luft, regelmäßige Entgiftung und Entschlackung, nicht rauchen sowie alle immunstärkenden Maßnahmen.[54] Ebenso hilfreich ist die Reduzierung des Fernsehkonsums am Abend sowie die Aufarbeitung von Sorgen, Trauer und Verlusten, ggf. mit therapeutischer Hilfe.

Insofern – gute Nacht!

54 Siehe hierzu auch: Michael Gienger, *Die Heilsteine Hausapotheke,* Neue Erde, Saarbrücken 1999

Der Minimalrhythmus

Wie bereits gesagt, wird es wohl nur sehr wenigen Menschen möglich sein, täglich den o. g. »idealen Tagesrhythmus« zu leben. Doch wie können wir dann die Vorteile bestimmter Tagesqualitäten mit maximaler Freiheit in der persönlichen Lebensgestaltung verbinden? Was nützt das ganze Wissen um diese Rhythmen, wenn wir z. B. durch kleine Kinder keine Nacht durchschlafen können? Oder wenn wir berufsbedingt immer wieder zu anderen Zeiten arbeiten müssen? Dazu gibt es vier einfache Grundregeln, die uns helfen, »Minimalrhythmen« in unser Leben einzuführen, um diesem und damit auch unserer Gesundheit mehr Stabilität zu geben.

1. Ein wenig Rhythmus ist besser als kein Rhythmus!

Daher gilt es als erstes, zu schauen, welche Rhythmen schon beständiger Teil unseres Lebens sind. Oder welche Rhythmen leicht eingeführt werden könnten. Gibt es bestimmte Essensrhythmen, die wir konstant halten können? Oder zumindest die Zeit des Aufstehens und Zubettgehens? Haben wir Einfluß auf unsere Arbeitszeiten oder darauf, was wir wann erledigen? Können wir bestimmte Pausen zum Ausruhen oder Nachdenken einlegen?

Oft ist es nur ein kleiner Aufwand, einen festen tragenden Lebensrhythmus zu gestalten. Vor allem, da es viel sinnvoller ist, einen eingeschränkten Tagesrhythmus zu haben, der tatsächlich eingehalten wird, als perfekte Pläne aufzustellen, die sich nicht umsetzen lassen. So kann z. B. ein Minimalrhythmus mit stabilen Pausen, Essens- und Schlafzeiten bereits ein großer Gewinn sein!

2. Besser ein anderer Rhythmus als gar kein Rhythmus!

Es ist weder nötig noch sinnvoll, *jeden* Tag *alles* zu tun, was der »ideale Tagesrhythmus« vorgibt. Bestimmte Einzelheiten, die nicht Tag für Tag möglich und notwendig sind, können wir in einem langsameren Rhythmus erledigen. So kann es für die Arbeit z. B. manchmal sinnvoller sein, statt einer täglichen Planung eine Wochenplanung zu machen. Im Grunde stellen Arbeitswoche und Wochenende bereits einen solchen traditionellen Rhythmus dar. Auf diese Weise können wir bestimmte Vorhaben daher auf die Woche, den Monat oder das Jahr verteilen.

Der Vorteil dabei ist, daß wir diese Tätigkeiten dann zu anderen Zeiten guten Gewissens liegenlassen können. Sie lasten uns nicht mehr auf der Seele, wenn sie ihren festen Platz in der Zeit haben. Dies macht auch noch einmal deutlich, wofür Rhythmen notwendig sind: um das eine mit voller Aufmerksamkeit tun und anderes zugleich liegenlassen zu können. Möchten oder müssen wir alles zur selben Zeit tun, kommen wir zu keinem Resultat.

3. Besser eine unrhythmische Entwicklung, als gar keine!

Für alles, was sich beim besten Willen in keinen Rhythmus bringen läßt, gibt es schließlich noch eine dritte Möglichkeit: Die spontane Wiedervorlage. Wenn wir wissen, welche Punkte wir nicht in einen festen Rahmen bringen können oder wollen, so stehen uns eine ganze Reihe kreativer Möglichkeiten offen, uns gelegentlich daran zu erinnern. Sinn und Zweck des ganzen ist es, nichts zu lange in Vergessenheit geraten zu lassen, damit in keinem Bereich Stillstand eintritt. Denn – wie gesagt – Leben ist Wandel, mit dem Stillstand beginnt das Sterben!

Die einfachste Möglichkeit hierbei ist, dem »Gesetz des Karma« zu vertrauen und zu beschließen, daß alles wirklich Wichtige stets dann von neuem auftauchen wird, wenn wir es brauchen oder wenn die beste Zeit dafür gekommen ist. Es grenzt oft an ein Wunder, wie gut solche Beschlüsse funktionieren.

Eine nur wenig aufwendigere Möglichkeit ist, alle »freien«, d. h. nicht in feste Rhythmen eingebundenen Punkte einfach auf eine Liste zu setzen. Diese Liste sollte an einem Ort hängen, wo wir sie täglich mindestens einmal sehen (Kühlschrank, Klotüre usw.). Dadurch fällt unser Blick hin und wieder auf den einen oder anderen Punkt. Das erinnert uns spontan an manches beinahe Versäumte, so daß wir vieles noch rechtzeitig (zur richtigen Zeit) tun können.

4. Auf den richtigen Zeitpunkt kommt es an!

Und dies führt uns zur letzten und wichtigsten Regel: Festgelegte Tagesfixpunkte und spontane Einfälle sind am besten umsetzbar, wenn wir sie zur richtigen Zeit in Angriff nehmen. Dann richten wir – bildlich ausgedrückt – unser Segel richtig auf den Wind aus, und mit Rückenwind geht's am leichtesten voran. Nichts ist schlimmer als der falsche Zeitpunkt! Wenn wir versuchen, etwas zu tun, und keinerlei Kraft haben; oder versuchen nachzudenken und keinen Gedanken fassen können. Dieser meist unbemerkte Faktor kostet uns eine Menge unserer wertvollen Zeit und wirkt obendrein außerordentlich frustrierend.

Das vorliegende Buch gibt daher durch die Darstellungen des Tagesrhythmus, der Organuhr und der noch folgenden Edelsteinuhr viele wichtige Hinweise zu den Qualitäten der Tagesstunden. Dieselben Qualitäten finden sich jedoch auch in den anderen Rhythmen der Natur. So spiegeln sich die Eigenschaften des Tageslaufs z. B. auch im Rhythmus von Vollmond (Mittag) und Neumond (Mitternacht)[55] oder im Zyklus der Jahreszeiten. Mit dem periodischen Wandel der Tageslänge in den gemäßigten und polaren Zonen der Erde[56] verändert sich auch der Organrhythmus. Da sich die Organuhr am Hell-Dunkel-Rhythmus orientiert, dominieren in den längeren Tagen des Sommers tatsächlich auch die Tagesorgane. In den längeren Nächten des Winters liegt die Betonung dagegen stärker auf den Nachtorganen. Auf diese Weise erhalten die Jahreszeiten automatisch dieselben Qualitäten wie die Tagesviertel: Der Frühling entspricht dem Morgen, der Sommer dem Mittag, der Herbst dem Abend und der Winter der Nacht. Dies ermöglicht auch in längeren Zeiträumen die Wahl des richtigen Zeitpunkts.

Der exakte Zeitpunkt

Wenn wir nun bestimmte Höhen und Tiefen zu bestimmten Zeiten beobachten oder für bestimmte Vorhaben den richtigen Zeitpunkt ermitteln wollen, stellt sich die Frage nach der Genauigkeit der genannten Zeitangaben. Gerade die Tatsache, daß sich die Organuhr am Hell-Dunkel-Rhythmus orientiert, läßt Zweifel an einer allgemeingültigen Zeiteinteilung auftauchen. Wie genau sind daher die Zeitangaben der Organuhr und der folgenden Edelsteinuhr? Was

55 Siehe hierzu auch: Wolfgang Maier, *Der Mondschild*, Neue Erde, Saarbrücken 2001.

56 Die Klimazonen der Erde werden in tropische (um den Äquator), gemäßigte (zwischen den Wendekreisen und dem Polarkreis) und polare Zonen (zwischen Polarkreis und Pol) eingeteilt. In den Tropen gibt es nur minimale jahreszeitliche Unterschiede, dafür ausgeprägte Tagesrhythmen (z. B. tägliche Regenperioden). In den gemäßigten Breiten sind beide Rhythmen im Verhältnis zueinander ausgewogen. In den Polarregionen dominieren dagegen die extremen Jahresrhythmen mit Mitternachtssonne im Sommer und Winterzeiten ohne Tageslicht.

ist mit den Jahreszeiten und der Sommerzeit? Gibt es persönliche Abweichungen?

Fliessende Übergänge

In der Organuhr werden jedem Organ zwei Stunden zugeordnet. Doch diese Zeitspanne bezeichnet nur den Aktivitäts*höhepunkt* des Organs! Auch zuvor und danach ist das betreffende Organ aktiv. Dadurch gibt es natürlich fließende Übergänge zwischen den genannten Zeiten. Beschwerden eines Organs können sich daher Erfahrungswerten nach schon eine gute Stunde früher oder später zeigen. Aus diesem Grund sollten wir bei einem bestimmten Befund immer auch das Organ zuvor und danach im Auge behalten.

Die Jahreszeiten

Bei den olympischen Spielen 2000 in Sydney wurde von den begleitenden Ärzteteams festgestellt, daß tatsächlich der Rhythmus des Sonnenlichts den Körperrhythmus bestimmt. Sportler, die in Hallen mit Kunstlicht trainierten, hatten mit dem Jetlag,[57] den Folgen der Zeitumstellung, länger zu kämpfen, als die im Freien aktiven Sportler. Es ist also tatsächlich der Lichteinfluß, nach dem sich unsere Organuhr ausrichtet.

Daher verschieben sich unsere Organzeiten mit den Jahreszeiten in geringem Umfang: Die Nachtseite der Organe (Kreislauf, Dreifacher Erwärmer, Gallenblase, Leber, Lunge) ist in den gemäßigten Breiten im Sommer etwas verkürzt (ca. 1 - 2 Std.), die Tagseite (Magen, Milz-Pankreas, Herz, Dünndarm, Blase) entsprechend verlängert. Im Winter ist es natürlich genau umgekehrt. Allerdings ist die Veränderung des inneren Rhythmus nicht so extrem wie die des äußeren Tageslichts. Offenbar besitzt unser Körper das Bestreben nach einem weitgehend ausgeglichenen Rhythmus. Er folgt also dem Tagesrhythmus, ist jedoch nicht auf die Minute gleichgeschaltet. Menschen, die in den Polarregionen leben, haben ja auch bei Mitternachtssonne im Sommer aktive Nachtorgane sowie im Winter aktive Tagorgane.

Am extremsten verändern sich die Organzeiten von Niere und Dickdarm durch die Verschiebung von Sonnenauf- und -untergang. Am wenigsten betroffen sind Herz und Gallenblase durch ihren Höhepunkt zur Mittags- bzw. Mitternachtsstunde (siehe S. 92 und 96).

Die Sommerzeit

Die jährliche Umstellung unserer Uhrzeit auf die Sommerzeit hat mit Naturrhythmen nichts zu tun. Daher gibt es hier in der Regel auch keine Veränderung des Organrhythmus, da dieser sich erstrangig am Tageslicht orientiert. Die Sommerzeit muß daher bei der Betrachtung der Organuhr wieder korrigiert werden.

57 Jetlag: Störung des biologischen Rhythmus aufgrund der mit weiten Flugreisen verbundenen Zeitunterschiede, von engl. »jet« = »Flugzeug« und »lag« = »Zurückbleiben, Verzögerung« [Brockhaus, *Dt. Wörterbuch 1996*]

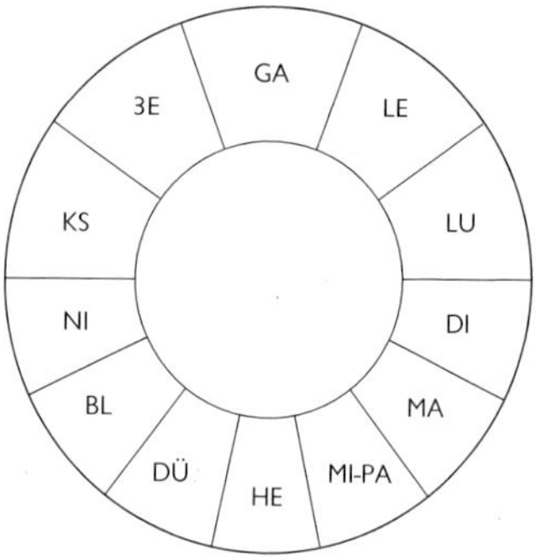

Organuhr zur Wintersonnwende

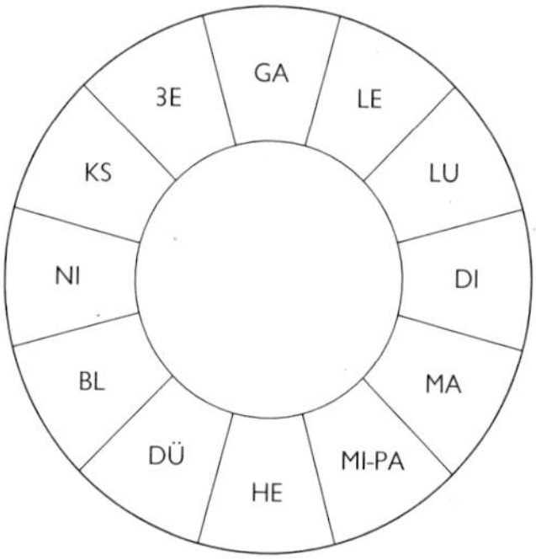

Organuhr zu den Äquinoktien[58]

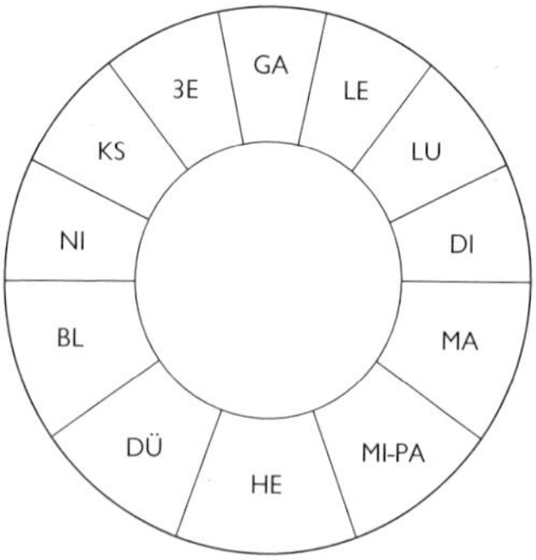

Organuhr zur Sommersonnwende

58 Äquinoktium = Tagundnachtgleiche, 21. März und 23. September

Nur in seltenen Fällen konnte mit der Umstellung auf die Sommerzeit auch eine innere Umstellung des Organrhythmus beobachtet werden. Dies war ausschließlich bei Menschen mit ganz festgelegten Essens- und Schlafrhythmen der Fall. Die mit der Uhrzeit erfolgte Umstellung des Tagesrhythmus war dabei so gravierend, daß der Organrhythmus nun dem veränderten persönlichen Rhythmus folgte. Bei Menschen mit einer eher unbeständigen Lebensgestaltung wurden solche Effekte bislang nie beobachtet. Dies zeigt noch einmal, welche stabilisierende Wirkung ein bewußt gestalteter persönlicher Lebensrhythmus hat.

Die Ortszeit

Als letzter, sehr wichtiger Punkt zur Bestimmung der exakten Organzeit sollte unbedingt die reale Ortszeit beachtet werden. Die reale Ortszeit ist die individuelle Zeit eines beliebigen Aufenthaltsortes auf der Erdoberfläche: 6.00 Uhr ist dabei immer, wenn die Sonne genau im Osten steht. 12.00 Uhr ist dabei immer in dem Moment, in dem sie ihren höchsten Stand erreicht hat; und 18.00 Uhr ist immer dann, wenn sie genau im Westen steht.

Früher waren die Uhren immer nach der realen Ortszeit gestellt. Daher hatte jede Stadt ihre eigene Zeit! Städte im Osten waren »früher dran«, Städte im Westen »später«. So erreicht die Sonne z. B. in Dresden fast 20 Minuten früher ihren Höchststand als in Stuttgart. Wenn die reale

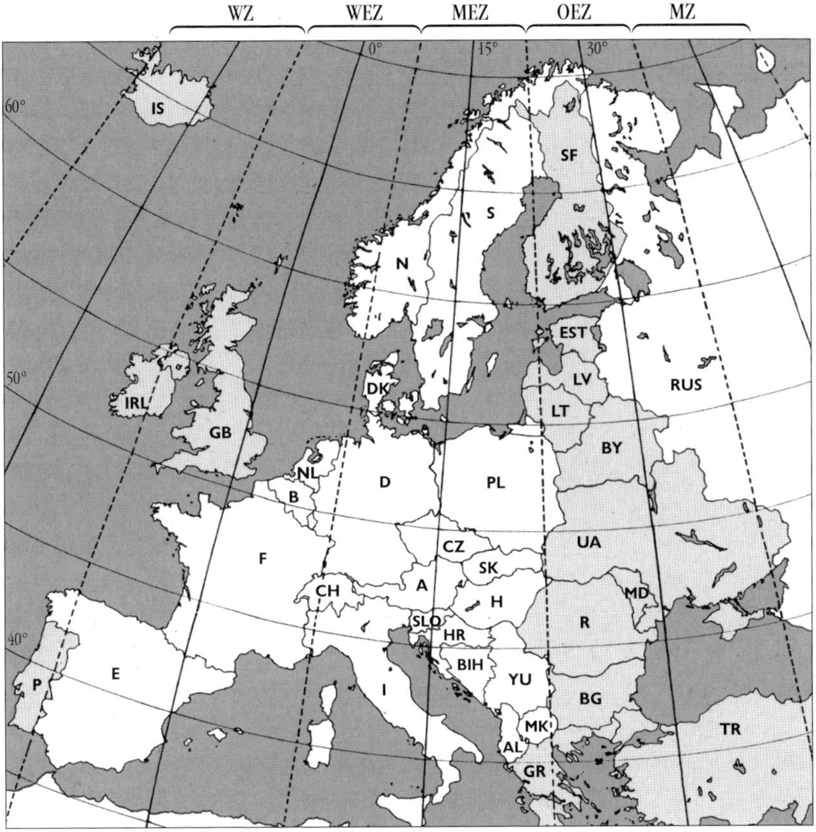

Zeitzonen in Europa

WEZ: GB, IRL, IS, P (minus 1 Std. gegenüber MEZ)
MEZ: A, AL, B, BIH, CH, CZ, D, DK, E, F, FL, H, HR, I, L, MC, MK, N, NL, PL, S, SK, SLO, YU
OEZ: BG, BY, EST, GR, LT, LV, MD, R, SF, TR, UA (plus 1 Std. gegenüber MEZ)
MZ: RUS (plus 2 Std. gegenüber MEZ)

Ortszeit Dresdens also 12.00 Uhr beträgt, ist es in Stuttgart real erst 11.40 Uhr. Solange die Menschen zu Fuß oder mit Pferden unterwegs waren, wurde diese »Zeitverschiebung« im Grunde niemandem bewußt. Je schneller das Reisen wurde (Einführung der Eisenbahn), desto problematischer wurde jedoch das beständige Umrechnen verschiedener Ortszeiten. Aus diesem Grund wurden Ende des 19. Jahrhunderts einheitliche Zeitzonen eingeführt.

Für Mittel- und Westeuropa (mit Ausnahme von Großbritannien, Island, Irland und Portugal) gilt daher heute als einheitliche Zeit die Mitteleuropäische Zeit (MEZ), auch Central European Time (CET) genannt. Diese vereinbarte Zeit zeigen daher alle Uhren vom Osten Polens bis zum Westen Spaniens. Das bedeutet jedoch, daß unsere Uhrzeit oftmals extrem von der realen Ortszeit abweicht! Immerhin besteht zwischen der realen Ortszeit Ost-Polens und jener West-Spaniens eine Zeitdifferenz von mehr als zwei Stunden!

Vereinbarte Zeitzonen dieser Art kümmern den Lauf der Sonne und damit den Hell-Dunkel-Rhythmus ebensowenig wie willkürlich eingeführte Sommerzeiten. Die Organuhr bezieht sich daher immer auf die reale Ortszeit!

Die Abweichung der realen Ortszeit gegenüber der Uhrzeit läßt sich sehr leicht mit Hilfe einer Karte oder eines Atlas ermitteln. Jede vereinbarte Zeitzone bezieht sich auf die Ortszeit eines bestimmten Meridians[59] Die Mitteleuropäische Zeit (MEZ) bezieht sich z. B. auf den Meridian 15° östlicher Länge, die in Großbritannien, Irland und Portugal gültige Westeuropäische Zeit (WEZ) dagegen auf den 0°-Meridian bei Greenwich (Nähe London). Die WEZ wird daher oft auch Greenwich-Zeit (GZ) oder Greenwich Mean Time (GMT) genannt.

59 Meridian bedeutet »Mittagslinie«, also eine über die Erdoberfläche von Nord nach Süd verlaufende (gedachte) Linie, die alle Orte miteinander verbindet, die zur selben Zeit Mittag haben. Alle auf derselben Nord-Süd-Linie liegenden Orte haben daher auch dieselbe Ortszeit. Der Begriff »Meridian« wird auch »Längenkreis« genannt.

Die Gradzahlen der Meridiane ergeben sich aus dem Erdumfang, der mit einem Kreis von 360° gleichgesetzt wird. 1884 wurde der Nullmeridian auf einer internationalen Konferenz in Washington D.C. durch die alte Sternwarte bei Greenwich festgelegt. Von diesem »Anfangsmeridian« aus werden nun alle Meridiane benannt. Der für die Mitteleuropäische Zeit (MEZ) zugrundeliegende Meridian liegt also genau 15° östlich von Greenwich.

Da die Sonne in 24 Stunden genau einmal über die 360° Erdumfang wandert, entsprechen 15° genau einer Stunde der Sonnenbewegung (360° ÷ 24 = 15°). Die Differenz der Ortszeit des 15°-Meridians und des Nullmeridians beträgt also genau eine Stunde! Aus diesem Grund wurden viele (leider nicht alle!) Zeitzonen der Erde im 15°-Rhythmus festgelegt (siehe auch die Karte von Europa, S. 93).

Die Wanderung der Sonne von Grad zu Grad beträgt also genau 4 Minuten. Daher können wir die reale Ortszeit unseres Aufenthaltsortes stets anhand der Entfernung vom Meridian der gültigen Zeitzone berechnen. Mit jedem Grad westlich des Meridians müssen der Uhrzeit 4 Minuten abgezogen werden (die Sonne ist noch nicht so weit), für jeden Grad östlich des Meridians müssen 4 Minuten hinzugezählt werden (hier ist man schon weiter).

Lange Rede, kurzer Sinn: Um die Ortszeit unseres Aufenthaltsortes zu berechnen, brauchen wir nur zwei Angaben:

1. Wo befinden wir uns (Gradzahl östlicher oder westlicher Länge)?

2. Auf welchen Meridian bezieht sich die Uhrzeit (Gradzahl östlicher oder westlicher Länge)?

Die Differenz der Gradzahlen malgenommen mit 4 Minuten ergibt die Zeitdifferenz.

Beispiel Stuttgart: Stuttgart liegt auf 09°11' östlicher Länge. Die Zonenzeit ist die Mitteleuropäische Zeit (MEZ). Diese bezieht sich auf den Meridian 15° östlicher Länge.

Stuttgart befindet sich also 05°49' westlich dieses Meridians (gerundet ca. 6°).

Die Zeitdifferenz beträgt also 6 x 4 min = 24 min.

Da Stuttgart westlich des Meridians liegt, müssen diese 24 Minuten also von der Uhrzeit abgezogen werden. Wenn die Uhr also z.B. 6.00 Uhr zeigt, beträgt die reale Ortszeit erst 5.36 Uhr!

Beispiel Dover (England): Dover liegt auf 01°30' östlicher Länge. Die Zonenzeit ist die Greenwich Mean Time (GMT), die durch 0° Länge (Nullmeridian) definiert wird.

Dover liegt also 01°30' östlich des für diese Zeitzone gültigen Nullmeridians.

Die Zeitdifferenz betragt also 1,5 x 4 min = 6 min.

Da Dover östlich des Meridians liegt, müssen diese 6 Minuten also der Uhrzeit hinzugerechnet werden. Wenn die Uhr also z.B. 6.00 Uhr zeigt, beträgt die reale Ortszeit bereits 6.06 Uhr!

Diese Berechnungen mögen auf den ersten Blick kompliziert erscheinen, doch mit etwas Übung wird es ganz einfach, nur mit einem Blick in die Karte oder den Atlas die Ortszeit zu ermitteln. Die Meridiane sind in der Regel eingezeichnet und ihre Gradzahlen sind am oberen und/oder unteren Kartenrand vermerkt.

Praktische Handhabung

Um nun die richtige Zeitangabe für die Organuhr zu ermitteln, empfiehlt es sich, folgendermaßen vorzugehen:

1. **Sommerzeit korrigieren:** Im Sommer wird die Uhr vorgestellt, daher von der Uhrzeit 1 Stunde abziehen. So ergibt sich die reguläre Zeit der jeweiligen Zeitzone.

2. **Ortszeit berechnen** (Vorgehensweise wie oben angegeben). Dies ist auf jeden Fall wichtig, da sich hier vor allem in Westeuropa Abweichungen von einer Stunde und mehr ergeben können.

3. **Evtl. Jahreszeitenverschiebung abschätzen:** Diese ist im Grunde nur selten notwendig, wie sich im folgenden zeigt, und kann der Einfachheit halber rund um die Tag- und Nachtgleichen sowieso vernachlässigt werden. Dies betrifft die Monate Februar, März, April und August, September, Oktober. Für die anderen Monate gelten in etwa die u. g. Abweichungen (gerechnet auf eine mittlere Abweichung von 1 Std.).

4. **Fließende Übergänge:** Wenn wir zur Jahreszeitenverschiebung jedoch abschließend noch berücksichtigen, daß

zwischen den Qualitäten der Organuhr fliessende Übergänge bestehen, die bis zu rund einer Stunde betragen, so ist es durchaus legitim, diese ganz zu vernachlässigen. Die u. g. Abweichungen sollen hier nur der Vollständigkeit halber erwähnt sein, da sie für manchen Einzelfall eine Rolle spielen.

Die schnelle Faustformel für die praktische Handhabung der Organuhr und der folgenden Edelsteinuhr lautet jedoch: Gegebenenfalls die Sommerzeit abziehen, die Ortszeit berechnen und die Möglichkeit fließender Übergänge beachten!

Organe	Feb., März, Apr.	Mai, Juni, Juli	Aug., Sept., Okt.	Nov., Dez., Jan.
Dickdarm	05.00 - 07.00	04.34 - 06.30	05.00 - 07.00	05.30 - 07.26
Magen	07.00 - 09.00	06.30 - 08.36	07.00 - 09.00	07.26 - 09.18
Milz-Pankreas	09.00 - 11.00	08.36 - 10.50	09.00 - 11.00	09.18 - 11.07
Herz	11.00 - 13.00	10.50 - 13.10	11.00 - 13.00	11.07 - 12.53
Dünndarm	13.00 - 15.00	13.10 - 15.24	13.00 - 15.00	12.53 - 14.42
Blase	15.00 - 17.00	15.24 - 17.30	15.00 - 17.00	14.42 - 16.34
Nieren	17.00 - 19.00	17.30 - 19.26	17.00 - 19.00	16.34 - 18.30
Kreislauf-Sexus	19.00 - 21.00	19.26 - 21.18	19.00 - 21.00	18.30 - 20.36
Dreifacher Erwärmer	21.00 - 23.00	21.18 - 23.07	21.00 - 23.00	20.36 - 22.50
Gallenblase	23.00 - 01.00	23.07 - 00.53	23.00 - 01.00	22.50 - 01.10
Leber	01.00 - 03.00	00.53 - 02.42	01.00 - 03.00	01.10 - 03.24
Lunge	03.00 - 05.00	02.42 - 04.34	03.00 - 05.00	03.24 - 05.30

Verschiebung der Organzeiten im Jahr

Die Edelsteinuhr

Edelsteine und Lebensrhythmus

Natürlich ist unser Lebensrhythmus in erster Linie eine Angelegenheit unserer persönlichen Lebensgestaltung. Wie schon im Vorwort dieses Buchs erwähnt, gibt es kein Rhythmusmedikament, kein Heilmittel, das uns ohne aktives Zutun rhythmischer macht. Auf der anderen Seite kann jedoch eine heilkundliche, therapeutische oder beratende Unterstützung die Umgestaltung oder Wiederentdeckung unseres Rhythmus an vielen Punkten erleichtern.

In diesem Sinne werden in der Steinheilkunde auch Edelsteine eingesetzt. Diese können einerseits helfen, neue Rhythmen im Leben zu stabilisieren, indem sie die Funktion eines bestimmten Organs auf körperlicher und seelisch-mentaler Ebene aktivieren. Qualitäten, die wir bisher zu wenig gelebt haben, werden auf diese Weise verstärkt. Sie ermöglichen also eine aktive Kurskorrektur, um die Umstellung von einem gewohnten auf einen neuen Rhythmus zu erleichtern.

Auf der anderen Seite können sie jedoch als Heilsteine auch dazu beitragen, bestimmte Störungen und Erkrankungen zu beheben, die uns bisher beeinträchtigt haben. Auf diese Weise verändern sie »schwierige Phasen« unseres Tages- und Lebensrhythmus. Gezielt eingesetzte Edelsteine lösen gesundheitliche Blockaden und befreien den Fluß unserer Lebensenergie. Gerade wenn bereits körperliche Beschwerden vorliegen, müssen auch heilkundliche Maßnahmen getroffen werden. Zwar bringt ein neuer, mit den Naturrhythmen harmonisierender Lebensstil hier ebenfalls wertvolle Entlastung – jedoch ist oft Unterstützung notwendig, um die verlorengegangene Ordnung schneller wiederherzustellen.

Die steinheilkundliche Forschung[60] hat sich aus diesem Grund schon seit Ende der Achtziger Jahre intensiv mit den Lebensrhythmen auseinandergesetzt. Ziel der Untersuchungen war, Edelsteine zu ermitteln, die sowohl zur Heilung körperlicher und seelischer Leiden beitragen, als auch die entsprechende Tagesqualität fördern. Das ist nicht immer identisch! Manche Heilsteine für den Magen z. B. helfen zwar bei spezifischen Beschwerden, unterstützen jedoch nicht den gesamten Magen-Funktionskreis. So lindert Türkis z. B. Übersäuerung und Magenbeschwerden, regt jedoch nicht die Verdauung, sondern eher die Entgiftung an. Achat dagegen ist der klassische Heilstein bei Magenbeschwerden, der zugleich auch den gesamten Verdauungsprozeß unterstützt.

60 Siehe hierzu: Cairn Elen (Hrsg.), *Steinheilkunde - Ursprung und Entwicklung*, Neue Erde, Saarbrücken 1999

Es galt also, jene Edelsteine herauszufinden, deren Wirkungsbild grundlegend mit dem Funktionskreis eines Organs auf körperlicher und seelisch-geistiger Ebene übereinstimmt. Dabei war uns klar, daß es wahrscheinlich keine 100%igen Übereinstimmungen gibt – das Grundproblem jeglicher Zuordnungen.[61] Jedoch hofften wir, zumindest eine engere Auswahl zu ermitteln – was auch gelang. Die ersten Ergebnisse wurden Anfang der Neunziger Jahre von der Firma Karfunkel in Wüstenrot veröffentlicht, eine wesentliche Erweiterung entstand 1995 durch die Zusammenarbeit von Gerhard Kupka und mir[62] und die jüngste Überarbeitung wird nun in Kürze erscheinen.[63] Zwölf Jahre des Beobachtens und Vergleichens führten inzwischen zu einer schlüssigen und anwendbaren Auswahl von Edelsteinen.

Und – diese Forschungen brachten auch eine Überraschung: Kurz nach Fertigstellung der Organuhr-Zuordnungen mit Gerhard Kupka begann ich, mich intensiver mit den Heilsteinen der Hildegard von Bingen auseinanderzusetzen. Dies fand während meiner Arbeit am Lexikon der Heilsteine[64] statt. Die Tatsache, daß die heilkundlichen Angaben in Hildegards »Buch von den Steinen« allesamt korrekt und auch heute noch anwendbar sind, war mir bekannt. Im Zusammenhang mit den mineralogischen Recherchen für das Lexikon fiel mir jedoch auf, daß auch ihre Angaben zur Entstehung der Steine durchaus schlüssig sind. Und dabei gab es dann noch diese eigentümlichen Zeitangaben: »Der Smaragd wächst am frühen Morgen bei Sonnenaufgang …« usw. Sollte sich darin eine Edelsteinuhr verbergen?

Um dies zu entschlüsseln, mußte ich mich eingehender mit der Person und dem Werk Hildegards auseinandersetzen. Daher ist es unumgänglich, Hildegard von Bingen hier kurz vorzustellen, bevor wir uns mit ihrer einzigartigen Edelsteinuhr auseinandersetzen.

Hildegard von Bingen

Hildegard von Bingen wurde 1098 in Bermersheim nahe Alzey geboren. Sie war das zehnte und letzte Kind des Edelfreien Hildebert von Bermersheim und seiner Frau Mechtild. Aus ihrer Kindheit ist kaum etwas überliefert, so daß nur der Standort ihres Geburtshauses und ihre Taufkirche als Zeugnisse erhalten sind. Hildegard war wohl schon von Geburt an ein kränkliches Kind. Vielleicht wurde sie aus diesem Grund bereits im Alter von acht Jahren ins Kloster

61 Zu diesem Thema siehe auch das Kapitel »Das Problem der Zuordnungen oder: der Versuch, dem Chaos zu entrinnen« in Gienger/Miesala-Sellin/Blersch, *Stein und Blüte,* Neue Erde, Saarbrücken 2000

62 Michael Gienger/Gerhard Kupka, *Die Organuhr,* Im Osterholz Verlag, Ludwigsburg 1995

63 Michael Gienger/Wolfgang Maier, *Steinheilkunde und chinesische Medizin,* Neue Erde, Saarbrücken 2006

64 Michael Gienger, *Lexikon der Heilsteine,* Im Osterholz Verlag 1997 / Neue Erde 2000

Taufkirche in Bermersheim

gebracht. Ein Umstand, den sie selbst später als »Unrecht« bezeichnete.

Da Hildegard dem fränkischen Hochadel entstammte, fand sie Aufnahme in der Klause der Einsiedlerin Jutta von Spanheim. Auch diese war adliger Herkunft und nahm – wie übrigens Hildegard in späteren Jahren auch – ausschließlich Adlige auf. Die Klause Jutta von Spanheims war dem um 1100 gegründeten Benediktinerkloster auf dem Disibodenberg angegliedert, dessen Klosterkirche gerade zur Ankunft Hildegards neu gebaut wurde. Da mit der Aufnahme von Adligen einem Kloster stets auch beträchtliche Geldmittel zuflossen, war Hildegard von Bermersheim sicherlich willkommen.

Auf dem Disibodenberg am Zusammenfluß von Nahe und Glan bei Bad Sobernheim verbrachte Hildegard ihr halbes Leben. Dort legte sie zwischen 1112 und 1115 ihre Ordensgelübde ab. 1136 übernahm sie nach dem Tod Jutta von Spanheims die Leitung der kleinen Frauenklostergemeinschaft, die aus der Klause entstanden war. Hier entstand zwischen 1141 und 1147 auch ihr erstes theologisches Hauptwerk »Scivias« (»Wisse die Wege«). In diesem beschreibt sie 26 Visionen von »Gott und Mensch in Schöpfung und Zeit«[65] und bezeichnet diese als Offenbarung göttlichen Wissens. Über diesen Anspruch bestanden zunächst großen Zweifel, doch nachdem Papst Eugen III. ihr Werk 1148 auf der Trierer Synode absegnete, war Hildegards Ruf als »Prophetica Teutonica« begründet.

Auf dem Disibodenberg

Zu dieser Zeit kehrte Hildegard dem Disibodenberg den Rücken und ließ ein neues Frauenkloster auf dem Rupertsberg bei Bingen errichteten. Die Mönche des Disibodenbergs wollten sie zunächst nicht ziehen lassen, da sie einen beträchtlichen Anteil des durch Hildegard und andere Adelstöchter eingebrachten Vermögens an das neue Kloster auszahlen mußten. Doch mit Unterstützung des Adels in der Rhein-Nahe-Region konnte sich Hildegard durchsetzen. 1150 zog sie mit 20 Nonnen in das neue Kloster um.

65 Hildegard von Bingen, *Scivias - Wisse die Wege,* Otto Müller Verlag, Salzburg 1954

Gemälde in der Abteikirche St. Hildegard

Dort schuf sie weitere theologische und schließlich auch zwei natur- und heilkundliche Werke, das »Liber simplis medizinae« (später »Physica« genannt) und das »Liber compositae medicinae« (später »Causae et curae«)[66] genannt. Die Physica ist unterteilt in neun Bücher, von welchen sich das vierte den Steinen und das neunte den Metallen widmet. Alle Zitate Hildegards in der Edelsteinuhr entstammen dem vierten, dem »Buch von den Steinen«.

Der Rupertsberg

1167 gründete Hildegard von Bingen ein zweites Frauenkloster im leerstehenden ehemaligen Augustinerkloster Eibingen bei Rüdesheim. Dieses Kloster wurde auch für Frauen niedrigen Standes eingerichtet, da Hildegard in ihr Kloster auf dem Rupertsberg nach wie vor nur Nonnen adliger Herkunft aufnahm. Diese Standesdünkel kennzeichnen nur eine von Hildegards Schattenseiten, die heutzutage gerne ignoriert oder als »Geist jener Zeit« abgetan werden. Doch so einfach ist es nicht! Schon zu Hildegards Zeit wurde ihre Geringschätzung nichtadliger Menschen gerügt, wodurch sie sich jedoch nicht beirren ließ. Auf eine diesbezügliche Frage einer zeitgenössischen Äbtissin antwortete sie, man sperre »ja auch nicht Ochsen, Ziegen und Schweine in denselben Stall«. Hildegard

66 Hildegard von Bingen, *Naturkunde (Physica)*, Otto Müller Verlag, Salzburg 1959; Hildegard von Bingen, *Heilkunde (Causae et curae)*, Otto Müller Verlag, Salzburg 1959

befürwortete die Sklaverei als gottgegeben, geißelte die Juden als Mörder Christi und definierte die Rolle der Frau als »Dienerin des Mannes«. Dies alles bekundete sie – ihrem Selbstverständnis zufolge – nicht als »eigene Meinung«, sondern in ihrer Funktion als »Sprachrohr Gottes«.

Als Hildegard am 17. September 1179 in ihrem Kloster auf dem Rupertsberg starb, war sietrotz vieler Krankheiten über 80 Jahre alt geworden. Sie hatte fast das gesamte zwölfte Jahrhundert erlebt. Eine sehr bewegte Zeit, die einerseits durch wirtschaftlichen Aufschwung, andererseits jedoch durch extreme politische Spannungen geprägt war: Kreuzzüge, die Auseinandersetzung der Kirche mit den Katharern, gewaltsames Vorgehen gegen Sarazenen, Juden und slawische Heiden, Spannungen zwischen Kaisern, Fürsten und Päpsten usw. So mußte z.B. gerade jener Papst Eugen III., der die Gültigkeit der Schriften Hildegards bestätigt hatte, Rom fast sein gesamtes Pontifikat hindurch meiden, da dort die römische Republik ausgerufen worden war. Es war also eine Zeit, in der es »drunter und drüber« ging. Das unterstützte die Ansicht vieler, in der Endzeit zu leben, also nahe des Jüngsten Gerichts – auch Hildegard war da keine Ausnahme.

Hildegard war also keineswegs allwissend und unfehlbar, wie manche ihrer modernen Anhänger sich dies heute wünschen. Sie war ein Kind ihrer Zeit und zog ihre Schlüsse von einem zweifach privilegierten Standpunkt: als Adlige und Klostervorsteherin. Sie war selbst für ihre Zeit extrem konservativ, eine Verfechterin von Gehorsam, Keuschheit (der Beischlaf dient nur der Zeugung von Kindern) sowie der Unterwerfung unter Kirche und Kaiser. Sie war keine verklärte Heilige, eher denn eine radikale, fundamentalistische Nonne. Auch ihr Titel,

Abtei St. Hildegard, Eibingen

die »heilige Äbtissin von Bingen«, ist falsch: Sie war nie eine »von Bingen«, niemals Äbtissin (ihre Kloster blieben zu ihrer Zeit noch dem Abt des Disibodenbergs unterstellt) und wurde niemals heiliggesprochen. Doch sie war eine bedeutende, eigenwillige Frau und eine der ersten Schriftstellerinnen des Mittelalters, die uns ein sehr interessantes Werk hinterlassen hat.

Letztendlich ist es auch nur dieses Werk, mit dem wir uns heute auseinandersetzen können. Gibt es darin etwas, das 850 Jahre nach seinem Entstehen von Wert und Nutzen ist? Bietet Hildegard interessante Betrachtungen oder Erkenntnisse für unsere Zeit? Wir müssen Hildegards Weltanschauung ebensowenig gutheißen oder teilen wie

Gotische Miniatur einer Hildegard-Handschrift

jene Cäsars, Sokrates' oder Martin Luthers. Dennoch bieten historische Zeugnisse immer die Chance, durch andere Standpunkte und Blickwinkel zu lernen – gerade weil sie aus einer »anderen Zeit« stammen, in der andere Dinge selbstverständlich oder abwegig waren. Und offensichtlich gibt es bei Hildegard Bedeutsames für unsere Zeit zu entdecken, sonst wäre mit Sicherheit nicht nach Jahrhunderten des Vergessens plötzlich ein so immenses Interesse an ihren Schriften entstanden.

Hildegard war zwar zu ihrer Zeit schon bekannt und berühmt, geriet jedoch in den folgenden Jahren schnell wieder in Vergessenheit. Ihre Bücher verschwanden in den Klosterbibliotheken und wurden oft erst Jahrhunderte später veröffentlicht, wie z. B. »Causae et curae«, das erst Anfang des 20. Jahrhunderts der Öffentlichkeit zugänglich wurde. Die Klöster Hildegards wurden alle zerstört: Das Rupertsberger Kloster 1632 im Dreißigjährigen Krieg – was die Rupertsberger Nonnen dann doch nötigte, in Eibingen Zuflucht zu suchen. Das Kloster Eibingen wurde 1802 aufgehoben, in den folgenden Jahrzehnten abgerissen und erst 1900-1904 teilweise wieder aufgebaut. Dessen Inneneinrichtung wurde 1814 beim Wiederaufbau der Binger St. Rochuskapelle verwendet, wodurch diese nun die meisten Zeugnisse der Hildegardzeit erhielt. Leider wurde bei einem Brand 1889 auch hier fast alles zerstört – der heutige Hildegardaltar wurde erst 1895 als Erinnerung geschnitzt. Insofern ist von den ursprünglichen Zeugnissen des Lebens und Wirkens Hildegards praktisch nichts mehr erhalten – selbst das Original von »Scivias« ist seit 1945 verschollen.

Daher gibt es über die Echtheit, den genauen Inhalt und die Interpretation des Werks Hildegards eine Menge Expertenstreitigkeiten. Diese sollen uns jedoch nicht beschäftigen, da für eine praktische Anwendung gerade ihrer natur- und heilkund-

Kloster der Kreuzschwestern, Rochusberg/Bingen

Hildegard-Altar in der St. Rochus-Kapelle

lichen Schriften im Grunde nur eines zählt: Sind ihre Angaben nachvollziehbar, richtig und anwendbar?

Die Entschlüsselung der Edelsteinuhr

Das größte Problem bestand gerade beim »Buch von den Steinen« in der Nachvollziehbarkeit. Zu Hildegards Zeit wurden z. B. bestimmte Namen ganz anderen Steinen zugeordnet als heute. Der Begriff Onyx z. B. wurde für gebänderte Quarze verwendet, die wir heute Achat nennen. Der Begriff Achat bezeichnete damals dagegen bildhaft-bunte Quarze, die heute Jaspis genannt werden. Und der Begriff Jaspis bezeichnete zu Hildegards Zeit ausschließlich grüne Quarze, teils mit roten Punkten, also das heutige Mineral Heliotrop. Auf diese Weise mußten in den Texten Hildegards zunächst die Namen der Steine geklärt werden, worauf ich in meinem Buch »Die Heilsteine der Hildegard von Bingen« ausführlich eingegangen bin.

Nachdem die Namen geklärt waren, galt es die Richtigkeit und Anwendbarkeit der Angaben Hildegards nachzuprüfen. Hinsichtlich der Anwendbarkeit bestanden schnell keine Zweifel mehr. Viele Edelsteintherapeuten konnten sich in den letzten Jahren von der Wirksamkeit selbst eigentümlicher oder unwahrscheinlicher Rezepte überzeugen. Ich selbst konnte beeindruckende Resultate ihres Diamant-Wassers zur Heilung von Schlaganfällen ebenso beobachten wie die tiefgreifend reinigende Wirkung der Amethyst-Anwendungen.[67]

Doch auch die Angaben Hildegards zur Natur und Entstehung der Steine erwiesen sich als korrekt, vorausgesetzt man versteht ihre mittelalterliche Symbolsprache. So beschreibt sie magmatisch gebildete Steine als der Sonnenglut entstammend. Gibt es ein besseres symbolisches Bild für Magma, die glühende Gesteinsschmelze des Erdinneren? Durch Verwitterung gebildete Steine entstammen nach Hildegard dagegen eher der Luft und dem Wasser. Auch das ist absolut zutreffend. Und bei metamorphen,

67 siehe Michael Gienger, *Die Heilsteine der Hildegard von Bingen,* Neue Erde, Saarbrücken 2004

unter Druck und Hitze gebildeten Mineralien wie dem Prasem schreibt sie gar, daß die Sonne (das Magma) das Gestein eines bereits bestehenden Berges mächtig zum Glühen bringt. Eine treffendere Beschreibung der metamorphen Gesteinsbildung gibt es nicht.

Die letzten Zweifel an Hildegards »mineralogischem« Kenntnissen verfliegen spätestens bei der Beschreibung der Diamantentstehung. Hier nimmt sie Dinge vorweg, welche die moderne Geologie erst in unserer Zeit entdecken sollte: Bis vor ca. 150 Jahren wußte niemand, wie und wo Diamant gebildet wird. Man fand den Edelstein bis dahin meist in Flüssen, kannte jedoch nicht den Ursprungsort. Erst um 1870 wurden Diamanten in bestimmten Vulkanschloten entdeckt. Das nach dem Fundort Kimberley in Südafrika benannte Vulkangestein Kimberlit wurde fortan als Ursprungsgestein des Diamanten bezeichnet. Diese Betrachtung hielt sich rund hundert Jahre, ist allerdings noch immer in vielen Mineralienbüchern zu finden. Erst Ende des 20. Jahrhunderts wurde klar, daß Diamanten in metamorphen Tiefengesteinen gebildet werden. Der Vulkanausbruch ist daher nicht Ort der Diamantentstehung, sondern nur der »Aufzug«, der die Diamanten an die Erdoberfläche bringt. Dort übersteht der Diamant den Verwitterungsprozeß des Gesteins und findet sich daher unverändert in sekundären Flußablagerungen.

Diamant auf Kimberlit, Südafrika

Diesen wenigen Jahrzehnte alten Erkenntnissen möchte ich hier nun Hildegards Beschreibung aus dem Jahr 1150 gegenüberstellen: »Der Diamant ist warm. Er wächst auf bestimmten Bergen im Süden, die eine ähnlich schieferige Natur haben, wie jene, von denen die Steinschindeln [Anm: metamorphes Gestein!] stammen, mit denen die Häuser gedeckt werden. Sie sind schieferig oder glasartig wie Kristalle oder bestimmte Gläser, und aus eben jenem Gestein kommt manchmal ein übermächtig starkes Getöse wie von einer Posaune. Weil der Diamant, der dort entsteht, stark und hart ist, wenn auch nicht groß, fällt er ins Wasser wie ein Kiesel, wenn das Gestein des Berges um ihn herum gespalten wird. Und was hernach an derselben Stelle dieses Gesteins entsteht, ist wesentlich schwächer als der Diamant zuvor. Dieser wird durch Hochwasser fortgeschwemmt und in andere Gegenden getragen.«

Kein Kommentar! – Auf jeden Fall bewogen mich diese auffälligen Parallelen, viele bisher überlesene Textstellen Hildegards genauer ins Auge zu fassen. Darunter waren auch jene nach wie vor sonderbaren Zeitangaben in der Einleitung vieler Kapitel: »Der Smaragd wächst am frühen Morgen ...« »Der Hyazinth entsteht in der ersten Stunde des Tages ...« »Der Onyx ist warm und wächst um die dritte Stunde des Tages ...« usw. Bei den ersten dreizehn ihrer 24 (!) Heilsteine gibt Hildegard stets den Bezug zu einer bestimmten Tagesstunde an. Ihre Kapitel reihen sich chronologisch aneinander, vom Sonnenauf- bis nach dem Sonnenuntergang. Die restlichen elf Kapitel weisen dann keine Zeitzuordnungen auf.

Mit der realen Entstehung der Edelsteine haben diese Zeitangaben nach heutigen mineralogischen Kenntnissen nichts zu tun. Doch war dies so von Hildegard beabsichtigt? Oder wollte sie einfach eine Wesensverwandschaft des Steins mit der Qualität einer bestimmten Tagesstunde ausdrücken? Für Hildegard von Bingen war der Tagesrhythmus etwas Selbstverständliches. Als Benediktinerin war ihr Tag durch das Stundengebet ebenso gegliedert wie das Jahr durch die großen Feste.

Tag und Jahr waren für Hildegard von Bingen ein Gleichnis des Schöpfungsverlaufs. Der Morgen steht bei ihr für den Schöpfungsbeginn, der Mittag für die Fülle und Entfaltung des Daseins, der Abend für das Ende der Schöpfung und die Zeit der Rechenschaft und die Nacht für die Zeit, in der niemand wirken kann und soll. Ein Bild des Tageslaufs, das sich bis heute nicht geändert hat.

Das gesamte Tagesgeschehen wurde im klösterlichen Leben an den im dreistündigen Rhythmus erfolgenden Stundengebeten orientiert. Und genau diese Bezugspunkte finden wir auch bei den Steinen wieder:

Kapitel	**Stein**	**Zeitangabe**
1	Smaragd	»wächst am frühen Morgen bei Sonnenaufgang«
2	Zirkon	»entsteht in der ersten Stunde des Tages«
3	Achat	»wächst um die dritte Stunde des Tages«
4	Beryll	»entsteht ... zwischen der dritten Stunde des Tages und der Mittagszeit«
5	Sardonyx	»wächst am Tag, nachdem die sechste Stunde schon vorüber ist«
6	Lapislazuli	»wächst um die Mittagszeit«
7	Sarder	»wächst nach der Mittagszeit«
8	Topas	»wächst um die neunte Stunde«
9	Peridot	»entsteht ... gegen die neunte Stunde des Tages«
10	Heliotrop	»wächst ... nach der neunten Stunde des Tages«
11	Prasem	»wächst ... gegen Abend«
12	Chalcedon	»wächst, wenn die Sonne am Abend fast verschwunden ist«
13	Chrysopras	»wächst, wenn die Sonne nicht mehr zu sehen ist«

In diesen ersten dreizehn Kapiteln leitet Hildegard von Bingen immer von der Qualität der Tagesstunde zu den Eigenschaften des Steins und schließlich zu seiner Heilwirkung über:

»Der Smaragd wächst am frühen Morgen bei Sonnenaufgang, wenn die Sonne beherrschend auf ihrer Bahn aufsteigt und sehr kräftig wird und wenn das Grün der Erde und der Gräser am intensivsten ist. Zu dieser Zeit ist die Luft noch kühl, die Sonne jedoch warm, und die Pflanzen nehmen das Grün so kräftig auf wie ein Lamm, das Milch saugt, so daß die Wärme des Tages kaum ausreicht, die Grünkraft dieses Tages ausreichend zu reifen und zu nähren, damit sie fähig wird, Frucht zu bringen. Aus diesem Grund ist der Smaragd ein gutes Mittel gegen alle Gebrechen und Krankheiten des Menschen, weil die Sonne ihn gebiert und weil seine gesamte Substanz aus der Grüne der Luft stammt.«

Smaragd-Kristall in Matrix, Brasilien

»Der Topas wächst um die neunte Stunde des Tages in der Glut der Sonne, kurz bevor die neunte Stunde voll ist, weil die Sonne dann am reinsten ist ohne Trübung von der Tageshitze und Verunreinigungen der Luft. Daher ist er sehr rein, feurig und warm ...«

»Der Chrysopras wächst zu der Stunde, wenn die Sonne nicht mehr zu sehen ist, denn dann bekommen Luft und Wasser zunehmend eine trübe und grünliche Farbe. Deshalb hat dieser Stein eine besondere Kraft bei Nacht ...«

Hildegard von Bingen sieht aufgrund der Ähnlichkeit der Eigenschaften von Tagesstunde, Stein und Heilwirkung stets auch eine Verbindung zwischen diesen Bereichen. In unserer modernen Sprache würden wir das so ausdrücken: Es existieren in den verschiedenen Bereichen dieselben Prinzipien, wodurch diese in Resonanz miteinander treten. Offenbar ist daher auch die Anordnung ihrer Kapitel nicht zufällig. Alles spricht dafür, daß Hildegard von Bingen mit der Reihe ihrer 24 Heilsteine tatsächlich eine Edelsteinuhr beabsichtigt hat.

Lediglich zwei Fragen bleiben dabei offen, die sich allein aus dem Werk Hildegards nicht eindeutig lösen lassen:

1. Warum entspricht die Zeitangabe des Sardonyx nicht seiner Position in der Reihenfolge der Kapitel?

Für jede Einheit zwischen zwei Stundengebeten finden wir bei Hildegard drei Steine – drei Steine für je drei Stunden. Der Reihenfolge der Kapitel nach gehört Sardonyx daher zur Zeit zwischen Terz und Sext, dem späten Vormittag. Hildegards Text stellt ihn jedoch in die Zeit »nach der sechsten Stunde«, wo wir interessanterweise auch seinen nächsten Verwandten, den Sarder finden (»nach der Mittagszeit«). War sich Hildegard von Bingen der nahen Verwandschaft dieser beiden Steine bewußt und hatte doch Gründe, den Sardonyx zwischen die beiden Steine des späten Vormittags einzugliedern?

Bei den anderen Drei-Stunden-Einheiten ist sogar erkennbar, daß die Reihenfolge der Steine jeweils die erste, zweite und dritte Stunde dieses Abschnitts kennzeichnen. So z. B. am späten Nachmittag: Heliotrop »wächst ... nach der neunten Stunde des Tages«, Prasem »wächst ... gegen Abend« und Chalcedon »wächst, wenn die Sonne am Abend fast verschwunden ist«. Lediglich am frühen Nachmittag sind die Angaben bei Topas und Peridot fast gleichlautend (»um die neunte Stunde« – »gegen die neunte Stunde«). Doch im Grunde können wir von der ersten bis dreizehnten Stunde die Reihenfolge der Kapitel ungefähr mit der Reihe der Tagesstunden gleichsetzen. Nur die Frage nach dem Sardonyx bleibt offen.

2. Warum gibt es keine Zeitangaben für die weiteren elf Kapitel?

Sardonyx, Brasilien

In den ersten dreizehn Kapiteln verknüpft Hildegard von Bingen die Qualität der Tagesstunden stets mit dem Sonnenlauf oder der Qualität des Sonnenlichts. Dieser Bezug endet natürlich mit der Abenddämmerung, also exakt mit der dreizehnten Stunde. Daher sind für die Beschreibungen der folgenden elf Steine andere Analogien notwendig. Wie weit der Tag fortgeschritten ist, erkennen wir im Freien mit einem Blick. In einer mondlosen Nacht ist das wesentlich schwieriger. – Möglicherweise ist dies der Grund, weshalb Hildegard von Bingen in den weiteren Beschreibungen zu anderen Bezügen wechselt. Es ist denkbar, kann jedoch nicht bewiesen werden.

Doch wie kann dann überprüft werden, ob die Kapitel-Reihenfolge in Hildegards »Buch von den Steinen« nun tatsächlich eine verborgene Uhr darstellt, die Edelsteine in Bezug zu bestimmten Tagesstunden setzt? Auch dies läßt sich natürlich nur durch die Überprüfung der Nachvollziehbarkeit, Richtigkeit und Anwendbarkeit feststellen. Daß Hildegard von Bingen evtl. eine Edelsteinuhr im Sinn hatte, dürfte nach den obigen Ausführungen nun nachvollziehbar sein.

Um Anhaltspunkte für die Richtigkeit ihrer Beschreibungen zu bekommen, gingen wir nun von der Annahme aus, daß jedes Kapitel eine Tagesstunde beschreibt, beginnend mit dem Smaragd um 6.00 Uhr. Die sich daraus ergebende Edelsteinuhr wurde mit dem Tagesrhythmus und der Organuhr verglichen. Das Ergebnis war ein Volltreffer! Zwanzig Zuordnungen erwiesen sich auf Anhieb als stimmig! Drei erschienen zunächst fraglich (Zirkon, Lapislazuli) bzw. zu unspezifisch (Bergkristall), konnten jedoch geklärt werden. Und nur eine Zuordnung bleibt derzeit noch teilweise unklar (Karneol). Eine solche Übereinstimmung konnte kein Zufall sein! Die Richtigkeit schien also sehr wahrscheinlich.

Dennoch widerstand ich der Versuchung, die Edelsteinuhr Hildegards sofort in meinem 1997 erschienenen Buch »Die Heilsteine der Hildegard von Bingen« zu veröffentlichen. Zur Sicherheit sollte auch die Anwendbarkeit überprüft werden.

Dies geschah nun zunächst experimentell in Arbeitsgruppen, Seminaren und Fortbildungen. TeilnehmerInnen, die zu bestimmten Zeiten auftauchende Beschwerden oder Tagestiefpunkte erlebten, verwendeten die dieser Zeit entsprechenden Steine nach den Anweisungen Hildegards. Die Ergebnisse waren erstaunlich: Bereits Monate andauerndes Kopfweh verschwand, Magen-, Gallen- und chronische Blasenbeschwerden besserten sich, Schlafstörungen waren über Nacht verschwunden. Durch diese Resultate bestärkt, übernahmen einige HeilpraktikerInnen und EdelsteinberaterInnen die Edelsteinuhr in ihr Therapiekonzept auf. Bis heute hat sich ihre Anwendbarkeit dadurch vielfach bestätigt. Nach mehr als vierjähriger Überprüfung konnte die Edelsteinuhr 2001 dann guten Gewissens veröffentlicht werden.

Die 24 Heilsteine Hildegards entsprechen in der Reihenfolge ihrer Kapitel den 24 Tagesstunden. Die beobachteten Wirkungen passen zu den Eigenschaften des Tagesrhythmus und sind geeignet, die Funktion der zeitgleich aktiven Organe zu unterstützen. Dabei hat sich sogar noch ein weiterer Rhythmus offenbart: Der erste zu einer bestimmten Organzeit angegebene Stein aktiviert das betreffende Organ und fördert die entsprechenden seelisch-geistigen Funktionen. Der zweite, folgende Stein wirkt dagegen eher beruhigend-regenerierend auf das Organ und gleicht die entsprechenden seelisch-geistigen Funktionen aus.

Auch dieser Rhythmus ist absolut eindeutig und bei allen zwölf Organen gegeben. Er entspricht dem auf- und absteigenden Verlauf der Organaktivität, dessen Wendepunkt ja genau in der Mitte der »Organzeit« liegt (vgl. S. 45). Dies ist ein weiteres Indiz, daß die Reihenfolge der Steine keinesfalls zufällig sein kann. Auch der Sardonyx paßt dann in den Rhythmus der Steine.

Die 24 Steine der Edelsteinuhr lassen sich daher immer dann zur Unterstützung oder Heilung verwenden, wenn wir zu bestimmten Zeiten Unregelmäßigkeiten im Tagesrhythmus erleben oder Beschwerden bestimmter Organe verspüren. Natürlich helfen die Steine auch zu anderen Zeiten bei entsprechenden Erkrankungen, und viele von ihnen besitzen weitere Wirkungen.[68] Doch zu ihrer Zeit angewendet bzw. im Zeitraum davor, ist ihre Wirksamkeit meistens deutlich erhöht.

68 siehe hierzu: Michael Gienger, *Die Steinheilkunde,* Neue Erde, Saarbrücken 1995

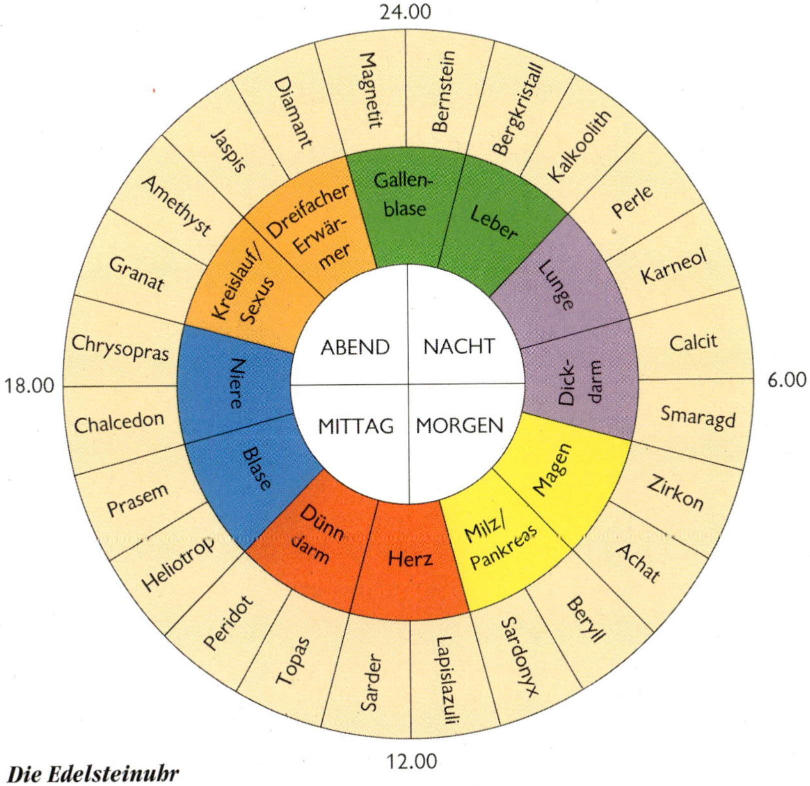

Die Edelsteinuhr

Die erste Stunde: Smaragd (6.00 Uhr)

Um sechs Uhr, der durchschnittlichen Sonnenaufgangszeit, beginnt die Tagesstunde des Smaragds. Wir haben nun die zweite Hälfte der Dickdarmzeit – die abklingende Aktivität; die Vollendung der Aufgabe kündigt sich an, in diesem Fall daher die Ausscheidung. Tatsächlich ist Smaragd ein sehr guter Heilstein bei Darmbeschwerden, insbesondere bei Verstopfung, Infektionen und Entzündungen. Er wird dazu am besten als Kristall oder Trommelstein noch vor dem Aufstehen für ca. 15 Minuten im Verlauf des Dickdarms auf den Bauch aufgelegt: in einem Bogen, der rechts aufsteigt, quer über den Oberbauch verläuft und links wieder absteigt. Alternativ dazu kann auch ein halbes Glas Wasser getrunken werden, in das ein Smaragd über Nacht eingelegt war.

Da ein mangelhaft ausscheidender Dickdarm durch die Selbstvergiftung des Organismus unser Gesamtbefinden enorm verschlechtert, verwundert es nicht, daß Hildegard von Bingen ihn als »gutes Mittel gegen alle Gebrechen und Krankheiten« empfiehlt (Stärkung des Immunsystems). Ein gut funktionierender Dickdarm unterstützt die Auflösung von Vergiftungen und Verschleimungen im gesamten Organismus.

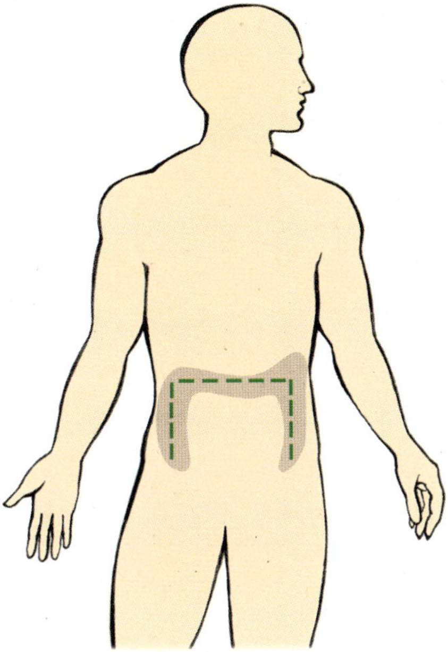

Auflegen von Smaragd bei Darmbeschwerden

Dies ist vermutlich auch der Hintergrund für die Wirksamkeit des Smaragds bei Atemwegserkrankungen und (erkältungs- oder stoffwechselbedingen) Kopfschmerzen, die Hildegard als »zu viel Säfte und Speichel im Gehirn« diagnostiziert. Auch die von ihr beschriebene Hilfe bei Epilepsie kann darin begründet sein.[69] In diesen beiden Fällen ist ebenfalls das o. g. Smaragdwasser oder eine käufliche Smaragdessenz (mehrmals täglich 5 - 7 Tropfen in Wasser) eine gute Hilfe. Ebenso das Tragen von Smaragd als Kette oder Anhänger sowie das Auflegen kleiner Kristalle oder Trommelsteine auf die Stirn.

Als hexagonales Mineral[70] bringt Smaragd bei morgendlicher Trägheit etwas schneller auf die Beine, auch Morgenmuffeligkeit verfliegt schnell, wenn wir diesen Stein tragen. Smaragd macht aufrichtig und lebensfreudig, das beste für den Start in den Tag. Allerdings hilft er auch dabei, nicht in Hektik zu verfallen, sondern den Tag bewußt und klar zu beginnen, so daß die Bilder der nächtlichen Träume ihren Weg ins Wachbewußtsein finden. Dieser Wandel von der Nacht zum Tag spiegelt sich auch in seiner metamorphen Entstehung,[71] wo er sich stets im Grenzbereich heller kieselsäurehaltiger und dunkler chromhaltiger Gesteine findet. Der metamorphen Entstehung entsprechen die großen Wandlungsphasen unseres Lebens.

Smaragd an der Grenze dunklen und hellen Gesteins

69 Epilepsie geht mit einer Verschleimung des Gehirns einher, die Fehlleitungen elektrischer Impulse verursacht.

70 Hexagonale Mineralien fördern die Zielstrebigkeit, mindern jedoch Ungeduld und Überaktivität.

71 Dies gilt für alle Smaragde außer den kolumbianischen, die magmatischen Lösungen entstammen.

Smaragd ist daher ein Stein, der die Orientierung in Umbruchszeiten fördert – und damit natürlich auch die morgendliche Orientierung für den Tag.

Smaragd hilft bei vielen Beschwerden, die mit dem Aufwachen auftreten oder sich hier verstärken. Hildegard von Bingen nennt »Schmerzen am Herzen, im Magen oder an der Seite« sowie die o. g. Kopfschmerzen. In diesen Fällen ist es günstig, ihn als Kristall oder Trommelstein direkt auf die betroffene Stelle aufzulegen. Darüber hinaus verbessert Smaragd die Sehkraft, wenn man ihn auf die Augen legt – ein deutlicher Aspekt der morgendlichen Aktivierung der Sinne. Er regt an, intensiv zu leben und den Tag zu genießen.

Die zweite Stunde: Zirkon (7.00 Uhr)

Um sieben Uhr, mit der ersten Hälfte der Magenzeit beginnt die Tagesstunde des Zirkons. Dessen positive Wirkung auf den Magen wurde erst im Zusammenhang mit der Edelsteinuhr bekannt, hat sich inzwischen jedoch vielfach bestätigt. Die schmerzlindernde und krampflösende Wirkung des Zirkons, die zuvor in erster Linie bei Menstruationsbeschwerden beobachtet wurde, zeigt sich auch bei starken Magenbeschwerden. Dazu wird ein kleiner Kristall (Trommelsteine sind nur äußerst selten erhältlich) direkt im Magenbereich aufgelegt. Auch bei einem leicht flauen Gefühl oder mangelndem Appetit am Morgen kann Zirkon helfen.

Zirkon (Hyazinth), Brasilien

Passend zur beginnenden Magenzeit ist auch die Eigenschaft des Zirkons, neue Aktivitäten anzuregen. Als magmatisches Mineral ist er eine gute »Starthilfe« am Morgen. Er macht offen für den Tag, kann mildes Interesse an einer Sache in das Feuer der Begeisterung verwandeln – bringt jedoch gleichzeitig auch Tat und Denken in Harmonie. Als tetragonales Mineral[72] fördert Zirkon eine rasche Auffassungsgabe, Wißbegier sowie generell eine positive Einstellung gegenüber allem Neuen. Dies ist eine sehr gute Voraussetzung dafür, den Tag immer wieder neu zu beginnen, sowie eine gute Hilfe für die aktuelle Tagesplanung.

Diese innere Haltung entspricht auch der bei Hildegard genannten Heilwirkung bei Sehschwäche. Viele Augenleiden werfen die Frage auf, was wir nicht sehen wollen. Oft sind es unangenehme Seiten an uns selbst oder schmerzlichste Aspekte des Lebens. Warum gibt es Leid? Warum müssen wir sterben? Diese Fragen werden in unserer Kultur vielfach ignoriert und verdrängt. Durch seinen Gehalt an radioakti-

72 Tetragonale Mineralien fördern Offenheit und Spontanität sowie ein schnelles analytisches Denken.

ven Mineralien konfrontiert uns Zirkon jedoch gerade mit der Vergänglichkeit, dem heikelsten Thema unseres Seins. Schließlich entsteht Radioaktivität ja beim Zerfall der Materie. Was bleibt bestehen, wenn unser Körper vergeht? Zirkon erinnert unmittelbar an diese wesentliche Frage nach unserer geistigen Natur.

Indem wir uns dieser Frage stellen und die geistigen Aspekte unseres Seins erforschen, entsteht ein ganz anderes »Verlangen« in der Magenzeit. Die Wichtigkeit vieler materiellen Ziele vermindert sich ebenso wie die Wichtigkeit vieler Probleme. Zirkon hilft daher auch, viele unangenehme Dinge besser zu ertragen und zu »verdauen«. Er ermöglicht, Ängste, Verluste sowie alles »Festhaltenwollen« zu überwinden. Wir finden einen neuen Blickwinkel aus höherer Warte, wodurch weniger Sorgen auf den Magen schlagen und sich neben der geistigen auch die körperliche Sicht verändern kann.

Daher hilft Zirkon auch, Wesentliches und Unwesentliches zu unterscheiden oder »Blendwerk, Wahnsinn und Bezauberung durch magische Worte« aufzulösen, wie Hildegard von Bingen es ausdrückt. Letzteres erinnert auf gewisse Weise auch an die moderne Werbung, deren Zweck es ja ist, immer wieder neues Verlangen in uns zu entzünden. Doch gerade zur Magenzeit ist es wichtig, genau zu schauen, wonach uns *wirklich* verlangt – körperlich, seelisch und geistig!

Da die Wirkungen des Zirkons sehr intensiv sind, genügt es, ihn morgens für maximal eine Stunde am Körper oder in der Hosentasche zu tragen bzw. ihn bewußt zu betrachten. »… mit dem Blick des Menschen strömt die Kraft des Steins in sein Gehirn …« schreibt Hildegard von Bingen bei ihrer Empfehlung, übermäßige Fleischeslust mit dem Zirkon zu mindern. Auch dies ist ein Aspekt des o. g. »Verlangens«, immerhin hat das Kreislauf-Sexus-System jetzt seinen Tagestiefpunkt. Doch wahrscheinlich hat Hildegard von Bingen diesen Lebensaspekt noch viel radikaler betrachtet.

Achat mit Magensignatur, Brasilien

Die dritte Stunde: Achat (8.00 Uhr)

Der zweite Abschnitt der Magenzeit ist die Tagesstunde des Achats. Dieser zeigt in seiner Signatur[73] oftmals schon das Bild des

73 Mit »Signatur« wird ein bestimmtes Erscheinungsbild bezeichnet (lat. »signum« = »Zeichen«), das in Aussehen, Struktur, Entstehung, Eigenschaften oder Funktion an ähnliche Bildungen oder Vorgänge erinnert.

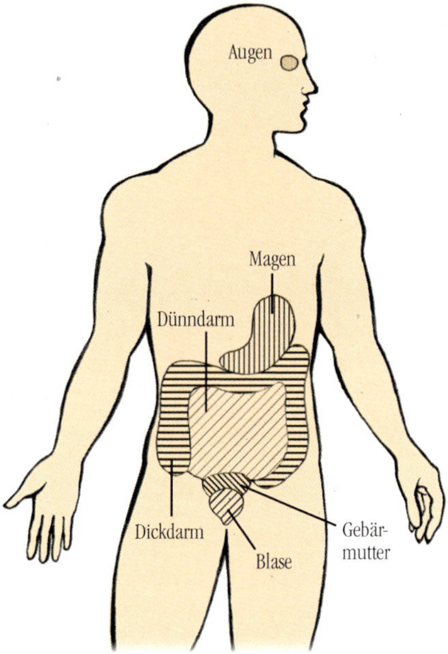

Auflegen von Achat bei verschiedenen Beschwerden

Magens: ein geschwungenes Hohlorgan aus Lagen verschiedener Gewebs-, Muskel- und Schleimhautschichten. Tatsächlich ist Achat aufgrund seines Lagenbaus aus vielen Kieselsäure-Membranen heute ein allgemeiner Heilstein für alle aus mehreren Haut- und Gewebsschichten bestehenden Organe. Bestätigt sind seine Heilwirkungen nicht nur bei Magenbeschwerden, sondern ebenso bei Funktionsstörungen, Infektionen und Entzündungen der Haut, Blutgefäße, Augen und praktisch aller Hohlorgane. Dazu zählen der gesamte Verdauungstrakt (Speiseröhre, Magen, Dünndarm, Dickdarm) sowie Blase und Gebärmutter.

Dies deckt sich auch mit seinen seit dem Altertum bekannten Heilwirkungen. Sowohl bei Hildegard von Bingen als auch Konrad von Megenberg[74] wird Achat als Heilstein für die Augen (Sehschwäche, Augentrübung), Magen und Milz (meist als Symbol der gesamten Verdauung) sowie als Schwangerschafts-Schutzstein genannt. Auch heilsame Kräfte für die Haut sowie bei Entzündungen, fiebrigen Erkrankungen und allgemeiner Schwäche sind überliefert.

In der modernen steinheilkundlichen Forschung hat sich ergeben, daß Achat insbesondere die Regulation bei Funktionsstörungen, die Linderung entzündlicher Prozesse und die Regeneration der betroffenen Organe fördert. Dies paßt sehr gut zum zweiten, zum beruhigend-regenerierenden Abschnitt der Magenzeit. Achat wirkt selten anregend, sondern meist stabilisierend. »... macht die Menschen mäßig im Trinken ...« schreibt z.B. Konrad von Megenberg.

Stabilität ist auch das zentrale Merkmal der seelischen Wirkungen des Achats. Er hilft, sich zu zentrieren, sich »in der Mitte« zu fühlen und die eigene innere Stärke zu spüren. Dadurch fühlen wir uns sicher und geschützt, auch wenn schwierige Dinge auf uns zu kommen oder wir sogar Angriffen ausgesetzt sind. Aus diesem Grund gilt Achat von alters her auch als guter Schutzstein. Er hilft, sich zu sammeln und zu

74 Konrad von Megenberg, *Das Buch der Natur,* hrsg. von Fr. Pfeiffer, Stuttgart 1861

konzentrieren, für konkrete Probleme einfach-pragmatische Lösungen zu finden (trigonale Kristallstruktur[75]) sowie ausgeglichen und besonnen das eigene Tagwerk zu bewältigen.

Für allgemeine seelische Wirkungen werden insbesondere Achate mit gleichmäßig-konzentrischen Bänderungen verwendet. Diese können z. B. in Form von polierten Mandeln und Geoden in der Wohnung aufgestellt oder als Scheiben ins Fenster gehängt werden. Auch Ketten, Anhänger, gebohrte Trommelsteine oder Schmucksteine können zu diesem Zweck getragen werden. Zur speziellen Behandlung bestimmter Organe werden dagegen vor allem Achate eingesetzt, deren Signatur dem jeweiligen Organ entspricht.[76] Diese werden als Trommelsteine oder kleine Scheiben direkt auf die betroffenen Bereiche aufgelegt.

Die vierte Stunde: Beryll (9.00 Uhr)

Um 9.00 Uhr, mit der ersten Hälfte der Milz-Pankreas-Zeit beginnt die Tagesstunde des Berylls. Beryll ist ein hexagonales Aluminium-Beryllium-Silikat, dessen verschiedenfarbige Varietäten heute eigene Namen tragen: Hellblauer Beryll wird Aquamarin genannt, grünlichgelber Heliodor, chromhaltiger grüner Smaragd, rosafarbener Morganit und farbloser Goshenit. Nur die gelbe Varietät hat den Namen Beryll behalten. Diese Unterscheidung gab es zu Hildegards Zeit noch nicht. Wir können daher an dieser Stelle die gesamte Beryll-Familie außer dem Smaragd mit einbeziehen. Smaragd weicht aufgrund seiner meist metamorphen Entstehung[77] in vielen Bereichen von den sonst ausschließlich magmatisch gebildeten Beryllen ab. Er wurde interessanterweise auch in der Antike und im Mittelalter nie zu den Beryllen gezählt.

Beryll, Varietät Heliodor, Südafrika

Als hexagonales Mineral fördert Beryll Zielstrebigkeit und Effizienz. Er hilft, geduldig Schritt für Schritt voranzuschreiten und weiterzuarbeiten, bis selbst große Ziele erreicht sind. Beryll motiviert bei Antriebslosigkeit und fördert Sorgfalt, Disziplin und

75 Trigonale Mineralien fördern die Einfachheit und praktisches Geschick.

76 Siehe auch Michael Gienger, *Die Heilsteine Hausapotheke,* Neue Erde, Saarbrücken 1999

77 Alle Smaragde außer den kolumbianischen sind metamorpher Entstehung.

systematisches Vorgehen. Er ist als guter Stein für konzentriertes Lernen bekannt, der u. a. auch hilft, sich nicht ablenken zu lassen. Diese Eigenschaften passen sehr gut zur Milz-Pankreas-Zeit, deren Schwerpunkt ja das Verstehen ist.

Auch wenn uns alles zu viel wird und wir durch Arbeit, neue Informationen, überwältigende Erfahrungen, zu viel Störungen oder Auseinandersetzungen überfordert sind, hilft Beryll standzuhalten und ruhig zu bleiben. Er hilft, bei Überbelastung und Streß Nervosität oder emotionale Ausbrüche zu vermeiden. Dies deckt sich mit Hildegards Aussage: »Wer den Stein immer bei sich trägt und ihn häufig in die Hand nimmt und oft ansieht, wird mit anderen Menschen keinen Streit bekommen und nicht streitsüchtig sein, sondern stets ruhig bleiben.«

Hildegard von Bingen empfiehlt Beryll weiterhin bei vergiftetem Essen oder Trinken. Dies sollte jedoch keinesfalls wörtlich genommen werden! Bei echten Vergiftungen empfiehlt sich der schnellste Weg ins Krankenhaus! Im Mittelalter wurden Infektionen, Übelkeit und Schmerzen im Magen-Darm-Bereich generell mit »Vergiftung« betitelt, was damals durchaus angemessen war, da es ein Verständnis von Krankheitserregern im heutigen Sinne ja noch nicht gab. Hildegards Empfehlung sollte daher dahingehend verstanden werden, daß Beryll bei allgemeinen Verdauungsbeschwerden eingesetzt werden kann. Dies ist tatsächlich auch der Fall – und paßt wiederum zur Milz-Pankreas-Zeit.

Auch bei Verdauungs- und Kreislaufbeschwerden, die durch eine Fehlregulation und Störung des vegetativen Nervensystems entstehen und meist durch langanhaltenden Streß oder Konfliktsituationen verursacht sind (sog. »vegetative Dystonie« bzw. »psychovegetatives Syndrom«), kann Beryll helfen. Sogar schulmedizinisch wird hier bei der Therapie auf die Wichtigkeit einer geregelten Lebensführung (Rhythmus!) verwiesen. Die Stärkung der Selbstdisziplin durch Beryll kann bei der Einführung einer solchen gute Dienste leisten.

Beryll wird meist in Form von Naturkristallen oder Trommelsteinen verwendet, die direkt im Oberbauchbereich aufgelegt werden. Durch Einlegen von Steinen ohne Muttergestein[78] (!) in ein Glas Wasser für mindestens vier bis sechs Stunden kann Beryllwasser hergestellt werden, das schluckweise über den Vormittag verteilt getrunken wird. Bei Streß und Überbelastung kann Beryll (in diesem Fall gerade auch Aquamarin) als Kette, Anhänger, gebohrter Trommelstein oder Schmuckstein getragen werden.

78 Beryll enthält den Giftstoff Beryllium. Gebunden im Silikat des Berylls geht dieser nicht in Lösung. Im umliegenden Muttergestein könnte er jedoch möglicherweise in anderer, evtl. löslicher Form vorliegen. Daher sollten hier sicherheitshalber nur Kristalle oder Trommelsteine ohne Muttergestein verwendet werden.

Die fünfte Stunde: Sardonyx (10.00 Uhr)

Der zweite Abschnitt der Milz-Pankreas-Zeit ist die Tagesstunde des Sardonyx. Sardonyx ist ein dreifarbiger Chalcedon mit hellen bis bläulichen (reiner Chalcedon), braunen bis rötlichen (Sarder/Karneol) und schwarzen Anteilen (Onyx). Diese Kombination läßt ihn zu einem vielfach wirksamen Stein für unsere Körperflüssigkeiten werden.

Chalcedon fördert den Lymphfluß und die Tätigkeit der lymphatischen Organe (Milz!) sowie vieler Drüsen (Pankreas!). Er unterstützt die Heilung von Infektionskrankheiten und regt außerdem die Ausscheidung über Nieren und Blase an.

Sarder, die braune, und Karneol, die orangefarbene Chalcedon-Varietät, regen Kreislauf, Körpertemperatur und Durchblutung sowie die Nährstoffaufnahme im Dünndarm an.

Onyx, die schwarze Chalcedon-Varietät, fördert die Gewebsreinigung, stärkt das Immunsystem und hilft bei Erkrankungen des (flüssigkeitsgefüllten) Innenohrs.

Diese natürliche Kombination macht deutlich, weshalb Sardonyx ein sehr vielseitiger Heilstein ist, der ausgesprochen gut zur Milz-Pankreas-Zeit paßt. Er fördert die Milzfunktion und Pankreastätigkeit und unterstützt zugleich die Verdauungs- und Aufnahmevorgänge im Dünndarm. Außerdem hilft er aufgrund seiner immunstärkenden Wirkung, die Entstehung von Infektionen sowie mögliche Rückfälle nach infektiösen Erkrankungen zu verhindern.

Sardonyx, Indien: Rohstein mit Onyx (schwarz), Chalcedon (hell) und Sarder (rotbraun).

Auch wenn Magen-Darm-Infektionen mit Atemwegsinfektionen einhergehen, ist der Sardonyx der Stein erster Wahl. Dieser Aspekt wurde erst in jüngerer Zeit entdeckt, hat sich jedoch sofort in mehreren Fällen bestätigt.

Hildegard von Bingen erwähnt beim Sardonyx eine weitere wichtige Wirkung: »Er hat starke Kräfte in seinem Wesen und verleiht den fünf Sinnen des Menschen eine besondere Schärfe.« Auch dies paßt gut zum Vormittag, der Öffnung für den Tag und die Sinneseindrücke von außen. Jedoch wird dabei auch klar, weshalb wir heute viele abgestumpfte Sinne und Sinnesstörungen haben. Aufgrund der vielen starken Reize, denen wir tagtäglich ausgesetzt sind, sind unsere ursprünglich angelegten Fähigkeiten, zu sehen, zu hören, zu tasten, zu riechen und zu schmecken, oft stark reduziert. Würden wir unsere Sinne nicht verschließen, könnten wir den Lärm, die Neonbeleuchtungen und den Gestank unserer modernen Welt einfach nicht aushalten.

Fatalerweise erschaffen wir uns auf diese Weise jedoch auch einige Probleme: Sehschwäche, Hörstürze, Tinnitus (Ohrgeräusche) oder verkümmerte Geruchs- und Geschmackssinne.

Sardonyx hilft in all diesen Fällen und klärt und verfeinert unsere Sinneswahrnehmungen darüberhinaus enorm. Doch er schützt sie auch, denn er verleiht die Stärke, einströmenden Reizen standzuhalten, ohne gleich »alles dichtmachen zu müssen«. Genau das ist die optimale Unterstützung für den Morgen: Sich öffnen und dem standhalten zu können, was dann kommt.

Diese Stärke finden wir auch im seelischen Bereich. Sardonyx macht emotional stabil und fördert Selbstvertrauen und Zuversicht sowie die Fähigkeit zur Selbstüberwindung. Er hilft dadurch, ein aufrichtiges, charakterstarkes Leben mit gutem Gefühl zu führen. Auch mental stärkt Sardonyx die Aufnahmefähigkeit und intensiviert die Wahrnehmung. Ebenfalls Milz-Pankreas-typisch hilft er, den Sinn dessen, was uns widerfährt, besser zu verstehen.

Sardonyx wird meist als Anhänger getragen oder als Trommelstein in der Hosentasche mitgeführt. Bei konkreten Beschwerden wird er in den betreffenden Bereichen aufgelegt: Bei Magen-Darm-Beschwerden im Oberbauchbereich; bei Ohrenbeschwerden (auch Tinnitus) direkt auf das Ohr; bei Augenleiden auf die Augen; bei Störungen des Geruchs- und Geschmackssinns wird er in den Mund genommen. Zusätzlich kann Sardonyx auch für mindestens acht bis zwölf Stunden in Wasser eingelegt und dieses dann schluckweise am Vormittag getrunken werden.

Die sechste Stunde: Lapislazuli (11.00 Uhr)

Der ersten Stunde der Herzzeit ordnet die Edelsteinuhr den Lapislazuli zu. Dies warf zunächst einige Fragen auf, da der Lapislazuli in keiner Überlieferung als Heilstein für das Herz bekannt ist. Auch Hildegard von Bingen erwähnt keine entsprechenden Wirkungen. In den Erfahrungen der modernen Steinheilkunde hat sich sogar gezeigt, daß das Tragen von Lapislazuli im Herzbereich oft eher unangenehm erlebt wird.

Einen Sinn bekommt diese Zuordnung nur, wenn wir uns auf das chinesische Verständnis des »Organsystems Herz« besinnen, dem die Organuhr ursprünglich entstammt. In der chinesischen Medizin ist dem Herz als Kaiser aller Organe auch das Gehirn unmittelbar unterstellt. Vor diesem Hintergrund wird dann plötzlich vieles

Lapislazuli, Afghanistan: Rohstein mit Lasurit (blau), Pyrit (goldgelb) und Calcit (weiß)

stimmig, denn sowohl Hildegards Aussagen als auch moderne Erkenntnisse bringen den Lapislazuli mit Gehirn und Denkfähigkeit in Verbindung. Nicht umsonst hatte er wohl auch in Indien das Attribut »für die Stirn des Herrschers geeignet«.[79] Und in Ägypten wurde er als Skarabäus-Amulett mit der Inschrift »Wahrheit« von den Richtern am Hals getragen, um ihre Urteilskraft zu stärken.[80]

Lapislazuli ist ein blaues Gestein mit dem kubischen Hauptbestandteil Lasurit (ein mineralstoffreiches Gerüstsilikat, Formel: $(Na,Ca)_8[(SO_4,S,Cl)_2/(AlSiO_4)_6]$) sowie Beimengungen von Pyrit (Eisensulfid, FeS_2) in Form goldener Pünktchen und Calcit (Calciumcarbonat, $CaCO_3$) als weiße Einsprengsel. Er entsteht in der metamorphen Umwandlung von Kalk oder Dolomit zu Marmor durch den Einfluß kieselsäurereichen Magmas.

Kubische Mineralien, insbesondere, wenn sie zudem metamorpher Entstehung sind, helfen dabei, überalterte, einschränkende oder schädliche Gewohnheiten, Lebensstrukturen, Verhaltens- und Gedankenmuster aufzulösen. Daher hilft Lapislazuli, sich von faulen Kompromissen zu befreien und bringt Vergessenes und Zurückgehaltenes ans Licht. Er hilft, Konflikte zu meistern, indem er ermöglicht, der Wahrheit, die vielleicht als Kritik geäußert wird, ins Auge zu schauen und sie anzunehmen – und gleichzeitig auch die eigene Meinung frei zu äußern. Das ägyptische Attribut »Stein der Wahrheit« paßt daher sehr gut.

Der innere Aspekt dieser »Fähigkeit zur Wahrheit« ist die Denk- und Unterscheidungsfähigkeit. Die Aufgabe unseres Verstandes ist es, unsere Erlebnisse und Erfahrungen zu verarbeiten. Er muß daher wahr und unwahr, wertvoll und wertlos, wichtig und unwichtig unterscheiden. Diese Fähigkeit wird Intelligenz genannt. Je besser das Auswerten unseres Verstandes gelingt, desto mehr lernen wir aus unseren Erfahrungen. Und desto schneller können wir dann notwendige Lebenskorrekturen durchführen und uns um so effektiver verbessern. Daher paßt der Lapislazuli sehr gut ans Ende des Morgens, die Zeit der Aufnahme und des Lernens, sowie zur Mittagszeit, zur Herzzeit, wo Besonnenheit notwendig ist, um dem weiteren Tageslauf den richtigen Kurs, das richtige Tempo und den richtigen Rhythmus zu geben.

In den Worten Hildegards von Bingen ausgedrückt, »bezeichnet [Lapislazuli] die volle Liebe zur Weisheit«. Er fördert eine »gute Auffassungsgabe und ein großes Wissen« und bringt »einen klaren Verstand und ungetrübte Erkenntnis«. Nach Hildegards Worten macht Lapislazuli klug. Dies stimmt tatsächlich, wenn wir Intelligenz als Unterscheidungs- und Denkfähigkeit

79 Dr. Richard Garbe, *Die indischen Mineralien,* S. Hirzel Verlag, Leipzig 1882

80 Christian Rätsch/Andreas Guhr, *Lexikon der Zaubersteine,* Akademische Verlagsanstalt, Graz 1989

begreifen. Intelligenz ist nicht angeboren und unwandelbar, sie kann tatsächlich gesteigert werden![81] Intelligenz hat auch nichts mit Bildung zu tun. Nicht die Menge angehäuften Wissens macht intelligent, sondern die Fähigkeit, aus einem Erlebnis, einer Wahrnehmung oder einer Information eine Erkenntnis zu gewinnen und diese dann auch tatsächlich umzusetzen.

Und daher brauchen wir zur Entwicklung der Intelligenz »Herz«. Wann und wo können wir denn am besten lernen? Im Grunde doch nur dort, wo wir uns öffnen und dem Erlebten »zuneigen« können. Wo wir uns verschließen und zurückziehen, werden wir nichts Neues aufnehmen können. Zuneigung ist daher ein wichtiger Faktor des Verstehens – und Zuneigung ist eine der seelischen Qualitäten des Herzens. Vielleicht hatte die chinesische Medizin diesen Aspekt im Sinn, als sie das Herz über das Gehirn gestellt hat. Nur dort, wo wir uns dem Leben liebevoll zuwenden, werden wir es verstehen. Und dort, wo eine Herz-zu-Herz-Kommunikation stattfinden kann, verstehen wir die Realität anderer am schnellsten, da keine Widerstände vorliegen. Daher wird Lapislazuli heute auch der »Stein der Freundschaft« genannt.

Lapislazuli repräsentiert daher die geistige Ebene der Herzenskraft, die Hildegard von Bingen so treffend mit der »vollen Liebe zur Weisheit« charakterisiert. Diese Eigenschaft ist natürlich auch jedem Herrscher zu wünschen (»für die Stirn des Herrschers geeignet«), doch ist auch hier noch ein tieferer Sinn enthalten: Je besser unsere Fähigkeit zu erkennen und zu verstehen ist, desto besser haben wir unser Leben im Griff. Wir sehen das Ziel und den Sinn vieler Erlebnisse klarer und können dadurch bewußter eingreifen. Es fällt uns also leichter, hinderliche Gewohnheiten aufzulösen, unser Leben nach eigenem Willen zu gestalten und dafür Verantwortung zu übernehmen. Wir werden also zum »Herrscher im eigenen Reich«. Auch dies ist eine wichtige Analogie zur Funktion des Herzens als »Kaiser aller Organe«. In dem Maß, in dem wir unserem eigenen Leben Ordnung und Rhythmus geben können, in dem Maß kann auch das Herz Ordnung und Rhythmus aller anderen Organe wahren.

Lapislazuli ist daher kein Heilstein für körperliche Erkrankungen des Herzens, aber ein sehr wichtiger Stein für den seelisch-mentalen Hintergrund der Herztätigkeit. Aus diesem Grund empfiehlt es sich auch nicht, ihn direkt im Herzbereich zu tragen, wo er zu Überaktivität, Herzklopfen usw. führen kann. Vielmehr ist er tatsächlich ein Stein für Stirn und Hals, wo er als Rohstein oder Trommelstein aufgelegt sowie als Kette, Anhänger, gebohrter Trommelstein oder Schmuckstein getragen werden kann. Auch das Aufstellen von Lapislazuli-Objekten in der unmittelbaren Umgebung ist bereits wirkungsvoll.

81 Siehe hierzu: Michael Gienger, *Die Heilsteine Hausapotheke,* Neue Erde, Saarbrücken 1999

Die Steine des Mittags

Die siebte Stunde: Sarder (12.00 Uhr)

Der zweiten Hälfte der Herzzeit ordnet die Edelsteinuhr den Sarder zu, der tatsächlich auch ein hilfreicher Stein für körperliche Herzbeschwerden ist. Sarder ist ein brauner Chalcedon, zählt also zu den trigonalen Quarzen (SiO_2). Er entsteht aus Kieselsäurelösungen, die entweder magmatischen Ursprungs oder durch Verwitterungsprozesse gebildet sind. Durch die Aufnahme von Eisenoxid während des Bildungsprozesses entsteht dabei die rotbraune bis braune Farbe. Heutzutage wird meist nicht mehr zwischen Sarder und Karneol, dem orangefarbenen Chalcedon unterschieden. Beide werden nur noch Karneol genannt. Da sich die beiden Varietäten jedoch in ihrer Heilwirkung geringfügig unterscheiden, wird für die Edelsteinuhr Hildegards Bezeichnung beibehalten: Sarder bezeichnet die braune, Karneol ausschließlich die orangefarbene Chalcedonvarietät.

Sarder ist ein herzstärkender Stein. Er fördert die Herzdurchblutung und stabilisiert die Herztätigkeit bei Herzschwäche oder Herzrhythmusstörungen. Sarder hilft insbesondere dann, wenn momentane Anstrengung, andauernde Belastungen oder emotionale Probleme das Herz entkräften. Auch wenn wir uns Dinge »zu sehr zu Herzen nehmen«, zu »weichherzig« sind, »etwas auf dem Herzen haben« oder gar an »gebrochenem Herzen leiden«. Zwar nimmt Sarder keinen Liebeskummer hinweg, doch er hilft, auch in solchen schwierigen

Sarder, Indien: Durch Eisenoxid braun gefärbter Chalcedon

Situationen den Kopf oben zu behalten. Und er erleichtert es, trotz Enttäuschungen und Kummer selbst »herzensgut« zu bleiben.

Sarder ist kein Stein für überschwengliche »Herzlichkeit« wie z. B. Rosenquarz oder deutliche »Herzenswärme« wie sein naher Verwandter, der rosa Chalcedon. Er vermittelt eher jene Herzenskraft, die ermöglicht, anderen in schwierigen Situationen mit Rat und Tat zu helfen, da zu sein und Unterstützung zu bieten. Die seelischen Qualitäten des Sarders sind daher Standfestigkeit und Gemeinschaftssinn. Das »vor Freude hüpfende Herz« ist eher eine Karneol-Qualität, Sarder repräsentiert viel mehr das »treue Herz«, auf das man sich verlassen kann.

Sarder ist also ein Stein, der unsere Kraft mobilisiert, was sich auch in den Empfehlungen Hildegards widerspiegelt. Sie empfiehlt ihn bei stoffwechselbedingten »wahnsinnig machenden« Kopfschmerzen, bei starkem Fieber mit Schüttelfrost,[82]

82 Siehe hierzu auch: Michael Gienger, *Die Heilsteine Hausapotheke,* Neue Erde, Saarbrücken 1999

Krankheitskomplikationen wie z. B. Gehörschädigungen oder bei schweren, kraftraubenden Geburten. Gemeinsam ist all diesen Anwendungen die schwierige, kaum zu ertragende Situation, die unter Aufbietung aller Kräfte überwunden werden muß.

Dies paßt wiederum zur Mittagszeit, der Tagesstunde des Sarders, in der sich ebenfalls oft Schwäche bemerkbar macht, wenn am Morgen zu Schwieriges zu bewältigen war oder die Nacht zuvor zu wenig Schlaf und Erholung geboten hatte. Sarder hilft, das Mittagstief zu überwinden und sich in der Mittagspause gut zu erholen. Angewendet wird er in der Regel als Trommelstein, der in der Hosentasche getragen, bei Bedarf in die Hand genommen oder im Herzbereich aufgelegt wird. Als Anhänger kann er auch längere Zeit auf dem Herz getragen werden.

Die achte Stunde: Topas (13.00 Uhr)

Um 13.00 Uhr, mit der ersten Hälfte der Dünndarmzeit beginnt die Tagesstunde des Topas. Die Dünndarmzeit ist die Phase des frühen Nachmittags, in der wir entweder viele Kräfte mobilisieren, um unser Tagwerk weiter voranzubringen, oder umso mehr mit dem Mittagstief zu kämpfen haben. Letzteres tritt vor allem dann ein, wenn aufgrund langfristigerer Belastungen generell zu wenig Kraft vorhanden ist oder wenn diese durch zu große Anstrengungen am Vormittag oder mangels Mittagspause bereits aufgebraucht ist. Ein wesentliches Thema der Dünndarmzeit ist daher die tatkräftige Verwirklichung unserer Ziele.

Topas Imperial, Brasilien

Genau das ist auch das wesentliche Thema des Topas. Topas ist ein magmatisch gebildetes Aluminium-Inselsilikat ($Al_2[(F/OH)_2/SiO_4]$) rhombischer Struktur. Er vereinigt daher mehrere Faktoren in sich, die alle in dieselbe Richtung zielen: Magmatische Mineralien sind Starter, die helfen, Ideen und Pläne tatkräftig umzusetzen. Aluminium wiederum fördert die Identitätsfindung und hilft, eine realistische Einschätzung seiner selbst und der gegebenen Situation zu finden. Inselsilikate fördern die Widerstandskraft und den Wunsch, das eigene Leben nach eigenen Vorstellungen zu gestalten. Und die rhombische Struktur trägt schließlich dazu bei, daß insbesondere Menschen angesprochen werden, die dazu neigen, sich anzupassen und es allen recht zu machen. Rhombische Steine helfen dabei, sich Raum für die eigenen Wünsche und Bedürfnisse zu geben und diese auch umzusetzen.[83] Die Kombination all dieser Faktoren vereinigt sich in

83 Siehe hierzu auch: Michael Gienger, *Die Steinheilkunde,* Neue Erde, Saarbrücken 1995

der zentralen Eigenschaft des Topas: Topas ist der Stein der Selbstverwirklichung.

Topas ermöglicht, den gegenwärtigen Standpunkt richtig einzuschätzen und auch in widrigen Situationen standhaft zu bleiben. Dies ist gerade auch in der Dünndarmzeit wichtig, wenn die richtigen Entschlüsse gefordert sind, was nun am Nachmittag noch vollendet werden soll und was nicht. Er hilft uns, alle zur Verfügung stehenden Kraftquellen zu nutzen, uns notfalls auch gegen hinderliche Einflüsse zu wehren und die eigenen Ziele im Auge zu behalten. Diese Eigenschaften spiegeln sich auch in manchen Wirkungen wider, wie Hildegard von Bingen sie beschreibt: Bei schlechtem Augenlicht werden dank Topas »die Augen klar«, denn er »vertreibt die schlechten Säfte der trüben Augen«. Er vertreibt also, was den Blick trübt! Topas »widersteht der Hitze und dem Gift, also Vergiftungen und anderem Übel, und duldet sie nicht«. Sein Schwerpunkt liegt also auf der Widerstandskraft, dem Aushalten, und weniger dem aktiven Auflösen von Fremdeinflüssen. Dazu folgt in der weiteren Dünndarmzeit der in vielen Aspekten ähnliche Peridot.

Der Hinweis auf »Vergiftungen und anderes Übel« führt uns zu den Wirkungen des Topas, die die körperlichen Funktionen des Dünndarms unterstützen. Übelkeit und Verdauungsbeschwerden wurden im Mittelalter stets auf »Vergiftungen« zurückgeführt. Auch Hildegards Hinweis für Menschen, die »an der Milz leiden oder innerlich von Fäulnis geplagt sind«, erinnert an massive Verdauungsbeschwerden, zumal auch die Milz früher als Verdauungsorgan betrachtet wurde. Selbst das mit dem Dünndarm verbundene Immunsystem kommt zur Sprache, da Hildegard den Topas empfiehlt, »wenn jemand Fieber hat« oder »aussätzig ist«.

Auch in der modernen Steinheilkunde ist Topas als Stein bekannt, der die Verdauung und die Aufnahme der Nährstoffe im Dünndarm (das Nutzen der zur Verfügung stehenden Kraftquellen) fördert. Er hilft daher auch, Gewicht zuzulegen – mitunter sogar bei Magersucht. Hildegard empfiehlt beim Topas insbesondere, ihn in Wein einzulegen und diesen dann einzunehmen. Dadurch wird die Information des Steins recht schnell und gezielt in den Dünndarm gebracht. Statt des Weins kann jedoch auch Edelsteinwasser (Topas für acht bis zwölf Stunden in Wasser legen) oder eine käufliche Edelsteinessenz (mehrmals täglich ca. 5-7 Tropfen in Wasser) verwendet werden. Auch das Auflegen von Kristallen oder Trommelsteinen im Oberbauchbereich sowie das Tragen von Topas als Kette, Anhänger, gebohrter Trommelstein oder Schmuckstein ist hilfreich.

Die neunte Stunde: Peridot (14.00 Uhr)

Der zweite Abschnitt der Dünndarmzeit ist die Tagesstunde des Peridot (bei Hildegard Chrysolith, heute auch Olivin genannt).

Auch dieser ist wie Topas ein magmatisch gebildetes Inselsilikat rhombischer Struktur, enthält jedoch statt Aluminium Magnesium und Eisen (Formel: $(Mg,Fe)_2[SiO_4]$). Die meist grünliche Farbe entsteht gerade durch den Eisenanteil sowie durch geringe Beimengungen von Nickel oder mitunter auch Chrom.

Viele Eigenschaften des Peridots sind aufgrund der übereinstimmenden mineralogischen Merkmale ähnlich wie beim Topas. Auch Peridot fördert als Inselsilikat den Wunsch, das eigene Leben nach eigenen Vorstellungen zu gestalten, und hilft als magmatisches Mineral, diese Ideen und Pläne tatkräftig umzusetzen. Zusätzlich verstärkt durch die rhombische Struktur ist daher auch der Peridot ein Stein der Selbstverwirklichung. Insofern ist dieser, gewissermaßen als Weiterführung des Topas-Themas, ebenfalls passend zur Qualität der Dünndarmzeit, zur aktiven Verwirklichung unserer Ziele. Peridot beschleunigt unsere Entwicklung. Hildegard von Bingen verwendet hier das Bild eines jungen Tieres, das »von seiner Kraft so gestärkt würde, wenn der Stein bei der Geburt neben ihm läge, daß es vorzeitig zu laufen anfangen würde«. Außerdem bewirkt Peridot laut Hildegard, daß »Kenntnisse und Fähigkeiten nicht von uns weichen«.

Peridot (Olivin, Chrysolith), Lanzarote

Im Gegensatz zum Aluminium des Topas, das dem Finden unserer eigenen Ziele dient, regen die hier vorhandenen Mineralstoffe Eisen und Magnesium sowie Nickel und ggf. Chrom eher die Reinigung, die aktive Befreiung von Fremdeinflüssen an. Die zeitliche Abfolge Topas – Peridot paßt daher sehr gut, da zuerst das Eigene entdeckt sein muß (Topas), um anschliessend Fremdes zu identifizieren und zu entfernen (Peridot). Auch dem Thema des Nachmittags entspricht dies, wo es mitunter im Verlauf der Stunden immer dringlicher wird, Ablenkungen und Hindernisse auszuschalten. Peridot fördert daher auch die dünndarmtypische Fähigkeit, zu selektieren, was wertvoll und wichtig ist und was nicht.

Aus diesem Grund ist Peridot auch ein intensiv entgiftender Stein. Dies drückt sich auf seelischer Ebene dadurch aus, daß er Belastungen durch (Selbst-)Vorwürfe, schlechtes Gewissen und Schuldgefühle auflöst, also laut Hildegard »die schlechten Säfte vertreibt, die das Herz des Menschen in Trauer stürzen«. Doch ebenso wertvoll ist Peridot auf körperlicher Ebene, wo er modernen Erkenntnissen zufolge sogar bei Parasiten, Pilzinfektionen und Warzen helfen kann. Als leber- und gallenanregender

Stein wirkt er ebenfalls auf den Verdauungsprozeß im Dünndarm ein. Dort ermöglicht die Galle ja einerseits die Fettverdauung – im Grunde also das Verarbeiten von Schwerverdaulichem. Andererseits hat sie auch hier reinigende und entgiftende Funktionen inne (siehe die Kapitel Dünndarm, Gallenblase und Leber).

Peridot wird entweder als Roh- oder Trommelstein im Oberbauchbereich aufgelegt oder als Kette, Anhänger bzw. Schmuckstein am Körper getragen. Als Handschmeichler in der Hosentasche wird er nur selten verwendet, da Peridote von Natur aus kaum größer als wenige Zentimeter werden. Speziell auch für Leber, Galle, Nieren und Dünndarm wird Peridot in Form mehrerer kleiner Roh- oder Trommelsteine in Sonnenblumenöl angesetzt. Dieses Öl kann nach ca. 14 Tagen als Salatöl den Speisen zugesetzt oder pur innerlich eingenommen werden (ein halber Eßlöffel täglich).

Die zehnte Stunde: Heliotrop (15.00 Uhr)

Um 15.00 Uhr, mit der ersten Hälfte der Blasenzeit beginnt die Tagesstunde des Heliotrops. Heliotrop ist das Bindeglied zwischen der Chalcedon- und der Jaspisfamilie. Obwohl er von seiner Entstehung und Wirkung eher den Chalcedonen nahesteht, enthält er doch auch Jaspis-Anteile und wird daher mitunter Blutjaspis oder Hildegard-Jaspis genannt. Heliotrop ist ein

Heliotrop, Indien

trigonaler Quarz (SiO_2), der sekundär aus Kieselsäure entsteht, die durch Zerfalls- und Verwitterungsprozesse in Boden und Gestein freigesetzt wurde. In den feinkristallinen Quarz eingewobene Magnesium-Eisen-Silikate ergeben die grüne Grundfarbe des Heliotrops, Eisenoxid-Ansammlungen dagegen die charakteristischen roten Punkte.

Als naher Verwandter des Chalcedons mit ähnlicher Entstehung (siehe »Die zwölfte Stunde« S. 130) regt auch Heliotrop den Fluß der Körperflüssigkeiten, die Tätigkeit der Lymphe und die wäßrige Ausscheidung über Nieren und Blase an. Er entsäuert und reinigt das Gewebe und hilft daher, wie Hildegard schreibt, wenn jemand »in irgendeinem Körperteil unter einem Durcheinander der Säfte, der Gicht,[84] zu leiden hat«. Heliotrop fördert die unspezifische Immunabwehr, was ihm in der modernen Steinheilkunde den Titel »Echinacin unter den Steinen« einbrachte. Er hilft daher bei Erkältungskrankheiten,

84 Mit »Gicht« wurden im Mittelalter viele Folgen von Übersäuerung, also auch der gesamte rheumatische Formenkreis benannt.

Infektionen und Entzündungen, insbesondere auch – wie Hildegard erwähnt – bei Atemwegserkrankungen und Mittelohrentzündungen Für die Blase ist Heliotrop einer der wichtigsten Heilsteine, da er sowohl die »Blasenkontrolle«, z. B. bei Inkontinenz, stärkt, als auch der beste Stein bei akuten Infektionen und Entzündungen ist. Lediglich bei chronischer Blasenentzündung sind Achate mit Blasensignatur[85] (möglichst außen grau und innen rosa) besser.

Auch auf seelischer Ebene fördert Heliotrop die Blasenfunktionen. Dank des enthaltenen Magnesiums wirkt er entspannend und beruhigend bei Gereiztheit, Aggressivität und Ungeduld. Dank des Eisens vitalisiert er bei Erschöpfung und Müdigkeit. Dies führt zu einer ruhigen Wachheit, die ermöglicht, sich schnell auf unvorhergesehene Situationen einzustellen und in jeder Situation die Kontrolle zu bewahren. Wir können also, wie für die Blase optimal, festhalten, wenn nötig, und loslassen, wenn nötig. Und entsprechend der immunstärkenden Wirkung des Heliotrops können wir auch auf seelisch-mentaler Ebene alle Einflüsse, die uns die Kontrolle entreißen wollen, besser abwehren. Heliotrop hilft, sich zu schützen und deutlich gegen Fremdeinflüsse abzugrenzen. Insofern ist seine Wirkung wiederum eine Weiterentwicklung der Wirkung des vorangegangenen Peridots.

85 Siehe auch: Michael Gienger, *Die Heilsteine Hausapotheke,* Neue Erde, Saarbrücken 1999

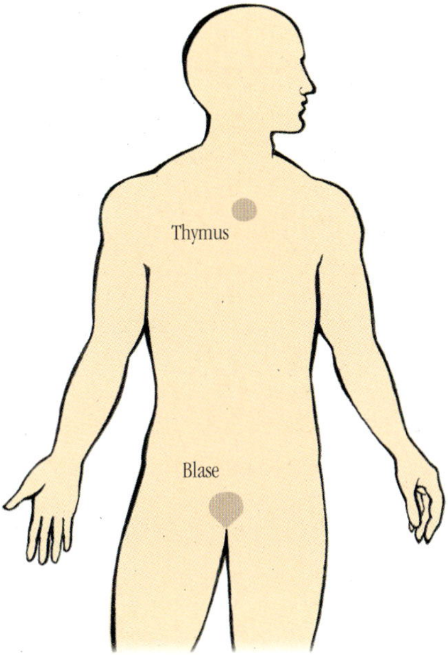

Anwendung des Heliotrops

Heliotrop ist aus diesem Grund für die Aufgaben und Herausforderungen der Blasenzeit ein hervorragender Stein. Auch hier stärkt er unsere Kontrolle über den Fortschritt unseres Tagwerks. Er hilft, uns gegen Ablenkungen abzugrenzen und mit unserer Tätigkeit im Fluß zu bleiben. Selbst massive Störungen bekommen wir mit Heliotrop besser in den Griff, ohne sofort überzureagieren oder gleich resigniert aufzugeben. Wenn es nicht anders geht, verschaffen wir uns allerdings auch mit Nachdruck den Raum, den wir benötigen.

Hildegard von Bingen formuliert diesen Aspekt so: »Wenn ein Mensch im Geiste um etwas ringt oder sich Gedanken fassen will zu dem, wohin es ihn mit Eifer zieht, wenn er Großes im Sinn hat oder einen Rat braucht, so nehme er einen Heliotrop in den Mund. Dann geht die Kraft des Steines in seinen Verstand über und stärkt den Verstand und zügelt ihn, damit er sich nicht zerstreut und in Ablenkungen verliert und keinen klaren Standpunkt findet, sondern daß er zu wirklichem Nutzen wird.«

Zur Verbesserung der Abgrenzung und zur Anregung der Immunabwehr bei Erkältungen und Allgemeininfektionen wird Heliotrop am besten als Trommelstein auf den Thymusbereich aufgelegt oder dort als Kette, Anhänger, gebohrter Trommelstein oder Schmuckstein getragen. Bei unmittelbaren Blasenbeschwerden wird er dagegen direkt im Blasenbereich getragen oder aufgelegt. Auch die innere Einnahme des Edelsteinwassers, das durch mindestens sechsstündiges Einlegen von Roh- oder Trommelsteinen in ein Glas Wasser hergestellt wird, ist hilfreich.

Die elfte Stunde: Prasem (16.00 Uhr)

Der zweite Abschnitt der Blasenzeit ist die Tagesstunde des Prasem. Zu Hildegards Zeit wurden mit diesem Begriff alle (im Gegensatz zu Heliotrop oder Chrysopras) »unedleren« grünen Quarze bezeichnet. Im heutigen mineralogischen Sinne treffen Hildegards Beschreibungen und die von ihr genannten Wirkungen am besten auf magmatisch oder metamorph gebildete, durch verschiedene Calcium-Magnesium-Eisensilikate grün gefärbte Quarze (SiO_2) zu. Diese Definition gilt daher auch für alle weiteren Ausführungen.

Hildegard selbst schreibt über die Heilwirkungen des Prasem wenig blasenspezifisches. Sie erwähnt, daß er »brennendes Fieber« sowie Schmerzen und »Prellungen durch Sturz oder Schlag« lindert. In der modernen Steinheilkunde wurden dagegen etliche Wirkungen entdeckt, die sehr gut zur Blase und zur Nachmittagszeit passen. Prasem hilft, Konflikte zu lösen und die Kontrolle des eigenen Lebens zu erlangen. Er fördert Beherrschung und Selbstbestimmung und kühlt hitzige Gemüter, so daß Auseinandersetzungen ohne Zorn und Wutausbrüche ausgetragen werden. Selbst bei heftigsten emotionalen Reaktionen ermöglicht er, die bewußte Kontrolle über die eigenen Handlungen nicht zu verlieren. Zudem hilft er insbesondere nachtragenden Menschen, sich wieder zu versöhnen.

Neben der schmerzlindernden und fiebersenkenden Wirkung, die auch Hildegard von Bingen erwähnt, ist Prasem heutzutage besonders aufgrund seiner positiven Wirkung bei Strahlenbelastungen ein wichtiger Heilstein geworden. Zunächst wurde hierzu festgestellt, daß er sowohl bei äußerlichem Tragen als auch in Form des Edelsteinwassers (s. u.) vorbeugend und heilend bei Sonnenbrand, Sonnenstich oder Hitzschlag wirkt. Da es sich hierbei ja um starke Strahleneinflüsse handelt, wurde Prasem in der Folge versuchsweise auch bei Elektrosmog und anderen Einflüssen technischer

Prasem, Südafrika

Strahlung eingesetzt. Auch hier zeigt der Stein deutlich eine erleichternde Wirkung, die hilft, derartige Einflüsse besser zu verarbeiten.

Im Unterschied zum Heliotrop wird dabei auch deutlich, daß es bei Prasem nicht um Abgrenzung, sondern gerade um Durchlässigkeit geht. Strahlung läßt sich mit Hilfe von Steinen nicht wirklich abschirmen, auch wenn mitunter anderes behauptet wird. Steine können kein Strahlungsfeld »beseitigen«. Doch sie können den Körper unterstützen, mit einwirkender Strahlung besser zurechtzukommen.

Strahlung wird für uns hauptsächlich dort ein Problem, wo energetische Widerstände im Organismus bestehen. Dort entsteht durch den Strahleneinfluß eine »hitzige Reaktion«, ähnlich elektrischen Widerständen, die bei Stromdurchfluß ebenfalls warm oder gar heiß werden. Die kühlende Wirkung des Prasem beruht nun darauf, daß er die Durchlässigkeit verbessert, so daß wir die mit der Strahlung aufgenommene überschüssige Energie leichter ableiten können und daher weniger von ihr beeinflußt und beeinträchtigt werden.

Diese verbesserte Durchlässigkeit zeigt sich bei der Blase nun als entspannende Wirkung, so daß Prasem hier speziell bei Harnverhalten hilft, loslassen zu können. Insbesondere, wenn das bereits erwähnte »Nachtragen von Konflikten«, aussichtslos gewordene Pläne oder das Festhalten an bestimmten Ereignissen oder Personen im Hintergrund steht. Vieles ist dabei nicht bewußt, daher können auch Depressionen, Angst vor Veränderungen oder das Gefühl, dem Leben nicht gewachsen zu sein, ein Hinweis auf Prasem sein. Insbesondere, wenn die Beschwerden zu seiner Tagesstunde stärker werden.

In der Tagesstunde des Prasem neigt sich der Nachmittag bereits seinem Ende zu (Hildegard von Bingen: »… wenn die Sonne gegen Abend ihre Strahlen von der Erde abzieht …«). Nun wird unmißverständlich sichtbar, was wir an diesem Tag nicht mehr wie gewünscht abschließen können. Daher ist es zu dieser Zeit besonders wichtig, loslassen zu können und sich nicht über Versäumtes oder Unerledigtes zu grämen. Prasem vermittelt hier die ruhige trigonal-pragmatische[86] Gelassenheit: »Was nicht geht, geht halt nicht! –

86 Trigonale Mineralien vermitteln eine einfache, pragmatische und praktisch orientierte Lebenshaltung.

Morgen ist auch noch ein Tag.« Damit ist Prasem für die ungeduldig-eilige moderne Gemütsverfassung ein ebenso heilsamer Stein wie für die moderne Strahlenproblematik.

Ein zweiter wichtiger Aspekt der Prasemzeit sind jene Einflüsse, die wie die Strahlung nicht wirklich abgewehrt werden können. Heliotrop, der erste Stein der Blasenzeit, repräsentiert den Aspekt der Abgrenzung, die sofortige Immunabwehr der Krankheitserreger und damit auch die Abwehr von Störungen. Prasem als zweiter Stein der Blasenzeit steht dagegen für das »Durchlassen des Unaufhaltsamen«. Also für die Abhilfe bei all jenen Dingen, die uns – wie die Strahlung – bereits »unter die Haut gegangen« sind. Hier hilft kein »Zur-Wehr-Setzen« sondern nur noch das schlichte »Unbeeindrucktbleiben«. Genau das vermittelt Prasem.

Prasem wird am besten als Kette, Anhänger, gebohrter Trommelstein oder Schmuckstein mit direktem Hautkontakt getragen oder als Edelsteinwasser eingenommen. Dazu werden Roh- oder Trommelsteine für mindestens vier bis sechs Stunden in ein Glas Wasser gelegt, das anschließend schluckweise über den Tag verteilt getrunken wird. Auch käufliche Edelstein-Essenzen (mehrmals täglich 5 - 7 Tropfen in ein Glas Wasser) können eingesetzt werden. Als Sofortmaßnahme gerade bei starker Sonnenstrahlung kann Prasem auch in den Mund genommen werden.

Die zwölfte Stunde: Chalcedon (17.00 Uhr)

Um 17.00 Uhr, mit der ersten Hälfte der Nierenzeit beginnt die Tagesstunde des Chalcedons. Dieser paßt ausgesprochen gut zur Nierenzeit, da er aufgrund seiner Entstehung und Beschaffenheit die gesamte Bewegung und Reinigung der Körperflüssigkeiten im Organismus anspricht. Chalcedon ist ein feinkristalliner trigonaler Quarz (SiO_2), dessen hellblaue Farbe durch einen Lichtbrechungseffekt entsteht.[87] Chalcedon wird aus reiner Kieselsäure gebildet, die entweder magmatischen Ursprungs ist oder durch Zerfalls- und Verwitterungsprozesse in Boden und Gestein freigesetzt wurde. Auf ihrem Weg durch Spalten und Risse im Gestein beginnt die Kieselsäure einzudicken. Von ihrer ursprünglichen milchähnlichen Konsistenz geht sie nach und nach in einen Gelzustand über und wird schließlich fest. Auf diese Weise entsteht Chalcedon schließlich als hellblaue Spalten- und Hohlraumfüllung.

Nach dem Prinzip »Ähnliches heilt Ähnliches« wirkt der aus eingedickter Flüssigkeit entstandene Chalcedon nun überall dort, wo auch in unserem Körper Flüssigkeiten dicker und zähfließender werden. Daher fördert er den Abbau von Wassereinlagerungen, die Bewegung der Gewebsflüssigkeit, den Lymphfluß und die wäßrige Ausscheidung über Nieren und Blase. Dem

87 Siehe hierzu: Michael Gienger, *Lexikon der Heilsteine,* Im Osterholz 1997/Neue Erde 2000

Chalcedon, Brasilien

Bild der reinen, fremdstoffreien Kieselsäure entspricht dabei auch die gereinigte Flüssigkeit in unserem Körper. Hildegard von Bingen empfiehlt deshalb, Chalcedon stets so zu tragen, »daß er die Haut berührt und möglichst auf einer Ader des Körpers liegt«.

In gereinigten Körperflüssigkeiten kann auch das Immunsystem besser arbeiten. Ungenügende Ausleitung von Stoffwechselabfällen über die Nieren führt zu einer Verschlackung des Gewebes. Dadurch werden Bewegungen der Immunzellen behindert und Krankheitserreger in ihrer Ausbreitung begünstigt. »Von daher wendet dieser Stein Krankheiten vom Menschen ab«, schreibt Hildegard von Bingen und charakterisiert den Chalcedon damit ebenfalls als allgemein immunstärkenden Stein.

Auch seelisch bringt Chalcedon in Fluß. Er hilft, sich fließend auszudrücken, und verbessert so die Kommunikation. Hildegard von Bingen schreibt hierzu: »Wer sich Festigkeit und Beherztheit wünscht, um eine Rede zu halten, und wer das, was er sagen will, geschickt vortragen möchte, der halte einen Chalcedon in seiner Hand …« Kommunikation ist nun gerade für die Nierenzeit sehr wichtig, für den Austausch mit Partnern, Familie und Freunden. Einerseits, um sich manches von der Seele zu reden, und andererseits, um sich zu trauen, unangenehme oder ungeliebte Themen anzusprechen und zu klären. Wie schon im Kapitel zur Nierenzeit (S. 63) beschrieben, besteht Freundschaft und Partnerschaft ganz wesentlich darin, daß wir uns gegenseitig sagen können, was wir denken.

In Gesprächen hilft Chalcedon daher auch, verständnisvoll und diplomatisch zu sein. Hildegard schreibt hierzu, daß Chalcedon »einen beharrlichen Sinn gegen den Jähzorn verleiht, so daß er sich in seinem Verhalten so beherrschen kann, daß sich niemand finden wird, den er ungerechterweise verletzen würde, auch wenn jener ihm Anlaß zu gerechtem Zorn gegeben hätte.« Sich gut ausdrücken zu können und gleichzeitig gelassen zu bleiben – es gibt sicherlich keine bessere Voraussetzung für einen ausgeglichenen Tagesabschluß!

Chalcedon kann als Trommelstein in der Hosentasche mitgeführt und bei Bedarf in die Hand genommen werden. Er wird auch als Kette, Anhänger, gebohrter Trommelstein oder Schmuckstein im Halsbereich sowie als Armband am Handgelenk getragen. Bei körperlichen Beschwerden wird Chalcedon mitunter als Edelsteinessenz (dreimal täglich 5 Tropfen) oder Edelsteinwasser eingesetzt. Letzteres wird durch mindestens vier- bis sechsstündiges Einlegen von Roh- oder Trommelsteinen in ein Glas Wasser hergestellt.

Die Steine des Abends

Die dreizehnte Stunde: Chrysopras (18.00 Uhr)

Der zweite Abschnitt der Nierenzeit ist die Tagesstunde des Chrysopras. Auch dieser paßt ausgesprochen gut zur Nierenzeit, da er zur Chalcedon-Familie gehört und im Grunde ähnliche Eigenschaften aufweist wie der blaue Chalcedon zuvor. Auch Chrysopras ist ein feinkristalliner trigonaler Quarz (SiO_2), dessen apfelgrüne Farbe jedoch durch geringe Beimengungen von Nickel entsteht. Er wird aus kieselsäurereichem Oberflächenwasser gebildet, das in Nickelerzlagerstätten eindringt. Dabei wird die eindickende Kieselsäure mit Nickel durchsetzt. Die grüne Farbe besteht jedoch nur, solange der Stein auch Wasser enthält. Trocknet er aus, verblaßt er, wird er ins Wasser gelegt, kann sich seine Farbe wieder regenerieren. Dies zeigt deutlich die Verbindung des Nickels zum wäßrigen System.

Als Chalcedon-Varietät fördert auch Chrysopras den Abbau von Wassereinlagerungen, die Bewegung der Gewebsflüssigkeit, den Lymphfluß und die wäßrige Ausscheidung über Nieren und Blase. Durch den Nickelgehalt wird dabei jedoch die reinigende Wirkung auf das Gewebe enorm verstärkt. Da Nickel schon in relativ geringer Dosierung für unseren Körper ein Gift darstellt, genügt die durch den Chrysopras vermittelte Information »Nickel« bereits, um sofortige Entgiftungsprozesse zu aktivieren. So wird die Ausschwemmung eingelagerter Stoffe aus dem Gewebe begünstigt, die

Chrysopras, Australien: Durch Nickel grün gefärbter Chalcedon

Tätigkeit der Leber aktiviert und die Ausscheidung der Nieren erhöht. Chrysopras zählt zu den besten Entgiftungssteinen und ist aufgrund der modernen Umweltbelastungen heutzutage der Heilstein Nr. 1.

Aus diesem Grund erwähnt auch Hildegard von Bingen mehrmals seine entgiftenden Wirkungen: »Wenn ein Mensch an irgendeinem Glied von Gicht[88] geplagt wird, so lege er an dieser Stelle einen Chrysopras auf die bloße Haut, und die Gicht wird schwinden. (...) Wenn sich der Stein an einem Ort befindet, wo ein tödliches Gift ist, so verliert jenes seine Kraft, so daß es kraftlos und schwach wie Wasser, also unwirksam wird.« Auch die von Hildegard erwähnte Heilwirkung bei Epilepsie kann auf die entgiftenden Eigenschaften des Chrysopras zurückgehen. Wie schon beim Smaragd (S. 111) erläutert, geht Epilepsie mit einer Verschleimung des Gehirns einher, die Fehlleitungen elektrischer

88 Mit »Gicht« wurden im Mittelalter viele Auswirkungen »durchmischter, in Unordnung geratener Säfte« bezeichnet. Im Grunde also Folgen verschlackten und übersäuerten Gewebes wie z. B. Rheuma usw.

Impulse verursacht. Interessanterweise hilft Smaragd als erster Stein des Tages generell bei Epilepsie, während Chrysopras vor allem bei jenen Formen anspricht, wenn die Anfälle verstärkt nachts beim Einschlafen auftreten (Hildegard von Bingen: »Deshalb hat dieser Stein eine besondere Kraft bei Nacht …«).

Der körperlichen Entgiftung des Chrysopras entspricht seine seelische Wirkung. Chrysopras befreit von belastenden Bildern bzw. hilft, diese zu verarbeiten. Er beendet wiederkehrende Alpträume, gerade auch bei Kindern, die nachts verstört weinend erwachen und ihre Umgebung nicht erkennen. Chrysopras schenkt Vertrauen und Geborgenheit in sich selbst und ermöglicht so, unabhängig von der Zuwendung anderer aus sich selbst heraus zufrieden zu sein. Dadurch lindert er sogar Eifersucht und Liebeskummer und hilft bei sexuellen Problemen (welche die chinesische Medizin ebenfalls dem Nierenfunktionskreis zuordet!).

Chrysopras hilft ähnlich wie Chalcedon, Konflikte zu klären, ist jedoch im Vergleich zu diesem auch hier der intensivere, tiefergehende Stein. Er ermöglicht, über tiefe Verletzungen, Beleidigungen und Erniedrigungen zu reden; im Grunde also all das zu äußern, das uns »an die Nieren geht«. Gerade zur Lösung schwerwiegender Partnerprobleme ist Chrysopras der beste Stein. Er hilft, trotz heftiger Emotionen

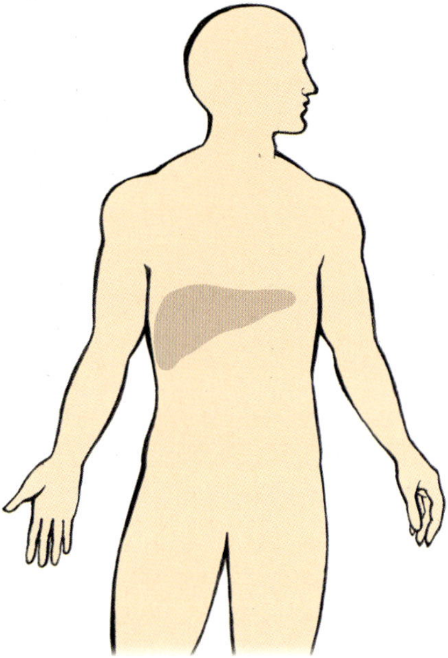

Auflegen von Chrysopras zur Entgiftung (zur Unterstützung der Leber)

(Hildegard: »Wenn jemand gewaltig in Zorn gerät …«) das Gespräch zu suchen und erleichtert so den ersten Schritt aufeinander zu. Natürlich nimmt er uns die notwendige Auseinandersetzung nicht ab, doch er gibt Hoffnung und hilft, wieder Vertrauen zu gewinnen.

Im Vergleich von Chalcedon und Chrysopras, den beiden nahe verwandten Steinen der Nierenzeit, wird der Wechsel von der hellen zur dunklen Seite des Tages besonders deutlich. Chrysopras, der erste Stein der Nachthälfte, berührt deutlich die dunkleren Seiten der Nierenthemen. Wo Chalcedon das offene Gespräch unter

Freunden repräsentiert, steht Chrysopras für die Aussprache tiefer Verletzungen unter Partnern. Chalcedon hilft, zu formulieren, was wir wissen – Chrysopras dagegen ermöglicht, zu äußern, was wir vielleicht nur ahnen oder fühlen. Chalcedon betont die Gelassenheit und Ausgeglichenheit sowie die Balance der gereinigten Körperflüssigkeiten – Chrysopras setzt sich dagegen mit dem seelischen Schmerz aktiv auseinander und ebenso mit dem Gift, das ausgeschieden werden muß. Doch den beiden Stunden der Nierenzeit hätte man keine besseren Steine zuordnen können als diese!

Chrysopras kann als Trommelstein in der Hosentasche mitgeführt sowie als Kette, Anhänger, gebohrter Trommelstein oder Schmuckstein im Halsbereich getragen werden. Speziell zur Entgiftung wird er mitunter auch auf die Leber aufgelegt. Da seine entgiftende Wirkung sehr stark ist und in manchen Fällen zu Schweißausbrüchen oder leichtem Durchfall führen kann, empfiehlt sich, Chrysopras am ersten Tag nur ca. eine Stunde zu verwenden und diese Zeit dann täglich zu steigern. Auch die Edelsteinessenz (ein- bis dreimal täglich 3 - 7 Tropfen) oder das Edelsteinwasser sollte zu Beginn niedrig dosiert werden. Letzteres wird durch mindestens vier- bis sechsstündiges Einlegen von Roh- oder Trommelsteinen in ein Glas Wasser hergestellt.

Die vierzehnte Stunde: Granat (19.00 Uhr)

Um 19.00 Uhr, mit der ersten Hälfte der Kreislauf-Sexus-Zeit beginnt die Tagesstunde des Granats. Da Hildegard von Bingen hier vom »Karfunkel«[89] schreibt, sind zu dieser Zeit insbesondere die roten Granate Almandin und Pyrop angesprochen.

Granat (Almandin) in Glimmerschiefer, Ötztal, Österreich

Almandin ist ein Eisen-Aluminium-Granat, Pyrop ein Magnesium-Aluminium-Granat. Beide sind kubische Inselsilikate (Almandin: $Fe_3Al_2[SiO_4]_3$, Pyrop: $Mg_3Al_2[SiO_4]_3$) und entstehen bei der Bildung metamorpher Gesteine wie Glimmerschiefer und Gneis (Almandin) oder Eklogit und Peridotit (Pyrop). Der meist braune bis braunrote Almandin ist in Mitteleuropa vor allem aus den Alpen (Ötztal) bekannt, der blutrote Pyrop dagegen aus Böhmen (sog. »Böhmischer Granat«). Beide waren schon zu Hildegards Zeiten verbreitet.

89 Mit »Karfunkel« wurden im Mittelalter verschiedene rote Steine, vor allem Granat, Rubin und Spinell bezeichnet. Hildegards Beschreibungen passen jedoch am besten zum Granat. Näheres hierzu finden Sie in Michael Gienger, *Die Heilsteine der Hildegard von Bingen*, Neue Erde, Saarbrücken 2004.

Granat (Pyrop) in Gneis, Alaska, USA

Rote Granate zählen zu den besten Kreislauf-Steinen. Der eisenhaltige Almandin regt dabei vor allem die Spannung der Blutgefäße an und hilft dadurch bei niedrigem Blutdruck. Bei Neigung zu Bluthochdruck sollte man ihn jedoch nur maximal eine Stunde ohne Unterbrechung einsetzen. Darauf beziehen sich wahrscheinlich auch Hildegards Warnungen, die zur Kraft des Granats schreibt: »Man sollte ihr mit Respekt begegnen, und die Kraft des Karfunkels nur mit Vorsicht und Sorgfalt zur Anwendung bringen.« Auch an drei weiteren Stellen betont sie die kurzzeitige Anwendung des Granats. Er soll sofort entfernt werden, wenn der Betreffende sich »ein wenig von ihm durchwärmt fühlt«, »auch nur eine kleine Bewegung in seinem Körper spürt« oder (bei Kopfschmerzen) »die Kopfhaut an dieser Stelle warm wird«.

Etwas anders verhält es sich beim Pyrop, der aufgrund seines Magnesiumgehalts eher für eine Entspannung und Reinigung der Gefäße sorgt. Das macht ihn zu einem der wichtigsten Heilsteine bei Durchblutungsstörungen, mangelhaft versorgten Gliedmaßen und chronisch kalten Händen und Füßen. Pyrop erhöht den Blutdruck nicht übermäßig, senkt ihn allerdings auch nicht (wahrscheinlich wirkt hier die blutrote Farbe entgegen). Aus diesem Grund kann er etwas sorgloser verwendet und wesentlich länger getragen werden als Almandin.

Beide Granate zeigen die von Hildegard beschriebenen Heilwirkungen. Sie helfen bei kreislaufbedingten Kopfschmerzen und wirken fiebertreibend, wodurch sie zur Heilung von Erkältungen und Infektionen beitragen können. Dennoch haben sie auch verschiedene Gesichter: Almandin und Pyrop spiegeln in ihren Gegensätzen Eisen (Aktivität, Spannung) und Magnesium (Beruhigung, Entspannung) sehr schön die verschiedenen Aspekte abendlicher Betätigung.

Der eisenreiche Almandin bringt zur Tagesstunde des Granats eher den Schwung, sich »nocheinmal ins Leben zu stürzen«, auszugehen oder sich anderweitig aktiv zu betätigen. Durch das Eisen wird die nach Abschluß des Tagwerks freiwerdende Energie erneut nach außen gelenkt. Almandin bringt daher die Tatkraft, Unerledigtes aufzuräumen oder in Hobby, Freizeit, Fortbildung oder anderen Tätigkeiten eigene Vorstellungen aktiv zu verwirklichen.

Der magnesiumhaltige Pyrop dagegen setzt die Energie dieser Zeit eher dazu um, uns von innen zu wärmen und zu erhellen. Er fördert das behaglich-erholsame Auftanken, das sinnliche Genießen und damit natürlich auch die Lust an der Sexualität. Er hilft bei vielen sexuellen Problemen wie Impotenz (z. B. durch »Leistungsdruck«), Frigidität, Hemmungen und Abwertungen der Sexualität durch unsinnige Moral (»Sex ist schmutzig« u. a.). Pyrop macht offen für die sexuelle Erfahrung und hilft gleichzeitig, zu entspannen und hinderliche Erwartungen zu reduzieren (Magnesium). Damit dürfte einer schönen sexuellen Begegnung nichts im Wege stehen, sofern die Atmosphäre und Zuneigung zwischen den Partnern stimmt. Gibt es hier jedoch tieferliegende Konflikte (Nierenthema!), steht natürlich zunächst deren Klärung an!

Beide Granate helfen auch, sich am Abend mit den aus dem Inneren auftauchenden Gedanken, Bildern und Gefühlen auseinanderzusetzen. Gerade in sehr schwierigen Lebenssituationen, in denen im Moment abendlicher Entspannung Ängste, Sorgen, Zweifel, Leeregefühle, Unsicherheit und Kummer auftauchen, bestärkt uns Granat darin, all diesen Dingen ins Auge zu sehen und zuversichtlich zu bleiben. Er hilft, selbst die unwahrscheinlichste Hoffnung aufrechtzuerhalten und ohne jeglichen Lichtblick weiterzumachen, um das für den Moment Notwendige zu tun. Granat mobilisiert die Kraft in uns, solche Krisen zu überwinden. Aus diesem Grund werden rote Granate von alters her Krisensteine genannt. Sie waren in der Vergangenheit auch stets in Krisenzeiten (z. B. nach den Weltkriegen) in Mode. Hildegard bringt die Entstehung des Granats daher auch mit Zeiten der »Hungersnot, Pestilenz und politischen Wirren« in Verbindung.

In der abendlichen Reflektion können rote Granate daher eine wesentliche Hilfe sein, sich von unbrauchbaren oder veralteten Vorstellungen, Ideen, Vereinbarungen und übernommenen Meinungen zu befreien und den Entschluß zu fassen, ein neues Leben zu beginnen. Dazu fördert Granat Selbstüberwindung, Selbstvertrauen und Willensstärke, sowohl äußeren als auch inneren Widerständen gegenüber. Granat hilft, hinderliche Verhaltensmuster und Gewohnheiten aufzulösen und bringt Mut und Lebensfreude. Und letzteres ist bekanntlich ja auch das beste Kreislauftonikum.

Granat wird am besten als Kristall oder Trommelstein in der Hosentasche mitgeführt und bei Bedarf in die Hand genommen. Er kann als Kette, Anhänger, gebohrter Trommelstein oder Schmuckstein getragen werden, jedoch sollte Almandin bei Unruhe, Herzklopfen oder Anzeichen von Blutdruckerhöhung abgelegt bzw. vorsorglich zunächst nur ca. 1 Std. täglich getragen werden. Bei extrem niedrigem Blutdruck kann auch die Edelsteinessenz eingesetzt werden, jedoch nur in geringer Dosierung (zweimal täglich 2 - 4 Tropfen). Auch von Granatwasser (Kristalle oder Trommelsteine für ca. zwei bis vier Stunden in ein Glas Wasser gelegt) sollte nur zweistündlich ein

Schluck getrunken werden. Diese Dosierungsangaben sind nach Hildegards Empfehlung zunächst »vorsichtig und sorgfältig« gewählt. Bei guter Verträglichkeit kann die Dosierung daher schrittweise erhöht werden.

Die fünfzehnte Stunde: Amethyst (20.00 Uhr)

Der zweite Abschnitt der Kreislauf-Sexus-Zeit ist die Tagesstunde des Amethyst. Hier zeigt sich wiederum der Wechsel von der steigenden zur sinkenden Aktivität: Amethyst bildet den Gegenpol zu den Granaten, da er deutlich Kreislauf beruhigend und Blutdruck senkend wirkt. Amethyst ist ein trigonaler Kristallquarz (SiO_2), der seine schöne violette Farbe durch Spuren feinverteilten Eisens erhält. Er entsteht aus Kieselsäurelösungen magmatischen Ursprungs meist in Blasenhohlräumen vulkanischer Gesteine. Der Name »Amethyst« stammt von griech. »amethyein« = »vor Trunkenheit bewahren«, da ihm seit der Antike eine ernüchternde, klärende Wirkung nachgesagt wird. Im Mittelalter beschreibt Konrad von Megenberg ihn als ein Mineral, das »den Menschen wacker macht, die bösen Gedanken vertreibt, gute Vernunft bringt und mild und sanft macht.«[90]

Amethyst, Brasilien

Das »Vertreiben böser Gedanken« paßt sehr gut zur zweiten Hälfte der Kreislauf-Sexus-Zeit. Gerade auch dann, wenn Unzufriedenheit mit dem vergangenen Tag, Druck, Angst, Verärgerung oder der »innere Kampf«, das nicht nachlassende Gefühl der Anstrengung uns nach wie vor stressen. Dann kann auch der Kreislauf nicht nachlassen. Unruhe trotz Müdigkeit, Gereiztheit, Kopfschmerzen und andere Überfunktionssymptome können die Folge sein.

Hier hilft Amethyst sehr gut. Er lindert körperliche Beschwerden wie Kopfschmerzen und Verspannungen, beruhigt Nerven, Haut (Juckreiz) und Kreislauf, wobei er insbesondere zu hohen Blutdruck senkt. Hierfür kann ein kleines Amethyst-Drusenstück verwendet werden. Dieses wird wie eine »Bürste« mit 1 - 2 cm Abstand in parallelen Bahnen mehrfach von oben nach unten über den Körper geführt. Bei Kopfschmerzen z. B. von der Stirn über Schädel und Nacken. Bei Nervosität und hohem Blutdruck von der Stirn über Kopf, Rücken und Beine bis zu den Füßen. Und bei Verspannungen von oben nach unten bzw. vom Rumpf zu den Gliedmaßen über die verspannte Stelle hinweg. Diese Behandlung

90 Konrad von Megenberg, Das Buch der Natur, hrsg. von Fr. Pfeiffer, Stuttgart 1861

(die von einer anderen Person an uns durchgeführt werden sollte) beruhigt und entspannt sehr schnell und bringt ein angenehm-wohliges Körperempfinden. Ist es uns nicht möglich, in den Genuß einer solchen Behandlung zu kommen, können wir Amethyst – mit etwas schwächerem Effekt – auch als Kette, Anhänger, gebohrter Trommelstein oder Schmuckstein tragen sowie je einen Kristall oder Trommelstein in jede Hand nehmen.

Seelisch hilft Amethyst bei Trauer und unterstützt die Bewältigung von Verlusten. Gerade auch, wenn wir uns am Abend leer und alleine fühlen, ermöglicht Amethyst, durch neue Einsichten wieder einen Sinn in unserem Dasein zu finden. Er hilft, jene Gedanken und Bilder, die uns in die Vergangenheit ziehen oder Zukunftssorgen aufbringen, ruhig zu betrachten und bewußt zu verarbeiten. Auf diese Weise können wir aus ihnen unsere Schlüsse ziehen, daraus lernen, und sie anschließend verabschieden. Daher unterstützt er auch die befreiende Tagesrückschau (das »Abendgebet«), die natürlich auch im Tagebuchschreiben oder Gespräch mit Freunden stattfinden kann. Amethyst hilft uns am Abend, unseren inneren Frieden wiederzufinden. Und nicht nur am Abend ist Amethyst daher ein sehr guter Meditationsstein, der uns hilft, den inneren Dialog abzustellen und eine klare geistige Wachheit zu gewinnen.

Die seelische Wirkung des Amethysts zieht sich mitunter bis in die Nacht hinein. Wird Amethyst zu seiner Stunde am Abend getragen oder als klarer hellvioletter Stein unter das Kopfkissen gelegt, so aktiviert er die nächtlichen »Entrümpelungsträume« (siehe auch Kap. »Die Nacht« S. 37). Auf diese Weise setzt er seine befreiende und klärende Wirkung bis ins Unterbewußtsein fort.

Die sechzehnte Stunde: Jaspis (21.00 Uhr)

Um 21.00 Uhr, mit der ersten Hälfte der Dreifacher-Erwärmer-Zeit beginnt die Tagesstunde des Jaspis. Hildegard von Bingen charakterisiert diesen als »warm und feurig« und beschreibt seine Entstehung »aus dem Sand eines Wasserlaufs«. Tatsächlich wird Jaspis meist dadurch gebildet, daß tonige oder sandige Sedimente von Kieselsäure durchdrungen werden, die sich anschließend zu trigonalem Quarz (SiO_2)

Jaspis grün, Indien   Jaspis gelb, Südafrika
Jaspis rot, Südafrika

verfestigt. Das ursprünglich poröse, lockere Sediment wird auf diese Weise in die festere Quarzsubstanz eingebunden und gibt dem Jaspis seine einzigartigen Zeichnungen. Die verschiedenen Farbtöne entstehen dabei überwiegend durch Eisenverbindungen: Rot und Gelb durch Eisenoxide, Grün durch Eisensilikate. Als Heilstein für den Dreifachen Erwärmer kommen insbesondere roter und gelber Jaspis in Betracht.

Deren Eisenoxidgehalt wirkt tatsächlich erwärmend. Er fördert die Durchblutung und Energieverteilung im Körper, stärkt also die zentralen Funktionen des Dreifachen Erwärmers. Interessanterweise gibt Hildegard von Bingen als Begründung der Heilkräfte des Jaspis an, daß dieser die Elemente »Feuer, Luft und Wasser« enthält. Dies erinnert an die traditionelle chinesische Beschreibung der drei Erwärmer:[93] »Der Obere Erwärmer ist ein Dunst. Der Mittlere Erwärmer ist ein Schaum. Der Untere Erwärmer ist ein Sumpf.« Daher verbindet und reguliert der Dreifache Erwärmer die Energie des Atems (Dunst), der Verdauung (Schaum) und der Ausscheidung (Sumpf). Nur durch ein harmonisches Zusammenwirken dieser drei Bereiche wird der gesamte Körper gleichmäßig durchwärmt, gestärkt und geschützt.

Zur Aufgabe des Dreifachen Erwärmers zählt daher auch die energetische Unterstützung des Immunsystems (siehe S. 70).

In diesem Sinne ist auch die Wirkung des Jaspis zu verstehen: Bei akuten Erkrankungen wirkt roter Jaspis fiebertreibend. Er schützt die inneren Organe durch eine Erhöhung der Körpertemperatur und damit des gesamten Energieniveaus. Gelber Jaspis sorgt dagegen für eine langfristig ausgeglichene Energieverteilung aller Organe, was den Immunschutz stabilisiert und dabei hilft, Krankheiten vorzubeugen. Diese Unterstützung des »Schutzsystems« zeigt sich auch in der Signatur der Jaspisbildung: Das durchlässige, unbeständige Sediment wird durch die Kieselsäure stabilisiert und gefestigt.

Entsprechend vermittelt Jaspis auch seelische Standfestigkeit und Kraft. Aus diesem Grund empfiehlt ihn Hildegard von Bingen bei Mondsüchtigkeit, geistiger Verwirrung und Epilepsie. Dabei weist sie deutlich auf eine langandauernde Anwendung hin: »Auf diese Weise verfahre er fünf Monde lang, so wird er Verstand und Gesundheit wiedererlangen.« Jaspis ist hier kein Stein für eine kurzfristige akute Anwendung, sondern für eine langfristige Stabilisierung von Körper und Seele – eben für eine ausgewogene Regulation durch den Dreifachen Erwärmer.

Jaspis hilft, am Abend einen stabilen Zustand und das Gefühl der Sicherheit zu gewinnen. Dadurch entsteht der für die Nacht schützende Rahmen zur Erholung. Die Jaspiszeit ist aus diesem Grund auch eine wichtige Vorbereitung für die Tagesstunde

91 *Nei Jing*, Verlag für Volkshygiene, Beijing 1963, Seite 199

des Diamants, die sich – je nach Ausgangsbasis – völlig unterschiedlich entwickeln kann. Die Stunde des Jaspis ist im Grunde die letzte Tageszeit für körperliche Aktivitäten, die jedoch möglichst nicht zu anstrengend sein sollten. Danach ist ein guter Moment, sich zur Ruhe zu begeben.

Für die genannten Wirkungen kann Jaspis als Trommelstein in der Hosentasche mitgeführt und bei Bedarf in die Hand genommen werden. Auch die Verwendung als Kette, Anhänger, gebohrter Trommelstein oder Schmuckstein sowie als Edelsteinessenz (mehrmals täglich 3 - 6 Tropfen) oder Edelsteinwasser ist möglich. Letzteres wird hergestellt, indem Roh- oder Trommelsteine für mehrere Tage oder Wochen in einen Krug (o. ä.) mit Wasser gelegt werden. Davon wird täglich etwas abgenommen und schluckweise über den Tag verteilt getrunken.

Die siebzehnte Stunde: Diamant (22.00 Uhr)

Der zweite Abschnitt der Dreifachen-Erwärmer-Zeit ist die Tagesstunde des Diamanten. Auch dieser wird von Hildegard von Bingen als »warm« bezeichnet. Diese Eigenschaft verdankt der Diamant jedoch nicht dem Eisen wie der vorangegangene Jaspis, sondern seiner metamorphen Entstehung. Diamant ist reiner Kohlenstoff (Formel: C_n) in kubischer Kristallstruktur, der in etwa 30 km Tiefe bei ca. 40.000 Atmosphären Druck und 2000° C Hitze aus der Umwandlung des hexagonalen Graphits hervorgeht.

Diamant, Südafrika

Dieser Verwandlung des weichen, grauen Materials in einen harten, klaren Edelstein entspricht der oft lebenslange Prozeß der Veredelung unseres Charakters. Graphit und Diamant unterscheiden sich nur geringfügig in ihrer Struktur – und doch verändert sich das Erscheinungsbild des Kohlenstoffs durch die Metamorphose enorm! Ähnlich liegt auch in uns das Potential immenser Fähigkeiten und Kräfte oft völlig unerkannt verborgen, bis wir uns daran machen, unsere inneren Schätze nach und nach zu heben. Auch dabei durchlaufen wir viele Metamorphosen: Was in der Jugend ein ersehntes Ideal sein mag, wird im Erwachsenenalter erkämpfte Realität und offenbart mitunter doch erst im Alter seinen Gehalt an dauerhaftem Wert.

Diamant regt daher an, aus unserem Potential, unseren inneren Möglichkeiten, das Optimum an Fähigkeiten zu entwickeln. Er ist ein machtvoller Edelstein, jedoch kein Stein tyrannischer Macht! Schon Hildegard von Bingen schreibt über ihn: »Menschen, die (...) zu hämischen und verletzenden Worten neigen, sollten regelmäßig oder ständig einen Diamant in ihrem Mund haben. Dessen Kraft ist so stark, daß sie ihre Boshaftigkeit und das Übel in ihnen auslöscht. Denn der Diamant hat ein starkes und unerbittliches Feuer in sich, das ihm eine unbezwingbare Härte verleiht. Diese Härte bezwingt die Härte menschlichen Denkens und Sinnens, wenn das heiße Feuer des Steins mit der Wärme des Speichels den Menschen innerlich erwärmt.«

Aus diesem Grund wird Diamant schon seit Jahrtausenden als Verkörperung hehrer Tugenden betrachtet: Unbezwingbarkeit (griech. »adamas« = »unbezwingbar«), Unvergänglichkeit, Neutralität, Gerechtigkeit, Befreiung, Tugendhaftigkeit, Kontrolle, Sieg und Stärke. Alles, was diesen heldenhaften Idealen widerspricht, wird dabei gnadenlos sichtbar. »Diamant bringt einen schlechten Charakter hervor«, heißt es mitunter. Das ist richtig, solange wir »hervorbringen« nicht als »erzeugen«, sondern »ans Licht bringen« verstehen! Diamant zeigt nur das Vorhandene – Neid, Habgier, Geiz, Unehrlichkeit, Mißtrauen, Feigheit usw. – um durch Erkenntnis und Verstehen die Verwandlung zu ermöglichen. Dabei geraten wir mitunter ebenfalls unter großen Druck und Hitze, manches ist nicht leicht zu ertragen, doch es lohnt sich.

Das Ziel ist eine klare, feste Ordnung in unserem Leben, die Verwirklichung unserer Ideale sowie Selbstbestimmung, Verantwortung, Aufrichtigkeit und geistige Freiheit. Deutlich benennt auch Hildegard von Bingen den Diamanten daher als Heilstein bei Geisteskrankheiten (»teuflischen Einflüsterungen«), lügnerischem Wesen, Jähzorn und mangelnder Disziplin. Selbst auf körperlicher Ebene hilft er, verlorene Ordnung und Kontrolle wiederherzustellen. Die von Hildegard beschriebene Heilwirkung bei Schlaganfällen hat sich in den vergangenen Jahren mehrfach bestätigt. Diamant wird dazu einen Tag in Wasser gelegt, welches danach schluckweise über den Tag verteilt getrunken wird.

Diamant unterstützt so auf sehr tiefgreifende Weise die Funktion des Dreifachen Erwärmers, Ordnung und Ausgeglichenheit zu wahren. Je nach dem, ob wir zu seiner Tagesstunde schon schlafen oder nicht, kann sich dies nun ganz unterschiedlich auswirken. Im Schlaf beschleunigt Diamant die Ordnungs- und Reinigungsprozesse des Körpers, wobei er insbesondere auch die Heilung und Regeneration von Gehirn, Nervensystem, Sinnesorganen und Hormondrüsen fördert. Dies wird nach einigen Tagen schon in einer gesteigerten Wachheit und Bewußtheit bemerkbar.

Sind wir dagegen noch wach, so kann Diamant uns helfen, die »nächtlichen Gespenster« der Angst und Depression sowie Gefühle der Sinnlosigkeit zu vertreiben. Ist es uns bis zur Stunde des Jaspis noch nicht geglückt, Sicherheit und Ruhe zu finden, kann es sein, daß nun am späten Abend alle Mißerfolge des Tages oder der Vergangenheit noch einmal Revue passieren: gescheiterte Pläne und Ziele, Probleme und Konflikte, Unglück und Frustration usw. Diamant hilft hier, Ursachen und Zusammenhänge zu erkennen sowie Lösungsmöglichkeiten zu finden. Dadurch unterstützt er diese »letzte Chance«, den Tag in Frieden abzuschließen.

Haben wir dagegen bereits Stabilität und Ausgeglichenheit gewonnen, kann Diamant die nächtliche Reflektion unseres Lebens beträchlich erweitern. Er hilft, die eigene Lebenssituation mit nüchternem Blick zu sehen, dabei jedoch die innewohnenden Möglichkeiten und Chancen zu erkennen. Er ermöglicht, die Konsequenzen des eigenen Tuns zu überblicken und so wirklich Verantwortung zu übernehmen. Diamant eröffnet in dieser Zeit oft ungeahnte Lebensperspektiven, die uns jedoch meist sehr bekannt vorkommen und eine tiefe innere Zustimmung finden. Diamant hilft, tief empfundene Werte und Gewißheiten, Wünsche und Visionen wiederzuentdecken und auf dem ursprünglichen Kurs zu unseren ureigensten Zielen voranzukommen.

Neben der bereits beschriebenen Anwendung als Edelsteinwasser kann Diamant dazu auch am Körper getragen oder in der abendlichen Meditation auf die Stirn aufgelegt werden. Es können dabei durchaus auch kleine, graue Rohdiamanten verwendet werden – es müssen nicht immer teure Brillanten sein!

Die achtzehnte Stunde: Magnetit (23.00 Uhr)

Um 23.00 Uhr, mit der ersten Hälfte der Gallenblasen-Zeit beginnt die Tagesstunde des Magnetits. Magnetit ist ein kubisches Eisenoxid (Fe_3O_4) magmatischer oder metamorpher Bildung. Sein Magnetismus entsteht dadurch, daß die Eisenionen im kubischen Kristallgitter in rechten Winkeln zueinander geordnet und alle gleichgerichtet sind. Um eine solche durchgängig strenge Ordnung zu erzielen, muß das Eisenerz bei hohen Temperaturen entstanden sein. Dadurch waren die Eisenteilchen beweglich und konnten sich auf das Erdmagnetfeld einpendeln. Die Ausrichtung der Magnetite im Gestein gibt so auch Auskunft über die

Magnetit, Brasilien

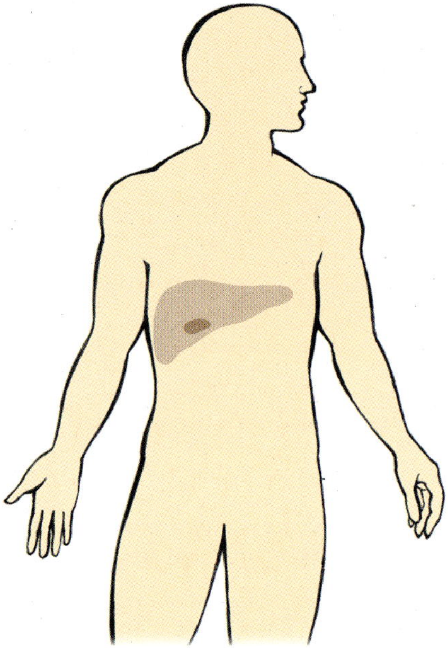

Auflegen von Magnetit

Polung des Erdmagnetfelds in früheren Zeiten.

»Der Magnetstein ist warm«, schreibt Hildegard von Bingen daher treffend, »und zieht von Natur aus das Eisen an.« Da er seine magnetische Kraft durch die Gleichrichtung mit dem Erdmagnetfeld erhält, wird Magnetit in der modernen Steinheilkunde auch als Heilstein betrachtet, der hilft, das eigene Bewußtsein auf höhere Ideale auszurichten. Er fördert die Reflektion darüber, was wir seelisch und körperlich aufnehmen und womit wir uns in Gedanken beschäftigen. Magnetit hilft, Nützliches und Unnützes zu unterscheiden, und steigert die Reaktionsfähigkeit. Darin zeigt sich auch der Charakter des Eisens: Magnetit drängt, Erkenntnisse und Entscheidungen konkret in die Tat umzusetzen.

Insofern paßt er sehr gut zur Gallenblase, die unsere seelisch-mentale Entscheidungskraft repräsentiert. Auch in der Aufgabe der Galle geht es ja darum, Schwerverdauliches (Fette) aufzubereiten und zur Aufnahme zurechtzumachen sowie Abfallstoffe auszuscheiden. Beides ist ein aktiver Vorgang. Zwar hält die Gallenblase die Galle zunächst bis zum richtigen Zeitpunkt zurück, doch wenn dieser gekommen ist, wird zügig gehandelt: zerkleinert, aufgenommen und ausgeschieden!

Wird Magnetit am Abend verwendet, zeigen sich unterschiedliche Aspekte, je nach dem, ob wir zu seiner Tagesstunde noch wach sind oder bereits schlafen. Im Wachbewußtsein fördert Magnetit klare Gedanken und die »Reinigung der Emotionen«. Hildegard von Bingen schreibt hier, daß Magnetit »die schädlichen Säfte bändigt, welche den Verstand des Menschen verwirren.« Sie bezieht sich dabei auf die antike Medizin, welche der »gelben Galle« (den Lebersäften) das cholerische Temperament zuordnet. Formulierungen wie: »Da kommt mir die Galle hoch!« – »Er spuckt Gift und Galle!« bezeichnen ja auch heute noch Wutausbrüche, die »seelische Überfunktion« der Galle. Magnetit bringt dabei manches zum Ausbruch, denn nicht nur während des Wutanfalls, auch schon zuvor bei dahinschwelendem Ärger ist unser Denken getrübt. Magnetit regt daher an, Dampf abzulassen, so daß sich das Gemüt in der Folge beruhigt und die Gedanken wieder klarer werden.

Wenn wir zur Tagesstunde des Magnetits dagegen bereits schlafen, verlagert sich dessen Wirkung auf die körperliche Reinigung sowie die seelische Klärung im Traum. Durch seinen Magnetismus regt Magnetit tatsächlich alle Drüsen des Körpers an; also auch die Leber, die größte Drüse unseres Organismus. Diese reinigt sich mit der Gallenproduktion, was im Schlaf einer erhöhten Traumtätigkeit entspricht. Dabei handelt es sich in erster Linie um die bereits angesprochenen »Entrümpelungsträume« (siehe auch das Kapitel »Gallenblase« S. 73 ff). Das Bestreben des Magnetits ist auch hier, aktiv Ruhe und Ordnung herzustellen.

Die Stunde des Magnetits ist daher im Grunde eine Fortsetzung und Weiterentwicklung der Diamantzeit. Wie Diamant ist auch Magnetit kubisch und fördert dadurch Ordnung und Struktur. Doch im Gegensatz zur geistigen Auseinandersetzung des Diamants drängt das Eisen des Magnetits nun, dessen Erkenntnisse in konkrete Entschlüsse umzusetzen. Es drängt zur Entscheidung und zur Tat. Magnetit hilft also ebenfalls bei Gallenunterfunktionen, die sich seelisch in Entscheidungsschwierigkeiten, der Tendenz, Verantwortung abzugeben, oder zu langsamer Reaktion und Untätigkeit äußern kann. Dies kann zur Folge haben, daß wir zur letzten Tagesstunde tatsächlich wieder aktiv werden, um bestimmte Ideen umzusetzen oder sie zumindest für den folgenden Tag festzuhalten.

Das Resultat kann jedoch auch der endgültige Abschluß vorausgegangener Überlegungen sein. Das Fällen einer Entscheidung – ob im Wachbewußtsein oder im Schlaf – ist oft der Schlußpunkt am Ende vieler Erwägungen. Das Nachdenken ist damit beendet, jetzt ist der Entschluß gefaßt und die Tat kann folgen. Und so, wie die Gallenblase ermöglicht, die ständig produzierte Galle noch etwas zurückzuhalten, so kann die Tat auch bis zum richtigen Zeitpunkt zurückgestellt werden. Doch mit der Entscheidung, mit dem Entschluß hat sie begonnen. Der erste Schritt ist getan.

Dieses endgültige Beenden des Nachdenkens schließt nun mit der Magnetitstunde auch den Abend ab. Sollten wir noch nicht schlafen, ist es jetzt allerhöchste Zeit, ins Bett zu gehen – sofern uns nicht eine bereits begonnene Tat doch noch wachhält und damit wahrscheinlich bis in die Leberzeit hinein beschäftigt.

Magnetit wird in Form kleiner Kristalle angewendet, die am Abend direkt im Bereich von Leber und Galle aufgelegt werden. Durch Einlegen von Magnetit-Kristallen für ein bis zwei Stunden in ein Glas Wasser kann auch ein sehr wirkungsvolles Edelsteinwasser hergestellt werden. Davon genügt es, am Abend stündlich einen Schluck zu trinken.

Die Steine der Nacht

Die neunzehnte Stunde: Bernstein (24.00 Uhr)

Der zweite Abschnitt der Gallenblasenzeit ist die Tagesstunde des Bernsteins. Dieser ist nicht nur ein hervorragender Stein für viele Gallenbeschwerden, sondern paßt aufgrund seiner weich-umhüllenden Art auch bestens zum Beginn der tiefen Nacht. Bernstein ist uraltes, versteinertes Harz. Er ist daher kein Mineral im engeren Sinne, sondern besteht aus organischen Kohlenwasserstoffen (Alkohole, Aldehyde, Ester u.v.m.). Bernstein ist amorph, besitzt also auch keine Kristallstruktur. Als Harz ist er sehr leicht und erwärmt sich schneller als ein Stein.

Daher schreibt auch Hildegard von Bingen: »Der Bernstein ist warm.« Hinsichtlich seiner Entstehung greift sie jedoch einen alten Mythos auf, wonach Bernstein aus verscharrtem Luchsurin gebildet wird. Autoren der Antike versuchten damit, sein außergewöhnlich geringes Gewicht und seine geringe Härte zu deuten. Interessant sind jedoch Hildegards Ausschmückungen dieser Geschichte. Sie spricht in ihrem Text vom »ausgeglichenen Temperament« (des Luchses), von »Sonnenwärme und leichter, milder Luft« (am Tag der Bildung) sowie der »frohen Stimmung und großen Kraft« (des Luchses). Damit webt sie in den ursprünglichen Mythos sehr treffende Charakterisierungen des Bernsteins ein.

Bernstein ist der Stein der Sorglosigkeit. Er hilft daher, wenn Sorgen auf den Magen

Bernstein, Ostpreußen

schlagen (Hildegard von Bingen: bei »heftigen Magenschmerzen«), wobei man hier genauer von Oberbauchbeschwerden sprechen müßte, da Übelkeit und Schmerzen in der Magengegend genauso von der Pankreas oder Gallenblase stammen können. Bernstein hilft in all diesen Fällen, auch bei Gallenkoliken und Entzündungen. Er wirkt darüber hinaus regulierend auf die Zusammensetzung und das Eindicken der Galle und hilft so, die Bildung von Gallensteinen zu vermeiden sowie manchen Stein auch wieder aufzulösen (Hildegard von Bingen: »Seine Kraft ist so groß, daß er sogar Steine durchdringt ...«). Der Zusammenhang zum Bild des Luchsurins ist auch darin zu finden, daß Bernstein bei Harnverhalten hilft.

Als amorpher »Stein« erleichtert Bernstein das Loslassen. Gerade das macht ihn zu einem hervorragenden Stein für die Nacht, wenn uns bestimmte Gedanken, Gefühle oder äußere Einflüsse den Schlaf rauben. Zum Nachdenken, Reflektieren und Grübeln war am Abend Zeit genug. Bernstein ermöglicht nun, alles – Abgeschlossenes wie Unerledigtes – geistig einfach

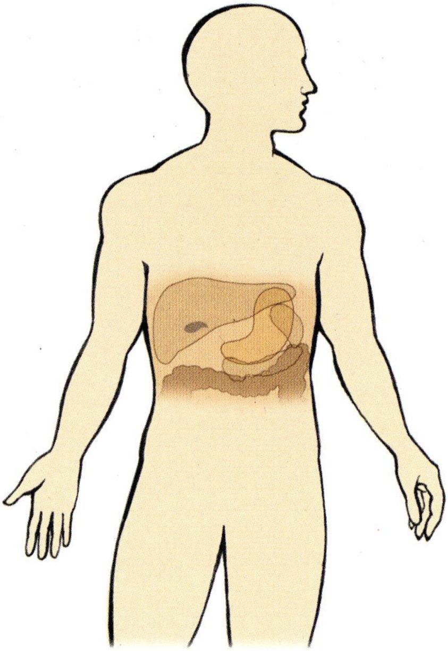

Auflagebereich von Bernstein bei Oberbauchbeschwerden

beiseite zu legen und zu vergessen. Dank seiner sorglosen, frohsinnigen Wirkung ist er auch ein guter Einschlafstein, sollten wir noch immer keine Ruhe finden.

Selbst Alpträume werden durch Bernstein gelindert, da er auch unbewußt hilft, Ängste, Belastungen, schlechtes Gewissen und Konflikte aller Art ruhen zu lassen. Ein durchaus sehr passender Stein also für die »Geisterstunde«. Doch deren »Titel« besitzt noch einen tieferen Sinn: Geistige Beeinflussungen, negative Bedenkungen und negative emotionale Energie, die von anderen auf uns gerichtet werden, machen sich ebenfalls oft in der Gallenblasenzeit bemerkbar. Für geistige Einflüsse sind wir zu dieser Zeit besonders offen, zumal auch das Herz, der »Kaiser unserer Organe« nun seinen Tagestiefpunkt hat. Bernstein hilft, solche Einflüsse wirkungslos verklingen zu lassen. Er vermittelt die sorglose »Das-geht-mich-nichts-an«-Haltung, die selbst massive Angriffe ins Leere gehen läßt. Sorglosigkeit und Frohsinn waren schon immer uneinnehmbare Bastionen gegen Mißgunst und niedrige Gesinnung.

In jüngster Zeit haben radiästhetische Forschungen darüber hinaus ergeben, daß Bernstein tatsächlich auch die Verarbeitung von Strahleneinflüssen, also subtilen energetischen Einwirkungen, verbessert. Dabei scheint die Thymusdrüse eine Rolle zu spielen, die beim Erwachsenen zwar zurückgebildet ist, jedoch noch immer Immunfunktionen ausübt. Wird Bernstein auf dem Thymus getragen, bessern sich die Folgewirkungen von Elektrosmog und Störfeldern im Schlafbereich. Auch dadurch ist Bernstein natürlich ein hervorragender Stein für die Nacht.

Körperlich regt Bernstein zur Gallenblasenzeit auch die innere Reinigung an, was sich in der Linderung und Heilung von Allergien (die oft in Zusammenhang mit verschlacktem Gewebe stehen), Juckreiz, Hauterkrankungen, Gicht, Rheuma und stoffwechselbedingten Kopfschmerzen bemerkbar macht. Bei Erkältungen, Grippe und anderen fiebrigen Erkrankungen lindert Bernstein aus demselben Grund auch Gliederschmerzen.

Bernstein kann als Roh- oder Trommelstein bei akuten Beschwerden auf den Oberbauch bzw. die betroffenen Körperbereiche aufgelegt oder als Bernsteinwasser innerlich eingenommen werden. Zu dessen Herstellung werden Roh- oder Trommelsteine mehrere Tage lang in einen Krug (o. ä.) mit Wasser gelegt. Von diesem Wasser wird immer wieder etwas abgenommen und schluckweise über den Tag verteilt getrunken. Darüberhinaus kann Bernstein als Kette, Anhänger, gebohrter Trommelstein oder Schmuckstein auf der Brust (Thymusbereich) getragen werden.

Die zwanzigste Stunde: Bergkristall (1.00 Uhr)

Um 1.00 Uhr, mit der ersten Hälfte der Leber-Zeit beginnt die Tagesstunde des Bergkristalls. Bergkristall ist ein klarer trigonaler Kristallquarz (SiO_2). Er entsteht aus reiner, weitgehend fremdstoffreier Kieselsäure magmatischen Ursprungs in Drusen und Gesteinsklüften. Als Silicea-Präparat[92] wird Bergkristall in der Naturheilkunde zur Stärkung von Haut, Haaren und Nägeln sowie zur Förderung der Sinnesorgane verwendet. Tatsächlich ist Kieselsäure in all diesen Bereichen auch ein wichtiger funktioneller Mineralstoff.

In der Steinheilkunde dient Bergkristall ebenfalls zur Verbesserung der Sinnesfunktionen, insbesondere auch der Augen bei Trübungen der Linse (Grauer Star, Katarakt) oder des Glaskörpers. Hildegard von Bingen schreibt hier: »Wem sich die Augen verdunkeln, der erwärme einen Kristall an der Sonne und lege den warmen Stein regelmäßig auf seine Augen. Weil seine Natur vom Wasser kommt, zieht er die schlechten Säfte aus den Augen, und so wird der Kranke besser sehen.« Diesen Zusammenhang zwischen »schlechten Säften« und dem Augenlicht kennt auch die chinesische Medizin, welche die Augen daher mit der Leber in Verbindung bringt. Umgekehrt deutet auch die Gelbfärbung der Augen bei Lebererkrankungen auf einen solchen Zusammenhang hin.

Der Reinheit der Kieselsäure, aus der Bergkristall entsteht, entspricht auch die Reinheit unserer Körperflüssigkeiten (siehe hierzu das Kapitel »Chalcedon« S. 130 ff). Tatsächlich regt Bergkristall die Reinigung des Organismus an, was sich in der Linderung vieler Stoffwechselbeschwerden (Hildegard von Bingen: »Wer durch üble Säfte Herzweh, Magenbeschwerden oder Bauchschmerzen hat ...«) bemerkbar macht.

Bergkristall, Brasilien

92 Lat. »silex, silicis« = »Kiesel«, die ursprüngliche Bezeichnung des Elements Silicium.

Auch geschwollene Lymphknoten (Hildegard: »Wenn Drüsen und Knoten am Hals des Menschen anschwellen …«) oder Schilddrüsenerkrankungen (»Wem die Schilddrüse am Hals wächst oder anschwillt …«) werden durch Bergkristall positiv beeinflußt.

Insofern regt Bergkristall auch die Leber an, unser zentrales Reinigungs- und Entgiftungsorgan. Dennoch warf die Zuordnung des Bergkristalls in der Edelsteinuhr als erster Stein der Leberzeit zunächst Fragen auf. Bergkristall erschien als zu unspezifisch, da er eben kein typischer »Leberstein« wie z. B. Chrysopras, Malachit, Peridot oder Smaragd ist. Aufgrund seiner Reinheit und Neutralität sind auch seine Wirkungen viel allgemeiner: Er kann Schmerzen, Schwellungen, Übelkeit und Durchfall lindern, gefühllose, taube und gelähmte Stellen wieder aktivieren, Fieber senken, Gehirn und Nerven harmonisieren und alle Drüsen des Körpers regulieren.

Doch gerade diese Vielseitigkeit macht ihn zu einem besonderen Stein für die Leber, die ja ihrerseits sehr verschiedene Funktionen hat (siehe S. 76 ff). Die Tatsache, daß Bergkristall eben überall dort, wo er aufgelegt wird, energieausgleichend und leicht anregend wirkt, läßt ihn alle Leberfunktionen gleichermaßen stärken. Wo viele »typischen« Leberheilsteine erstrangig die Entgiftungsfunktionen ansprechen, unterstützt Bergkristall gleichermaßen Entgiftung, Aufbau, Speicherung und die Regeneration der Leber selbst.

Auch auf seelischer Ebene zeigt Bergkristall bestimmte »Lebereigenschaften«: Er fördert das Hervorbringen innerer Bilder, ein klares Erinnerungsvermögen (gerade auch zur Traumerinnerung am Morgen) und Klarheit im Denken. Das Planen und Organisieren der Leber wird mit trigonalem Bergkristall sehr einfach und unkompliziert.[93]

Interessanterweise sind gerade zur Tagesstunde des Bergkristalls auch die Vorderlappen unseres Großhirns besonders aktiv, was auf eine rege geistige Tätigkeit schließen läßt (siehe auch das Kapitel »Leber« S. 79). Daher stammt einerseits die nächtliche Kreativität, die sich insbesondere zur Leberzeit entfaltet, wenn wir hier noch wach sind. Andererseits werden dabei auch im Schlaf unbewußt kreative Pläne geschmiedet, die sich in entsprechenden Träumen äußern können. Bergkristalle regen diese Vorgänge an, weshalb sie weltweit in vielen Kulturen als Symbole erweiterten Bewußtseins sowie als Wahrsageobjekte (Kristallkugel) oder Traumsteine bekannt sind.[94]

Je nach dem Ziel der Anwendung wird Bergkristall daher als Trommelstein oder

93 Trigonale Mineralien fördern die Einfachheit und praktisches Geschick.

94 Christian Rätsch, *Die Steine der Schamanen*, Eugen Diederichs Verlag, München 1997

Kristall auf die Stirn oder unter das Kopfkissen (Traümerleben), auf die Leber oder direkt auf die jeweils betroffenen Stellen aufgelegt. Auch Bergkristallwasser, das durch Einlegen kleiner Kristalle in ein Glas Wasser hergestellt wird, kann eingesetzt werden. Die Dauer des Einlegens sowie die Einnahmemenge sind hierbei beliebig. Darüberhinaus kann Bergkristall natürlich auch als Kette, Anhänger, gebohrter Trommelstein oder Schmuckstein getragen werden.

Die einundzwanzigste Stunde: Kalkoolith (2.00 Uhr)

Der zweite Abschnitt der Leberzeit ist die Tagesstunde des Kalkooliths. Kalkoolith ist ein aus maximal erbsengroßen, perlenähnlichen Kalkkügelchen aufgebautes Sedimentgestein. Es entsteht in bewegtem, kalkübersättigtem Wasser, wenn Schwebeteilchen von ausfallendem Kalk schalig umhüllt werden und so reine Kalkperlen bilden. Ab einer bestimmten Größe sinken diese dann auf den Grund und lagern sich als Kalkoolith ab. Bei Temperaturen über 29° C entstehen dabei kleine Kalkperlen aus rhombischem Aragonit, bei Temperaturen darunter aus trigonalem Calcit. Je nach Größe dieser Perlen wird der Kalkoolith auch Erbsenstein oder Rogenstein[95] genannt. Fundorte dieses recht seltenen

Kalkoolith (Erbsenstein), Böhmen

Gesteins gibt es in Karlsbad, Böhmen/Tschechien (Erbsenstein) und im Harz (Rogenstein).

Kalkoolith wurde als Heilstein erst durch Hildegard von Bingen bekannt. Sie nennt ihn »Margarita«, was lange Zeit mit »Meeresperle« übersetzt wurde, der ursprünglichen antiken Bedeutung dieses Begriffs. Den Meeres- und Flußperlen widmet Hildegard jedoch gleich das darauffolgende Kapitel »Perla«, so daß mit »Margarita« etwas anderes gemeint sein mußte. Dank ihrer sehr klaren Beschreibung der Entstehung konnte schließlich der Kalkoolith identifiziert werden: »Es gibt Gewässer, die salzig und fett sind. Aus ihnen entstehen die Margariten. Denn das Fettige und Salzige dieser Gewässer fallt auf dem Sand aus, so daß das Wasser darüber gereinigt wird, die fettigen und salzigen Substanzen sich jedoch zusammen als Margariten ausbilden. Diese Margariten sind rein.«

95 Erbsenstein: Kalkperlen bis etwa zur halben Erbsengröße, Rogenstein: bis zur Größe von Fischlaich.

Außer Hildegards Angaben war zunächst nichts über die Heilwirkungen des Kalkooliths bekannt. Hildegard schreibt: »Nimm also diese Margariten und lege sie in Wasser, so wird sich alle Trübung und aller Schlamm des Wassers an den Margariten anlagern, so daß das Wasser darüber rein und sauber wird. Wenn ein Mensch Fieber hat, soll er das darüberstehende Wasser oftmals trinken, dann wird es ihm bessergehen. Wer an Kopfschmerzen leidet, soll die Margariten an der Sonne erwärmen und die so erwärmten Margariten an seine Schläfen legen und mit einem Tuch festbinden. Auf diese Weise wird er geheilt.«

Diese in der Praxis inzwischen mehrfach bestätigten Wirkungen weisen auf eine deutliche Entgiftungs- und Reinigungsfunktion des Kalkooliths hin. Einerseits erleichtert Gewebsreinigung die Tätigkeit des Immunsystems und lindert so fiebrige Erkrankungen, andererseits führen Verschlackungen der Körperflüssigkeiten oftmals auch unmittelbar zu Kopfschmerzen. Tatsächlich lindert Kalkoolith insbesondere stoffwechselbedingte Kopfschmerzen bis hin zum Kater nach abendlichen Ausschweifungen. Eindeutig belegt wurde sein Wirkungsmechanismus schließlich durch die Feststellung, daß das genannte Kalkoolithwasser auch sehr schnell die Folgen »unzeitigen Erwachens« lindert, wenn ein nächtlicher Regenerationszyklus zum falschen Zeitpunkt unterbrochen wurde (siehe auch S. 40).

Diese Eigenschaften bestätigen auch die Zuordnung des Kalkooliths zur Tagesstunde der Leber, welche er in ihrer Entgiftung und Regeneration unterstützt. Kalkoolith wirkt dabei sehr tiefgehend und dennoch sanft, so daß bislang keine heftigen Erstreaktionen wie bei anderen Entgiftungssteinen beobachtet wurden. Das o. g. Kalkoolithwasser kann daher auch gut vor dem Schlafengehen getrunken werden. Auch das Auflegen von Roh- oder Trommelsteinen auf die Leber ist hilfreich. Treten in der Nacht während der gesamten Leberzeit (1.00 - 3.00 Uhr) Durchschlafstörungen auf, ist Kalkoolith zur Abhilfe besser geeignet als Bergkristall.

Die zweiundzwanzigste Stunde: Perle (3.00 Uhr)

Um 3.00 Uhr, mit der ersten Hälfte der Lungen-Zeit beginnt die Tagesstunde der Perle. Perlen entstehen in bestimmten Muschelarten, wenn winzige Fremdkörper zwischen die Muschelschalen geraten, sich dort einlagern und die innere Schleimhaut des Muscheltieres reizen. Es entsteht eine Art lokale Entzündung mit der Folge, daß die Muschel kalkige Substanzen, das sogenannte Perlmutt abscheidet, welche den eingedrungenen Fremdkörper umhüllen und so – Schicht um Schicht, Schale um Schale – die Perle bilden. Mineralogisch betrachtet bestehen Perlen aus rhombischem Aragonit, einem Calciumcarbonat ($CaCO_3$), das rund 1% Conchyn (eine

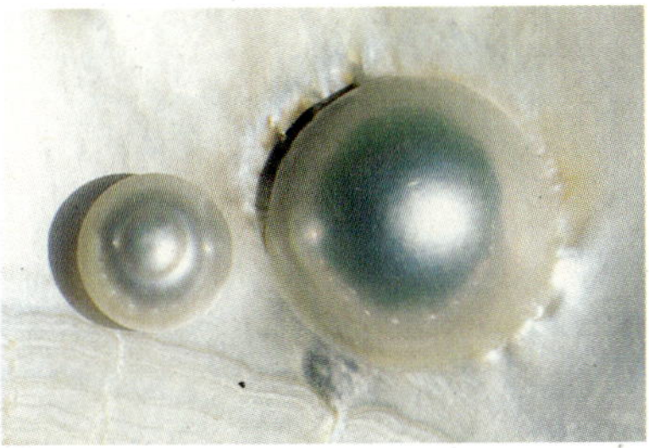

Perlen, Japan

organische Hornsubstanz) sowie 3 - 4 % Wasser enthält.

Hildegard von Bingen beschreibt die Entstehung der Perlen sehr treffend, wenn sie davon spricht, daß »gewisse Muscheltiere (...) im Meer und großen Flüssen (...) von dem Unrat, den sie auf dem Grund zu sich nehmen, und dem Gift, das sie selbst ausscheiden, bestimmte Perlen bilden.« Sie kannte also den wichtigen Faktor des eindringenden Fremdkörpers, der in der Perlenkunde erst zu Beginn unseres Jahrhunderts (1904) entdeckt wurde! Den Hauptunterschied zwischen den Muschelperlen und den rein mineralischen Kalkperlen des Kalkooliths sieht Hildegard in eben jenem Conchyn, das sie als das »Gift der Muscheltiere« bezeichnet. Durch dieses sind die organisch gebildeten Perlen für sie »trübe und giftig«, die Kalkperlen des Kalkooliths dagegen »rein«.

Hildegard von Bingen läßt an Perlen nicht viel Gutes, ihre Empfehlung könnte man auf einen kurzen Satz reduzieren: Wenn schon Perlen, dann möglichst leuchtende, doch auch die haben keinen großen heilkundlichen Wert. Selbst der Volksmund beurteilt Perlen ziemlich hart, indem er kurz und bündig sagt: »Perlen sind Tränen«. Dies liegt daran, daß Perlen tatsächlich aus dem Schmerz eines Tieres entstehen und daher traumatische Information enthalten. So berühren sie auch bei uns tiefsitzende traumatische Erlebnisse, an die wir uns nur ungern erinnern. Gefühle von Trauer, Verlust und Schmerz können dadurch auftauchen.

Insofern passen Perlen gut zur Lunge. Sie sind zwar nicht direkt als Lungenheilsteine bekannt, doch die Themen Trauer, Verlust und Schmerz berühren und beeinflussen gerade Lunge und Atmung. Wenn wir traurig sind, wird es uns »eng um die Brust« und »das Atmen fällt uns schwer«. Oft spüren wir die Last »wie Blei auf der Brust« und sind froh, wenn uns ausgiebiges Weinen wieder Erleichterung verschafft. Auch bei Schmerz halten wir oft die Luft an, was jedoch einem Festhalten des Schmerzes gleichkommt, während bewußtes Hineinatmen lösend und lindernd wirkt. Aus diesem Grund hinterlassen traumatische Erlebnisse in unserem Atemrhythmus Spuren. Dies machen sich umgekehrt Atemtherapien zunutze, die durch befreiendes Atmen diese seelischen Prägungen wieder bewußt machen und verändern helfen.

Auch Perlen berühren nun als »verkörperter Schmerz« diese Bereiche und helfen, starkes Zurückhalten und Einkapseln aufzubrechen. Doch sind sie nicht immer zur

Eigentherapie geeignet. Oft überfordert die Intensität auftauchender Gefühle und Bilder unsere Kraft, wenn wir nicht durch geschulte TherapeutInnen oder BeraterInnen unterstützt werden. Perlen sollten daher gerade in der Nacht behutsam verwendet werden. Sie können unters Kopfkissen gelegt oder als Anhänger getragen werden, wenn wir zur Lungenzeit unruhig schlafen und durch unangenehme Träume immer wieder erwachen. Zwar wird das Traumgeschehen so zunächst eher noch verstärkt, jedoch kommen dadurch auch die eigentlichen »heißen Themen« deutlicher zum Vorschein, so daß sie bearbeitet und geklärt werden können. Werden Träume und Gefühle allerdings unerträglich, sollten wir die Finger von den Perlen lassen und die anstehenden Themen im Gespräch einer Therapie klären. Auch Kommunikation gehört schließlich zur Lunge.

Die dreiundzwanzigste Stunde: Karneol (4.00 Uhr)

Der zweite Abschnitt der Lungenzeit ist die Tagesstunde des Karneols. Karneol ist ein orangefarbener Chalcedon, zählt also zu den trigonalen Quarzen (SiO_2). Er entsteht aus eisenhaltigen Kieselsäurelösungen magmatischen Ursprungs. Eisenoxid ist auch die Ursache seiner Farbe. Karneol ist nahe verwandt mit Sarder, dem braunen Chalcedon (siehe S. 122), der heutzutage häufig ebenfalls als »Karneol« verkauft wird. Für die Edelsteinuhr ist jedoch

Karneol, Botswana

wichtig, diese beiden Varietäten zu unterscheiden: Sarder bezeichnet den braunen, Karneol ausschließlich den orangefarbenen Chalcedon.

Die Zuordnung des Karneols zur Lungenzeit war zunächst das größte Rätsel der Edelsteinuhr, da seine Eigenschaften auf den ersten Blick völlig unpassend anmuteten. Einzige Berührungspunkte schienen der Gemeinschaftssinn (Lunge als Austausch- und Kontaktorgan) und die fiebertreibende Wirkung bei Erkältungen zu sein. Auch Hildegard von Bingen war hier nicht besonders hilfreich, da sie in ihren vier Sätzen zu diesem Stein nur die warme Luft sowie als einzige Heilwirkung das Nasenbluten erwähnt (immerhin zählt die Nase zu den Atemwegen). Doch hieraus eine Lungenheilwirkung zu konstruieren, wäre zu weit hergeholt.

Hildegard von Bingen: »Der Karneol stammt mehr von warmer Luft als von kalter. Er wird im Sand gefunden. Wenn jemand aus der Nase blutet, so erwärme Wein und lege den Karneol in den erwärmten Wein. Gib ihm davon zu trinken, so wird das Bluten aufhören.«

Etwas verständlicher wird seine Tagesstunde lediglich, wenn wir den Blick nicht nur auf Lunge und Atemwege, sondern etwas umfassender auf die gesamten Atemfunktionen und weitere Stoffwechselvorgänge in der späten Nacht richten. Schließlich findet z. B. die Zellatmung überall statt. Der in der Lunge aufgenommene Sauerstoff wird ja über das Blut in alle Organe, Gewebe und letztendlich zu jeder Zelle verteilt. Dort, in jeder Zelle, findet dann der eigentliche Energieaustausch statt. Für den Sauerstofftransport im Blut spielt Karneol als eisenhaltiger Chalcedon jedoch eine wichtige Rolle: Er fördert den Kreislauf und verbessert die Durchblutung, d. h. die Sauerstoffversorgung und Erwärmung des Körpers (Hildegard: »... Der Karneol stammt mehr von warmer Luft ...«).

Gerade zur Tagesstunde des Karneols beginnt unsere Körpertemperatur wieder zu steigen. Das vegetative Nervensystem vollzieht nun bereits wieder die Wende von der beruhigend-aufbauenden zur aktivierenden Phase (siehe auch Kapitel »Lunge«, S. 80 ff) und bereitet den Körper auf das Aufwachen vor. Zunehmende Aktivität erfordert jedoch mehr Sauerstoff. Auch der Immunschutz der Atemwege beginnt, sich zur Tagesstunde des Karneols auf den neuen Kontakt mit der Außenwelt vorzubereiten. Da die Schleimhäute der Atemwege dem stärksten Einfluß durch Krankheitserreger von außen unterworfen sind, arbeitet deren Selbstreinigung nun auf Hochtouren. Der Organismus versucht also, die letzten Blockaden zu lösen, die ein Öffnen am Morgen verhindern.

Diese Vorgänge passen sehr gut zum Karneol, der sowohl für seine immunstärkende Wirkung, als auch für seinen »Mut zur Öffnung« bekannt ist. Karneol fördert die Kontaktaufnahme zu anderen, macht kühn, wenn wir uns nicht richtig trauen, und hilft, selbst schwierigen Begegnungen ins Auge zu schauen. Dadurch erleichtert er uns Situationen, die uns »die Luft abschnüren« oder in denen wir mitunter »tief durchatmen« müssen, sowie Begegnungen mit Menschen, die wir »atemberaubend« finden. Wenn also mit dem neuen Tag beklemmende Probleme auf uns zukommen, vermittelt Karneol Standfestigkeit und Tapferkeit. Ebenso hilft er, Leid zu überwinden.

Karneol wird am besten als Kette, Anhänger, gebohrter Trommelstein oder Schmuckstein am Körper getragen oder bei Bedarf als Trommelstein in der Hand gehalten. Zur Verbesserung von Kreislauf, Durchblutung und Sauerstofftransport kann er auch als Edelstein-Essenz (dreimal täglich 2 - 4 Tropfen) oder Edelsteinwasser eingenommen werden. Letzteres wird durch Einlegen von Karneol-Trommelsteinen für ca. zwei bis vier Stunden in ein Glas Wasser hergestellt und schluckweise über den Tag verteilt getrunken.

Karneol hat also zu seiner Tagesstunde eine gewisse Berechtigung, dennoch bleibt die Frage bestehen, weshalb Hildegard von Bingen zur Lungenzeit keinen »richtigen« Atemwegs-Heilstein wie Amethyst, Chalcedon, Fluorit, Moosachat oder Rutilquarz benennt. Vielleicht, weil sie manche davon nicht kannte? Oder weil manche schon an anderer Stelle »vergeben« waren? Es bleibt an dieser Stelle also etwas offen. Eine Lücke, die z.B. gut mit Rutilquarz geschlossen werden könnte.

Die vierundzwanzigste Stunde: Calcit (5.00 Uhr)

Die letzte Stunde der Nacht und zugleich der erste Abschnitt der Dickdarmzeit ist die Tagesstunde des Calcits. Hildegard von Bingen schreibt hier vom Kalk, dem rein aus trigonalem Calcit ($CaCO_3$) bestehenden Sedimentgestein. Dieses bildet sich durch Kalkablagerungen in flachen Meeren, meist unter Mithilfe von lebenden Organismen (Muscheln, Korallen, Schwämme usw.), welche den Kalk für ihre Skelette aus dem Wasser ausfiltern. Nach deren Absterben verdichtet sich die Kalksubstanz dann allmählich zum festen Gestein. Obwohl diese einfachen grauen Kalksteine für die folgenden Wirkungen und Anwendungen sehr wohl geeignet wären, wird in der Steinheilkunde heute zumeist Calcit als Mineral bevorzugt. Dieses stammt meist aus Mexiko und ist in bunten Farben (Orange, Grün, Blau, Rot, Weiß) erhältlich.

Calcit ist ein wichtiger Heilstein für den Dickdarm, da er die Symbiose[96] der Darmbakterien (die sog. Darmflora) günstig beeinflußt. So wie Kalkstein oft in Schwamm- oder Korallenriffen, also einer Symbiose vieler Meerestiere entsteht, so scheint sich diese Signatur auch in seiner Wirkung zu offenbaren. Die richtige Zusammensetzung der Darmflora ist für die abschließenden Verdauungsprozesse im Darm sehr wichtig. Haben sich nämlich die falschen Bakterien im Dickdarm angesiedelt, kommt es zu Fäulnisprozessen, Blähungen und der Aufnahme von Giftstoffen ins Blut. Statt Abfallprodukte und Giftstoffe auszuscheiden, führt der Dickdarm dem Körper dann erst recht neue zu. Das belastet wiederum die Leber, aber auch Lunge und Haut, die nun versuchen, einen Teil der Ausscheidung zu übernehmen. Die Folge können Verschleimungen der Atemwege, stark riechender Schweiß oder Erkrankungen der Haut sein.

Solche Auswirkungen beschreibt auch Hildegard von Bingen in ihrem Text: »Ein Mensch, dem ein Wurm an einer Stelle nagt, nehme ein Teil gebrannten und doppelt soviel ungebrannten Kalk und bereite mit Essig oder saurem Wein daraus einen dünnen Mörtel. Diesen trage er mit einer Feder dort auf, wo der Wurm nagt. (...) Dies zieht den Eiter aus dem Geschwür und heilt es.«

Solche Eiterbeulen hängen relativ oft mit Darmbeschwerden zusammen. Kalk-

96 Symbiose = Zusammenleben zu gegenseitigem Nutzen (griech. »sym« = »zusammen«, »bios« = »Leben«)

Aufstriche waren als »Zugmittel« im Mittelalter daher weit verbreitet, reizen oder verätzen jedoch die Haut. Ursächlicher wäre eine Regulierung des Darms, die ebenfalls mit Hilfe von Kalk bzw. Calcit erfolgen kann. Dazu werden verschiedenfarbige Calcit-Rohsteine für längere Zeit (mehrere Wochen) in einen Krug (o. ä.) mit Wasser gelegt, von dem täglich ein Glas getrunken wird. Diese Calcit-Kur verbessert die Darmflora, hilft sowohl bei Verstopfung als auch Durchfall und führt in der Folge auch zur Stärkung der Leber, des Immunsystems und zu einer reineren Haut.

Die körperliche Verfassung des Dickdarms wirkt sich dabei auch auf der seelischen Ebene aus. Kann er nicht ordentlich arbeiten, werden wir vor dem Aufwachen von chaotischen Träumen und danach von wirren Gedanken geplagt. Ist er dagegen in Ordnung, verläuft der Schlaf gegen Morgen ruhig und erholsam und wir wachen klar und bewußt auf. Vielleicht mit der Erinnerung an bestimmte Träume oder neuen Ideen im Sinn, den Entschlüssen des Vorabends und der Nacht. Das Befinden des Dickdarms trägt also sehr viel dazu bei, wie gut uns der morgendliche Start gelingt.

Körperlich wie seelisch ist der Dickdarm das Ende des langen Verdauungsprozesses und entsprechend das Ende der Nacht und

Calcit, Brasilien

der Übergang zum Morgen. Und so wie er die Essenz aus der Nahrung zieht, so übernehmen wir mit dem Aufwachen die Essenz des Vortags in den neuen Tag. Daher kommt es hier wirklich auf die abschließende Qualität der »Verdauung«, auf die Übernahme der richtigen Schlüsse und Konzepte und das Loslassen alles Unbrauchbaren und Schädlichen an. Alle weiteren Entwicklungen hängen davon ab.

Aus diesem Grund ist Calcit auch ein sehr wichtiger Stein für harmonisch voranschreitende Entwicklungen. Als Kette, Anhänger oder gebohrter Trommelstein getragen, beschleunigt er verlangsamte Entwicklungen, drosselt jedoch bei zu schnellen Prozessen. Calcit sorgt für eine feste Basis und stabilen Aufbau. Er fördert das Selbstvertrauen, das Vermögen, Ideen in die Tat umzusetzen, und hilft, Trägheit zu überwinden. Optimale Voraussetzungen also, um nach seiner Tagesstunde frohgemut auf die Beine zu kommen und optimistisch einem erfolgreichen Tag entgegenzusehen.

Anhang

Bibliographie

Cairn Elen (Hrsg.), *Steinheilkunde – Ursprung und Entwicklung*, Neue Erde, Saarbr. 1999

Dr. Richard Garbe, *Die indischen Mineralien*, S. Hirzel Verlag, Leipzig 1882

Michael Gienger, *Die Steinheilkunde*, Neue Erde, Saarbrücken 1995

ders., *Die Heilsteine der Hildegard von Bingen*, Neue Erde, Saarbrücken 2004

ders., *Lexikon der Heilsteine*, Neue Erde 2000

ders., *Die Heilsteine Hausapotheke*, Neue Erde, Saarbrücken 1999

M. Gienger/Luna S. Miesala-Sellin, *Stein und Blüte*, Neue Erde, Saarbrücken 2000

M. Gienger/Gerhard Kupka, *Die Organuhr*, Im Osterholz Verlag, Ludwigsburg 1995

Hildegard von Bingen, *Heilkunde (Causae et curae)*, Otto Müller Verlag, Salzburg 1959

dies., *Naturkunde (Physica)*, Otto Müller Verlag, Salzburg 1959

dies., *Scivias – Wisse die Wege*, Otto Müller Verlag, Salzburg 1954

Arnold L. Lieber, *Guter Mond, böser Mond*, Econ Verlag, 1997

Konrad von Megenberg, *Das Buch der Natur*, hrsg. von Fr. Pfeiffer, Stuttgart 1861

Nei Jing, Verlag für Volkshygiene, Beijing 1963

Barbara Newerla, *Sterne und Steine*, Neue Erde, Saarbrücken 2000

Christian Rätsch, *Die Steine der Schamanen*, Eugen Diederichs Verlag, München 1997

Christian Rätsch/Andreas Guhr, *Lexikon der Zaubersteine*, Akademische Verlagsanstalt, Graz 1989

Karl Simrock (Übersetzung), *Die Edda*, Phaidon Verlag, Essen 1987

Weiterführende Literatur

Bernhard Bruder, *Geschönte Steine*, Neue Erde, Saarbrücken 1999

Michael Gienger u. a., *Edelstein-Massagen*, Neue Erde, Saarbrücken 2004

M. Gienger / Wolfgang Maier, *Steinheilkunde und chinesische Medizin*, Neue Erde, Saarbrücken 2006

Rudolf Hauschka, *Substanzlehre*, Verlag Vittorio Klostermann, Frankfurt 1976

Amandus Korse, *Edelstein-Essenzen*, Uitgeverij Groene Toermalijn, Hoogland 1993

Wolfgang Maier, *Der Mondschild*, Neue Erde, Saarbrücken 2001.

Sofia Sienko, *Der Steinschlüssel*, Windpferd Verlag, Aitrang 1995

R. Strebel / M. Gienger, *Die Individuelle Therapie*, AT-Verlag, Baden 2005

Wolfhard Wimmenauer, *Zwischen Feuer und Wasser*, Urachhaus Verlag, Stuttgart 1992

Foto- und Abbildungsnachweis

Abb. S. 9: Peter Newerla, Hegelstr. 38, D-72108 Wurmlingen

Abb. S. 10: Ines Blersch, © Taylor Kosmetik GmbH, Pfizerstr. 1, D-76139 Karlsruhe

Abb. S. 15: Michael Gienger, Stäudach 58/1, D-72074 Tübingen

Abb. S. 104, 141: Karola Sieber, Riesenwaldstr. 6, D-77797 Ohlsbach

Abb. S. 153: Wolfgang Dengler, In der Misse 9, D-72224 Ebhausen

Alle weiteren Fotos: Ines Blersch, Rosenbergstr. 50/1, D-70176 Stuttgart

Alle Grafiken: Fred Hageneder, Dragon Design, England

Adressen

Steinheilkunde

Edelsteinberatung, Edelsteinmassagen, Steinheilkunde und Astrologie

Cairn Elen Lebensschule Tübingen
Mozartstraße 9
D-72127 Kusterdingen
Tel. 070 71 - 538 266, Fax 070 71 - 388 68
info@edelstein-massagen.de
www.edelstein-massagen.de

Naturheilpraxen

HP Rainer Strebel
Schulstr. 22
D-73614 Schorndorf
Tel./Fax: 071 81 - 972 897
info@individuelle-therapie.de
www.individuelle-therapie.de

HP Ursula Pantze
Pfalzgraf-Friedrich-Str. 8
92318 Neumarkt/Opf.
Tel.: 091 81 - 329 60, Fax: 091 81 - 461 344

Dr. med Manfred Kuhnle
Heinzlenstr. 1
D-72336 Balingen
Tel.: 074 33-930 300, Fax: 074 33-930 301

Seminare und Ausbildungen

Cairn Elen Lebensschulen
Roßgumpenstraße 10
D-72336 Balingen-Zillhausen
Tel.: 074 35 - 919 932, Fax: 074 35 - 919 931
info@cairn-elen.de
www.cairn-elen.de

Forschung und Verbraucherschutz

Steinheilkunde e.V., Sitz Stuttgart
Forschungsprojekt Steinheilkunde
Unterer Kirchberg 23/1
88273 Fronreute
Tel.: 075 05 - 956 451
Fax: 075 05 - 956 452
info@steinheilkunde-ev.de
www.steinheilkunde-ev.de

Schlafplatzuntersuchungen

Radiästhesie, Feng Shui, Geomantie, Standortastrologie, Persönlichkeitsberatung

Freiraum
Peter & Barbara Newerla
Hegelstraße 38, 72108 Wurmlingen
Tel. 074 72 - 282 238, Fax: 074 72 - 916 418
post@newerla.de
www.newerla.de

Echtheitsprüfungen für Edelsteine

Institut für Edelstein Prüfung (EPI)
Riesenwaldstr. 6, 77797 Ohlsbach
Tel.: 078 03 - 600 808, Fax: 078 03 - 600 809
lab@epigem.de
www.epigem.de

Informationen rund um die Steinheilkunde

www.steinheilkunde.de
www.die-steinheilkunde.de
www.edelstein-massagen.de
www.michael-gienger.de

Bücher von NEUE ERDE im Buchhandel

Im deutschen Buchhandel gibt es mancherorts Lieferschwierigkeiten bei den Büchern von NEUE ERDE. Dann wird Ihnen gesagt, dieses oder jenes Buch sei vergriffen. Oft ist das gar nicht der Fall, sondern in der Buchhandlung wird nur im Katalog des Großhändlers nachgeschaut. Der führt aber allenfalls 50% aller lieferbaren Bücher. Deshalb: Lassen Sie immer im VLB (Verzeichnis lieferbarer Bücher) nachsehen, im Internet unter **www.buchhandel.de**

Alle lieferbaren Titel des Verlags sind für den Buchhandel verfügbar.

NEUE ERDE GmbH
Cecilienstr. 29 · D-66111 Saarbrücken
Fax: 0681 390 41 02 · info@neueerde.de

NEUE ERDE